...Texten machen kannst

Bei manchen Texten kannst du auch eine **Fortsetzung** schreiben ... oder noch ein Abenteuer hinzufügen.

Du hast viele Möglichkeiten: **Gestalte** einen Text mit einer besonderen Schrift, **male** oder suche passende **Bilder** dazu.

Verwandle dich in eine Figur und schreibe einen **Tagebucheintrag**.

Bringe eine **andere Person** in die Handlung ein. Das kannst sogar du sein.

Schreibe einen **Brief** an eine Figur des Textes. Vielleicht hast du ja Fragen oder kannst einen Rat geben. Du kannst die Figur auch auf deinen Brief antworten lassen.

Zwischen den Zeilen 5

Lesebuch Realschule

Peter Janda
Angelika Schultes
Franz Walter

westermann

Der Band für das 5. Schuljahr wurde begründet von
Ansgar Batzner, Illertissen;
Barbara Keller-Bittner, München;
Ingrid von Engelhardt, Erlangen;
Josef Hammerl, Bad Kissingen;
Gernot Hoffmann, Erolzheim;
Albert Schnitzer, Rosenheim

und für die bayerische Realschule bearbeitet von
Peter Janda, Hauzenberg;
Angelika Schultes, München;
Franz Walter, Bad Brückenau.

Einband: Monja Klein
Illustrationen: Christine Brand, Susanne Spannaus

© 2001 Bildungshaus Schulbuchverlage
Westermann Schroedel Diesterweg Schöningh Winklers GmbH, Braunschweig
www.westermann.de

Das Werk und seine Teile sind urheberrechtlich geschützt.
Jede Nutzung in anderen als den gesetzlich zugelassenen Fällen bedarf
der vorherigen schriftlichen Einwilligung des Verlages.
Hinweis zu § 52 a UrhG: Weder das Werk noch seine Teile dürfen ohne eine
solche Einwilligung gescannt und in ein Netzwerk eingestellt werden.
Dies gilt auch für Intranets von Schulen und sonstigen Bildungseinrichtungen.
Auf verschiedenen Seiten dieses Buches befinden sich Verweise (Links) auf Internet-Adressen.
Haftungshinweis: Trotz sorgfältiger inhaltlicher Kontrolle wird die Haftung für die Inhalte
der externen Seiten ausgeschlossen. Für den Inhalt dieser externen Seiten sind ausschließlich
deren Betreiber verantwortlich. Sollten Sie bei dem angegebenen Inhalt des Anbieters dieser Seite
auf kostenpflichtige, illegale oder anstößige Inhalte treffen, so bedauern wir dies ausdrücklich
und bitten Sie, uns umgehend per E-Mail davon in Kenntnis zu setzen, damit beim Nachdruck
der Verweis gelöscht wird.

Druck B 3 / Jahr 2010
Alle Drucke der Serie B sind im Unterricht parallel verwendbar.

Verlagslektorat: Frank Sauer, Christiane Gmelin
Layout und Herstellung: Sandra Grünberg
Druck und Bindung: westermann druck GmbH, Braunschweig

ISBN 978-3-14-**12 2235**-7

Inhaltsverzeichnis

Schule, Schule — Leitthema 8

Rezept für naturverbundenen Schulerfolg *Christine Nöstlinger* 9
Seit sechs Wochen in der Realschule *Schülertext* 9
Uli und ich *Irmela Wendt* 10
Schulzeit *Fitzgerald Kusz* 11
Maslief schreibt einen Brief *Guus Kuijer* 11
Kein Trost *Manfred Mai* 13
Sag ich's? Oder sag ich's nicht? *Achim Bröger* 13
Inga und ich machen Menschen glücklich *Astrid Lindgren* 16
Eine Schulgeschichte *Karl Valentin* 21
Hinweise zu den Texten 22

Gedichte-Werkstatt 26

Lauter Reimereien 26
   ABC-Gedichte-Werkstatt 26
   Das freche Schwein *nach Monika Seck-Agthe* 27
   Gewitter *nach Erwin Moser* 28
   Leute *nach Günter Kunert* 29
Ein Gedicht besteht meist aus Versen 30
   Spiegel *nach Alfred Könner* 30
Wie ein Vers dem anderen folgt 31
   Gefunden *nach Johann Wolfgang von Goethe* 31
   Sonntagsbild *nach Josef Guggenmos* 32
Auf das richtige Wort kommt es an 33
   Inserat *nach Theodor Storm* 33
Die Gedichte in ihrer Originalfassung 34

Lesetraining 36

Einführung 36
Trimm dich fit im Lesezirkel! 37
Station 1: Wie flink sind deine Augen? 38
Station 2: Wie rasch kannst du Wörter erkennen? 40
   O unberachenbere Schreibmischane *Josef Guggenmos* 41
   Speibekarte *Unbekannter Verfasser* 41

Station 3: Wie viele Wörter kannst du mit einem Blick erfassen? 43
    Traum-Pyramide *Unbekannter Verfasser* 43
    Wenn die Möpse Schnäpse trinken *James Krüss* 44
    Der Bummelzug *Eugen Roth* 45
Station 4: Welche Wörter werden zusammengelesen? 46
    Als ich ein kleiner Junge war *Erich Kästner* 47
Station 5: Welche Wörter können betont werden? 48
    Diebstahl im Hotel *Originalbeitrag* 48
    Wie ein armer Mann seine Zeche zahlte *Unbekannter Verfasser* 50
Station 6: Aufpass-Geschichten 52
    Die beiden Fuhrleute *Johann Peter Hebel* 53
    Faule Eier! *Originalbeitrag* 54

Ein bisschen anders 56

Du und ich *Karlhans Frank* 56
Die Sache mit Britta *Annette Weber* 57
Anna aus Russland *Manfred Mai* 60
Der gelbe Junge *Peter Härtling* 63
Hinweise zu den Texten 66

Kinder dieser Welt 68

Sombo verlässt ihr Dorf *Nasrin Siege* 69
Ein Leben zwischen Gräbern *Ilse Kleberger* 73
Der Fremde *Toril Brekke* 77
Oskar, 10 Jahre, Kaffeepflücker *Andreas Boueke* 83
Krämerwinnetou *Raffael Ganz* 84
Hinweise zu den Texten 88

Streit – und was man daraus macht 90

Die Geschichte von der Ente und der Eule *Hanna Muschg* 91
Tom und der Neue *Mark Twain* 94
Das traurige Erlebnis in der Schule *Schülerbericht* 96
Isabel spricht nicht mehr mit mir *Christa Zeuch* 97
Die Wand/Die Brücke *Renate Welsh* 99
Eins zu null für Bert *Hiltraud Olbrich* 100
Dem werde ich's zeigen!... *Achim Bröger* 103
Friedensstifter *e. o. plauen* 107
Anderssein *Klaus W. Hoffmann* 108
Gunnar spinnt *Irina Korschunow* 109
Friede *Josef Reding* 110
Hinweise zu den Texten 111

Mit Tieren leben ... **116**

Knöpfchen *Willi Fährmann* ... 117
Warum will mein Tier nicht spielen? *Angelika Schultes* ... 120
Auf den Hund gekommen *Loriot* ... 121
… in Afrika ist alles ganz anders *Simone Kosog/Flavien Ndonko* ... 122
Tipps für den Tierfreund *nach Barbara Mühlich* ... 124
Rennschwein Rudi Rüssel *Uwe Timm* ... 126
Ich will, dass er durchkommt *Hanna Hanisch* ... 128
Der gerettete Vogel *Schülerbeitrag* ... 131
Cartoon *Jean Maurice Bosc* ... 132
Hinweise zu den Texten ... 133

Rund um Räder und Rollen ... **136**

Vom Laufrad zum Fahrrad *Originalbeitrag* ... 137
Falschmünzer am Werk? *Hans Lehr* ... 138
„Herrlich, so schnell zu laufen …!" *Kathrin Mayer* ... 141
Stoppen – fallen – gleiten *Aus einer Jugendzeitschrift* ... 142
Hinweise zu den Texten ... 144

Einfach märchenhaft ... **146**

Rumpelstilzchen *Jacob und Wilhelm Grimm* ... 147
Rumpelstilzchen *Rosemarie Künzler-Behncke* ... 149
Des Kaisers neue Kleider *Hans Christian Andersen* ... 150
Von einem klugen Alten *Märchen aus Litauen* ... 154
Federfrau und Morgenstern *Indianermärchen* ... 156
Die Geschichte vom bösen Hänsel, der bösen Gretel und
der guten Hexe *Paul Maar* ... 159
Hexenkummer *Axel Hacke* ... 162
Die Geschichte vom kleinen **und** *Franz Fühmann* ... 164
Hinweise zu den Texten ... 166

Einfach schwankhaft ... **170**

Wie Till Eulenspiegel in Bamberg um Geld aß *Hermann Bote* ... 171
Der Hodscha Nasreddin *Volksgut aus der Türkei* ... 172
Die Schildbürger bauen sich ein Rathaus *Volksgut* ... 173
Seltsamer Spazierritt *Johann Peter Hebel* ... 175
Die Reise ins Paradies *Unbekannter Verfasser* ... 176
Hinweise zu den Texten ... 178

Das Jahr vergeht **180**

Zu Neujahr *Wilhelm Busch* 180
Der Januar *Erich Kästner* 181
Frische Fahrt *Joseph von Eichendorff* 182
Früahling *Hermann Wächter* 182
Frühlingslied *Ludwig Heinrich Christoph Hölty* 183
Lenz *Mascha Kaléko* 183
Löwenzahn *Peter Huchel* 184
Löwenzahnsamen 184
Heidebilder *Detlev von Liliencron* 185
Sommerabend auf der Gartenbank *Leopold Kammerer* 185
Herbstbild *Friedrich Hebbel* 186
Drachen *Georg Britting* 186
Der Herbst steht auf der Leiter *Peter Hacks* 187
Herbstwind *Günter Ullmann* 187
Wenn es Winter wird *Christian Morgenstern* 188
Winter *Wolfgang Borchert* 188
Die Vögel warten im Winter vor dem Fenster *Bertolt Brecht* . . 189
Gesänge aus „Heilige Nacht" *Ludwig Thoma* 190
Schenken *Joachim Ringelnatz* 191
Weihnachten *Joseph von Eichendorff* 191
Gebet *Eduard Mörike* 191
Hinweise zu den Texten 192

Umweltschutz geht alle an   Arbeitstechniken   **200**

Wie ich die Zukunft sehe *David Schrapp* 201
Sachtexte lesen und verstehen 202
   Wovon handelt der Text?/Was weißt du schon? 202
   Die Benjes-Hecke schafft viele Lebensräume *Zeitungsartikel* 202
   Hast du alle Wörter verstanden?/Begriffe klären 204
   Sondermüll aus Hightech *Roland Bischoff* 204
   Verschaffe dir einen Überblick/Den Text in Abschnitte einteilen 206
   Lichtverschmutzung *Unbekannter Verfasser* 206
   Was ist das Wichtigste?/Schlüsselstellen und Stichpunkte notieren 208
   Ein Problem stinkt zum Himmel *Rolf-Andreas Zell* 208
Was du zum Umweltschutz beitragen kannst 212
   Ein Brief aus Bad Brückenau *Schülerarbeit* 212
   Cartoon: Sollte man hier etwas ändern? 213

Worte und Bilder — Medien 214

- Wort und Bilder *Johann Wolfgang von Goethe* 214
- Zapping am Nachmittag *Karlhans Frank* 215
- Einstellung *Wolfgang Wagerer* 216
- Keine Zeit *Rolf Krenzer* 216
- Computeritis *Nina Schindler* 219

So spannend kann ein Buch sein — Klassenlektüre 222

- Das interessante Weihnachtsbuch *e. o. plauen* 222
- Was ein Buch verrät, bevor man es liest 223
- Was im Buch steht 224
  - Die Miker, die neue Lederjacke, eine Mutprobe, die Gabi und der ungleiche Kampf *Harald Grill* 224
  - Der Bernd, die Gabi und der Schatz *Harald Grill* 229
- Der Autor Harald Grill 234
- Auch andere Bücher sind spannend 237
  - Inhaltsangabe: Die Schatzinsel *Robert Louis Stevenson* 237
  - Emil und die Detektive *Erich Kästner* 238
  - Die sanften Riesen der Meere *Nina Rauprich* 242
  - Harry Potter und der Stein der Weisen *Joanne K. Rowling* .. 246
- „Klassiker"-Quiz 250

Die Nacht der Leseratten — Projekt 252

- Bücher für 1001 Nacht 253
  - Nimm ein Buch *Wolf Harranth* 253
- Wie kann eure Lesenacht aussehen? 254
  - Checkliste „Lesenacht" 254
- Der Morgen danach... 255
- Lesestoff finden?! 256
- Von nächtlichen Leseabenteuern 258
  - Der überaus starke Willibald *Willi Fährmann* 258

Wort- und Sacherklärungen 260
Literarische Fachbegriffe 262
Textsortenverzeichnis 264
Quellenverzeichnis 266

Schule, Schule

Rezept für naturverbundenen Schulerfolg
Christine Nöstlinger

Nimm zwei große Löffel voll Glyzerin,
lasse diese in lauem Rosenwasser ziehn,
tue daran etwas von Hefe und Eisenwurz,
stell das Gemisch unter einen Käsesturz,
lasse es friedlich zwei Wochen da gären,
auf dass sich seine Wunderkräfte mehren.

Streiche hernach von dem Brei auf deine Stirn
und du wirst spüren, wie es in deinem Hirn
plötzlich knistert und blitzt und kracht,
wie die Schularbeit sich fast von selber macht!

Ist dein Gehirn jedoch dann immer noch leer,
so koch einen Absud aus viel Wacholderbeer,
verquirle gut mit Salbei, Alraune und Schmalz,
etwas Jasmin, je eine Prise Kresse und Klee.
Trink zweimal stündlich von diesem Tee!

Bist du dann immer noch nicht gescheiter,
hilft dir vielleicht nur Lernen noch weiter.

Seit sechs Wochen in der Realschule
Sebastian E., 11 Jahre

Ich bin jetzt schon seit sechs Wochen in der Realschule.
Irgendwie finde ich es schade, dass ich von manchen Freunden weg bin.
Als ich das erste Mal das neue Klassenzimmer betrat, hatte ich Herzklopfen.
„Werde ich gut aufgenommen oder werden mich die anderen ausschließen?
Werden die Lehrer streng sein?", habe ich mir gedacht.
Jetzt habe ich mich schon ganz gut eingelebt und auch neue Freunde gefunden.
Die Lehrer sind alle sehr nett und verstehen so manchen Spaß.
In der vierten Klasse sagten einige Mitschüler wegen meiner Größe „Zwerg"
oder „Winzling" zu mir.
Aber das ist jetzt nicht mehr so. Es sind sogar einige kleiner als ich und wir
verstehen uns prima. Meine Lieblingsfächer sind Mathe und Sport.
Ich gehe eigentlich ganz gern zur Schule, nur die Hausaufgaben machen nicht
immer Spaß.

Hinweise zu den Texten: Seite 22.

Uli und ich
Irmela Wendt

Quer durch meine Schrift ging ein Strich und deswegen bekam ich keine Zwei. Zu Hause haben sie gesagt, ich brauchte es mir nicht gefallen zu lassen. „Ich will nicht mehr neben Uli sitzen", habe ich zu meiner Lehrerin gesagt. „Wo willst du denn sitzen, Petra?", hat sie gefragt. „Neben Peter", habe ich gesagt.

Ich habe meine Sachen vom Tisch genommen und bin einfach gegangen und habe kein Wort zu Uli gesagt. Und Uli hat auch nichts gesagt. Er ist dagestanden und hat geguckt und hat ganz nasse Augen gehabt.

Dann hat Rolf sich zu Uli gesetzt und ich habe gedacht, wie lange das wohl gut geht. Gleich am nächsten Tag hat Rolf gepetzt, dass Uli mit dem Stuhl wackelt, dass Uli an den Füller stößt, dass Uli den Radiergummi nimmt, dass Uli abguckt. Um jede Kleinigkeit hat Rolf aufgezeigt und es hat mich ganz nervös gemacht.

Jörg ist wieder da; er war lange krank. Er hat sonst neben Peter gesessen und es ist selbstverständlich, dass er seinen Platz wieder nimmt. Ich gucke mich um. Ich sehe, der Platz neben Uli ist auch frei; Rolf fehlt. Ich weiß selbst nicht, weshalb ich mich wieder auf meinen alten Platz setze. Ich will meine Sachen auspacken, da sagt Uli: „Ich finde, man kann nicht einfach wiederkommen, wenn man einmal weggegangen ist."

Ich habe nicht erwartet, dass Uli so was sagt. Ich weiß nicht, was ich tun soll. Ich denke daran, dass er geweint hat, als ich weggegangen bin. Da fragt meine Lehrerin: „Was sagst denn du dazu, Petra?" Ich bringe kein Wort heraus. Da fragt sie noch mal. Ich sage: „Uli hat recht."

„Ja, und?", fragt die Lehrerin.

„Heute bleibe ich hier sitzen. Morgen kann ich mich ja woanders hinsetzen", sage ich.

Keiner hat weiter ein Wort dazu gesagt. Auch nicht am nächsten Tag. Und nicht die andern Tage. Ich weiß nicht, wie lange ich schon wieder neben Uli sitze. Manchmal stößt er mich an und verschrieben habe ich mich seinetwegen auch. Aber man kann sich auch was gefallen lassen, finde ich. Und so unruhig wie früher ist er gar nicht mehr.

Hinweise zum Text: Seite 22.

Schulzeit
Fitzgerald Kusz

dä lehrä houdmi ned gmechd
weili zviel glachd hou
iich hounern ned gmechd
weilä dägeeng woä dassi glachd hou

su houd ä jedä woss
ghabd wossä ned mooch

Hinweise zum Text: Seite 23.

Maslief schreibt einen Brief
Guus Kuijer

„Heute wird hart gearbeitet", verkündet der Lehrer.
„Das viele Festefeiern – davon kriegt man nur Kopfschmerzen."
„Ich nicht!", ruft Maslief.
„Jawohl, du auch", sagt der Lehrer streng. „Deine Nase ist schon ganz weiß."
5 Maslief lacht laut und die anderen Kinder lachen mit.
Sie schreien durcheinander.
„RUHE!"
Und es wird mäuschenstill.
„So ist das", flüstert der Lehrer. „Wir werden heute nicht nur
10 hart arbeiten. Wir werden knallhart arbeiten."
„Hihihi", kichert hinten in der Klasse ein Kind.
„Ja, warte nur", knurrt der Lehrer. Er geht zur Tafel. Er dreht sie um.
Auf der Rückseite stehen Rechenaufgaben.
Schrecklich viele Rechenaufgaben!
15 „Uije", seufzt die Klasse. So viele Rechenaufgaben auf einmal
haben die Kinder noch nie gesehen.
Maslief schaut sie sich genauer an. Sie findet es nicht so schlimm.
Es sind keine schweren Rechenaufgaben. Eben nur verflixt viele.
Aber warum macht der Lehrer das? Sie versteht es nicht.
20 Will er die Kinder unter Druck setzen?

„Und diesmal wird kein Wort gesprochen", sagt der Lehrer weiter.
„Kein Ton, verstanden?"
Nein, eigentlich versteht Maslief überhaupt nichts.
Soll das etwa 'ne Strafe sein? Und wofür?

25 Die Kinder nehmen ihre Hefte. Sie machen sich verbissen an die Arbeit.
Maslief auch. Aber sie grübelt immer noch über das Ganze nach.
Der Lehrer geht leise an den Tischen entlang. Er sagt nichts.
Es ist unangenehm still. Maslief rechnet und rechnet. Ab und zu
schaut sie auf, zu Tinchen. Die ist noch lange nicht so weit wie sie.
30 Sie guckt mal nach draußen. Auf der anderen Straßenseite sitzt
der alte Herr wieder am Fenster. Den hatte sie schon beinahe vergessen.
Ob sie ihm mal winkt? Sie schaut unter dem Arm durch, wo der Lehrer ist.
Der steht hinten in der Klasse. Mit dem Rücken zu ihr.
Vorsichtig streckt sie ihren Arm in die Höhe. Und sie winkt.
35 Nichts geschieht, gar nichts. Der alte Herr hat es sicher nicht gesehen.
Sie probiert es noch einmal. Jetzt lässt sie ihre Hand schnell
hin und her flattern. Prima! Jetzt winkt er zurück!
„Ist was, Maslief?", fragt der Lehrer.
Seine Stimme klingt gar nicht freundlich.
40 „Nee, nix", sagt Maslief. Sie macht sich schnell wieder an die Arbeit.
Bah, was hat der Mann für 'ne schlechte Laune.
Sie findet ihn überhaupt nicht nett heute. Man wird ja richtig nervös davon.
Sie schaut mal wieder auf. Tinchen hat sie eingeholt.
Sie versucht, schneller zu arbeiten, aber das nützt nichts.
45 Tinchen bleibt ihr voraus. Vorsichtig zieht Maslief ein Stück Papier
aus der Schublade. Sie legt es neben ihr Heft. Dann schreibt sie:

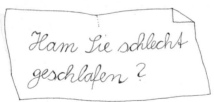

Sie faltet das Blatt zusammen und steht auf.
Sie läuft auf Zehenspitzen auf den Lehrer zu.
Sie gibt ihm den Zettel und huscht wieder zurück an ihren Tisch.
50 Ihr Herz klopft. Was wird er sagen? Sie wagt nicht, sich umzusehen.
Sie macht sich schnell wieder an die Arbeit.
Kurze Zeit später kommt der Lehrer an ihr vorbei.
Er legt einen Zettel auf ihren Tisch.
Sie faltet den Zettel auseinander und da steht:
55 „Gut geschlafen – nur ein bisschen wenig.
In einer Stunde bin ich wieder so wie immer."

Hinweise zum Text: Seite 23.

Kein Trost
Manfred Mai

Tina sitzt neben mir
und weint

2+
steht unter meiner Arbeit
ich möchte mich freuen
4-
unter ihrer

dabei haben wir
wie immer
zusammen gelernt
und jetzt

Hinweise zum Text: Seite 24.

Sag ich's? Oder sag ich's nicht?
Achim Bröger

Vorsicht! Ich klingele wie wild. Mensch, was macht denn dieser Doofmann in seinem Auto? Schläft der? Beinahe hätte er mich beim Überholen umgestoßen. Wahrscheinlich hat er was gegen Radfahrer. Das ist gerade noch mal gutgegangen. Puuh. Gleich bin ich zu Hause. Warum beeil ich mich eigentlich so? Ich
5 sollte langsamer fahren. Zu Hause muss ich meiner Mutter nämlich was beichten. Und das tue ich gar nicht gerne. Sag ich ihr das wirklich? ... Ach, ich weiß noch nicht. Diese Mist-Mathearbeit. Da hinten in meiner Tasche liegt sie. Auf eine Vier habe ich gehofft. Eine Fünf ist es geworden. Zum Wimmern finde ich das. Erzähl ich die Fünf? Oder lasse ich's? Wenn ich's lasse, werden die Eltern
10 über meine Mathezensur im Zeugnis staunen. Das ist nämlich schon die zweite Mathe-Fünf in diesem Jahr und die erste habe ich ihnen nicht gesagt. Ein blödes Gefühl, so nach Hause zu fahren. Sehr blöd. Es müsste irgendwas passieren, damit meine Eltern die Arbeit nicht mehr wichtig finden, ein Unfall zum Beispiel. Den schaffe ich auch noch, wenn ich weiter so wenig auf den Verkehr
15 achte. Da ist unser Haus. Am liebsten würde ich jetzt immer weiterfahren. Vielleicht höre ich dann eines Tages im Radio, dass sie mich suchen und unbedingt wollen, ich soll zurückkommen. Mit jeder Note. Egal.
Diese Mist-Zensuren, die versauen einem alles! Ob sie mich eigentlich mit den schlechten Noten genauso gern mögen wie meinen Bruder? Das Rad stelle ich

vor dem Haus ab und geh die Treppe hoch. Die Tasche mit der Fünf habe ich in der Hand. Oben bin ich und jetzt wird geklingelt. Dabei überlege ich: Sag ich's? Oder sag ich's nicht? In meinem Kopf geht alles durcheinander.
Mutter öffnet die Tür. „Wie war's?", fragt sie. Ich brumme: „Na ja, wie's in der Schule eben ist."

Aus der Küche höre ich Musik. Klaus, mein großer Bruder, sitzt am Tisch. Das Essen kocht und es riecht prima. Sonst bin ich eigentlich immer gern mit in der Küche. Aber heute nicht. Die beiden haben sich was erzählt. Mächtig gut gelaunt wirkt alles. Oh, die Laune könnte ich ihnen verderben, vor allem meiner Mutter. Ich müsste nur die Fünf beichten. „Komm bald zum Essen", sagt sie.

„Ja", sage ich und verschwinde erst mal in meinem Zimmer. Die Tasche mit der Fünf drin schmeiße ich unter den Tisch und setz mich aufs Sofa.
Ich sag's ihr, nehme ich mir vor. Aber erst nach dem Essen.
Schimpfen wird sie gar nicht viel, meine Mutter. Ob ich nicht genug geübt habe, fragt sie garantiert. Und mein Bruder sagt: Mensch, das ist alles ganz leicht. Ich hab's dir doch erklärt. Das hat er auch, wirklich. Sie geben sich Mühe mit mir. Und ich war sicher, dass die Arbeit dieses Mal nicht schiefgeht. Einen Punkt mehr hätte ich gebraucht. Einen einzigen. Dann wär's eine Vier geworden. Bei mir fehlt oft ein Punkt. Mein Bruder hat diesen Punkt immer … na ja … und noch etliche dazu.

Einige in meiner Klasse sagen: Mit einer Fünf darf ich mich zu Hause nicht sehen lassen. Die haben richtig Angst, dass sie bestraft werden. Davor muss ich keine Angst haben. Aber natürlich ist meine Mutter enttäuscht. Und schlechte Laune hat sie, wenn ich eine Fünf mitbringe. Abends erfährt Papa von meiner Glanzleistung. Vielleicht sagt der: Nimm dir ein Beispiel an Klaus.

Wenn der wenigstens ein richtiger Streber-Heini wäre, der Klaus. Dann könnte ich mir denken: Ne, an dem nehm ich mir kein Beispiel. Leider ist er kein Streber. Er schafft das einfach so. Dabei tu ich mehr als er.
Eben höre ich meine Mutter aus der Küche: „Komm zum Essen!" Und ich weiß immer noch nicht: Sag ich's? Oder sag ich's nicht?

Am liebsten würde ich hier in meinem Zimmer sitzen bleiben.
„Hast du nicht gehört?", fragt meine Mutter.
„Komme schon", sage ich und trotte in die Küche.
Kartoffeln, Rotkohl und Rindfleisch gibt es.
„Hm, das riecht gut", sagt Klaus. „Hab ich einen Hunger."

Und dann sagt er zu mir: „Deck schon mal den Tisch!"
„Blödmann! Mach doch selber!", donnere ich.
„Mensch, sei nicht so unfreundlich!", sagt Mutter. „Natürlich hilft der Klaus beim Tischdecken." Natürlich. Klar. Dieser Musterjunge. Und der tut in letzter Zeit wie ein Pascha. Der hat mir gar nichts zu sagen.

Ich hole die Teller. „Stell dir vor", sagt Mama, „Klaus hat seine Deutscharbeit wiederbekommen. Rate mal, was es für 'ne Zensur geworden ist?"
„Na, was meinst du?", fragt Klaus lässig. Dieser Angeber, wie der dasteht und am Kühlschrank lehnt. „Weiß ich nicht", sage ich. Dabei weiß ich's genau.

Wenn sie so gucken und aus der Note ein Rätsel machen, gibt's keine große Auswahl. Entweder hat er eine Zwei oder eine Eins.

„Eine Zwei hat er", sagt Mutter. „Um einen Punkt. Beinahe wär's eine Eins geworden."

Prima finde ich, dass er auch mal einen Punkt zu wenig hat.

Aber das behalte ich für mich. Mensch, ich wünschte mir einen Bruder, der schlechter in der Schule wäre als ich. „Na, ist das nicht toll?", fragt Mutter.

„Hm", murmele ich.

„Richtig stoffelig bist du heute", beschwert sie sich. „Was ist dir denn für 'ne Laus über die Leber gelaufen?"

Zum Glück erwartet sie keine Antwort. Sie stellt das Gemüse, das Fleisch und die Kartoffeln auf den Tisch. Gleich nimmt sich Klaus wieder das größte Fleischstück, jede Wette. Das kann ich besonders leiden.

Wir sitzen hinter den Tellern. Plötzlich guckt mich Klaus an und fragt: „Habt ihr eigentlich die Mathearbeit wieder?"

Mir schießt noch mal durch den Kopf: Sag ich's? Oder sag ich's nicht? Und ich sage: „Wir haben sie zurückbekommen."

„Und?", fragt Mutter.

„'ne … Vier", sage ich. Im nächsten Augenblick denke ich schon: Verdammt, warum habe ich bloß nicht die richtige Zensur gesagt?

„Na ja", seufzt Mutter und klingt unzufrieden. Wenn die wüsste.

„Ist ja nicht das Gelbe vom Ei", sagt mein Bruder.

„Ich habe eine schlechte Vier. So gerade noch. Um einen Punkt", sage ich hastig, damit es nicht zu sehr gelogen ist.

„Schade", sagt Mutter und fragt dann: „Hast du nicht genug geübt?"

Ich wusste, dass das kommt. „Keine Ahnung", sage ich. „Vor der Arbeit konnte ich alles."

„Jedenfalls so einigermaßen", sagt mein Bruder.

„Das reicht eben nicht", meint Mutter.

Jetzt muss ich in der nächsten Arbeit unbedingt eine Drei schreiben, damit aus den zwei Fünfen im Zeugnis noch eine Vier wird. Schon heute Nachmittag übe ich. Ganz bestimmt. Hoffentlich hilft mir der Klaus.

„Na ja", sagt Mutter. „Zieh nicht so ein Gesicht. Eine Vier ist immerhin besser als eine Fünf."

Das tröstet mich wirklich sehr, was sie da sagt.

„Zeig mir nachher mal die Arbeit", verlangt sie plötzlich. Auch das noch!

„Hm", mache ich und hoffe, dass sie das später vergessen wird. Wenn sie's nicht vergisst, sage ich: Wir sollten die Hefte in der Schule lassen, weil der Lehrer die Verbesserung der letzten Arbeit nachsehen will.

Ach, ist das alles doof. Da zieht eines das andere hinterher.

„So, wir essen", sagt Mutter.

Aber mir ist der Appetit eigentlich schon längst vergangen.

Hinweise zum Text: S. 24.

Inga und ich machen Menschen glücklich
Astrid Lindgren

Als wir im Herbst wieder mit der Schule angefangen hatten, sagte die Lehrerin eines Tages, wir wollten uns immer bemühen, andere Menschen glücklich zu machen. Niemals aber sollte man etwas tun, wovon Menschen unglücklich werden könnten.

5 Am Nachmittag saßen Inga und ich auf unserer Küchentreppe und sprachen darüber. Und da beschlossen wir, sofort damit anzufangen, Menschen glücklich zu machen. Das Schlimme war nur, wir wussten nicht genau, wie wir es anstellen sollten. Wir wollten es daher erst einmal mit Agda, unserem Hausmädchen, versuchen. Wir gingen zu ihr in die Küche. Sie scheuerte gerade den Fußboden.

10 „Trampelt mir nicht auf dem Fußboden herum, wenn er noch nass ist", rief sie.
„Agda", sagte ich, „kannst du uns etwas nennen, was wir tun könnten, um dich glücklich zu machen?"
„Ja, das kann ich! Wenn ihr sofort aus der Küche verschwindet und mich in Ruhe scheuern lasst, dann macht mich das unglaublich glücklich!"

15 Wir gingen. Aber wir fanden es nicht besonders erfreulich, auf diese Art Menschen glücklich zu machen. Und so hatte es Fräulein Lundgren wohl auch nicht gemeint.
Mutti war im Garten und pflückte Äpfel. Ich ging zu ihr und sagte: „Mutti, sag irgendetwas, was ich tun kann, damit du glücklich wirst!"

20 „Ich bin doch glücklich", sagte Mutti.
Das war doch ärgerlich! Aber ich wollte nicht nachgeben, sondern sagte: „Aber ich könnte doch vielleicht etwas tun, damit du noch glücklicher wirst?"
„Du brauchst nichts weiter zu tun, als auch weiterhin mein liebes, gutes, artiges Mädchen zu bleiben", sagte Mutti. „Dann bin ich ausreichend glücklich." Da
25 ging ich zu Inga zurück.
Ich sagte ihr, die Lehrerin hätte keine Ahnung, wie schwer es sei, jemanden zu finden, den man glücklich machen dürfe.
„Wir versuchen es mit Großvater", sagte Inga. Und wir gingen zu Großvater.
„Ah, das sind doch sicher meine kleinen Freunde, die da kommen!", sagte
30 Großvater. „Nun bin ich aber glücklich!"
Das war doch auch ärgerlich! Wir waren kaum zur Tür herein, da war Großvater schon glücklich! Da gab es für uns ja nichts mehr zu tun.
„Großvater", sagte Inga, „erzähle uns nur nicht, dass du schon glücklich bist. Wir wollen etwas tun, damit du glücklich wirst. Du musst uns helfen und dir et-
35 was ausdenken. Die Lehrerin hat gesagt, wir sollen andere Menschen glücklich machen."
„Ihr könntet mir vielleicht aus der Zeitung vorlesen", schlug Großvater vor. Ja, natürlich konnten wir das. Aber das taten wir doch so oft, es war doch nichts Besonderes. Plötzlich rief Inga: „Du armer, armer Großvater, dauernd hockst
40 du hier oben in deinem Zimmer! Es wird dich sicher sehr glücklich machen, wenn wir einmal mit dir spazieren gehen."

Großvater sah aus, als sei er nicht sonderlich begeistert von diesem Vorschlag, aber er versprach uns, mitzukommen. Wir gingen also. Inga und ich gingen jede auf einer Seite von Großvater und führten ihn, denn er kann ja selbst nicht sehen, wo er geht. Durch ganz Bullerbü zogen wir mit ihm und erzählten und berichteten ihm die ganze Zeit, was wir sahen. Es hatte angefangen, ein wenig zu wehen und zu regnen, aber das kümmerte uns nicht. Wir hatten uns in den Kopf gesetzt, Großvater glücklich zu machen.

Plötzlich sagte Großvater: „Glaubt ihr nicht, es reicht jetzt? Ich würde gern nach Hause gehen und mich hinlegen."

Da führten wir Großvater wieder auf sein Zimmer zurück und er zog sich sofort aus und legte sich ins Bett – dabei war es noch nicht einmal Abend. Inga stopfte die Decken fest um ihn. Großvater sah etwas müde aus. Bevor wir gingen, fragte Inga:

„Großvater, wann bist du heute am glücklichsten gewesen?"

Wir glaubten beide, er würde sagen, er sei auf dem Spaziergang am glücklichsten gewesen. Aber Großvater sagte:

„Am glücklichsten, Kinder, war ich heute, als ich ... ja, als ich in mein molliges, weiches Bett kriechen konnte. Denn ich bin sehr müde."

Dann mussten Inga und ich Schularbeiten machen. An diesem Tag hatten wir also keine Zeit mehr, weitere Menschen glücklich zu machen. Wir waren auch nicht sicher, ob unsere Art, Menschen glücklich zu machen, richtig war. Deshalb wollten wir am nächsten Tag die Lehrerin fragen, wie man es nun eigentlich machen müsse. Fräulein Lundgren sagte, es sei oft so wenig dazu nötig. Man könnte einem alten Menschen, der einsam und krank sei, ein Lied vorsingen oder einem, der niemals Blumen bekäme, einen schönen Strauß bringen oder mit jemandem, der sich einsam und verlassen fühlte, freundlich sprechen.

Inga und ich beschlossen, es noch einmal zu versuchen.

Und am Nachmittag hörte ich Mutti zu Agda sagen, Kristin im Waldhaus sei krank. Ich rannte sofort zu Inga.

„Inga, haben wir ein Glück! Kristin im Waldhaus ist krank! Komm, wir gehen hin und singen!"

Kristin wurde schon recht froh, als sie uns sah. Aber vielleicht wunderte sie sich, warum wir ihr nicht in einem Korb etwas mitgebracht hatten. Das taten wir sonst immer. Wir dachten aber, sie werde schon noch glücklich werden, wenn wir erst singen würden.

„Sollen wir dir etwas vorsingen, Kristin?", fragte ich.

„Singen?", fragte Kristin und machte ein erstauntes Gesicht. „Warum denn?"

„Damit du glücklich wirst, Kristin", sagte Inga.

„Ach so ... ja, meinetwegen ... singt nur zu", meinte Kristin.

Und wir legten los mit „Wir sind zwei Musikanten", dass es im Haus dröhnte. Dann sangen wir „Bitterkalt der Nordwind braust" – alle sieben Strophen. Ich fand, Kristin sah noch nicht glücklicher aus, als sie vorher ausgesehen hatte. Deshalb ließen wir noch „Stürmisch die Nacht und die See geht hoch" und „Schlaf, du kleine junge Weide" und einige andere Lieder folgen. Kristin sah nicht ein bisschen glücklicher aus. Inga und ich fingen an, heiser zu werden, aber wir wollten nicht aufhören, bevor wir Kristin so richtig glücklich gemacht hatten, und sollte es auch mühevoll für uns sein. Wir wollten eben mit „Zehn kleine Neger" einen neuen Versuch machen, da kletterte Kristin aus dem Bett und sagte: „Singt nur weiter! Singt nur, so viel ihr wollt! Ich gehe inzwischen ein wenig in den Garten."

Inga und ich fanden es kaum lohnend, noch ein Lied anzufangen. Wir sagten Kristin auf Wiedersehen.

„Vielleicht geht es besser, wenn wir jemandem Blumen schenken, der sonst nie Blumen bekommt", sagte Inga.

Wir überlegten gerade, wem wir Blumen schenken könnten, als wir Oskar, unseren Knecht, sahen. Er ging auf den Kuhstall zu. Wir sprangen hinter ihm her und ich sagte:

„Oskar, hast du schon jemals Blumen bekommen?"

„Nein, warum auch? Ich bin doch noch nicht tot!", sagte Oskar.

Der Ärmste! Sicher glaubte er, Blumen könne man nur zu seiner Beerdigung bekommen.

Inga sah mich begeistert an, weil wir schon einen Menschen gefunden hatten, der sonst nie Blumen bekam. Wir liefen sofort los und pflückten einen ordentlichen Strauß Heidekraut. Es wurde ein wirklich schöner Strauß, mit dem wir wieder zum Kuhstall gingen. Oskar lief dort mit der Schubkarre umher und fuhr Mist zur Dunggrube, die hinter dem Kuhstall liegt.

„Hier, Oskar, hast du Blumen", sagten wir und überreichten ihm den Strauß.

Oskar dachte zuerst, wir wollten ihn zum Narren halten. Er wollte den Strauß nicht nehmen. Aber wir sagten ihm, er müsse ihn annehmen, und da tat er es.

Eine Weile später, als Inga und ich hinter einem Kaninchen her waren, das uns weggelaufen war, kamen wir zufällig an der Dunggrube vorbei.

Und auf dem Mist – obenauf – lag Oskars Blumenstrauß.

„Ich fange an zu glauben, dass Fräulein Lundgren irgendwie nicht das Richtige trifft", meinte Inga.

Wir beschlossen, vorläufig keine Menschen mehr glücklich zu machen. Etwas später aber, gegen Abend, als Inga und ich in unsere Küche kamen, saß da auf einem Stuhl ein Mann. Svensson aus Stubbenäsed heißt der Mann. Er wollte von uns ein Schwein kaufen. Lasse und Bosse waren losgelaufen, um Vati zu holen, der gerade pflügte.

Svensson saß unterdessen in unserer Küche und wartete. Inga zog mich in eine Ecke und flüsterte mir zu:

„Findest du nicht, er sieht einsam und verlassen aus? Wollen wir es nicht doch noch einmal versuchen? Du weißt schon, was ich meine, ein wenig mit ihm reden und ihn aufmuntern, wie Fräulein Lundgren sagte."

Wir beschlossen, es zu versuchen. Sonst können Inga und ich reden wie aufgezogen, aber jetzt, wo wir mit Svensson sprechen und ihn glücklich machen wollten, war es uns unmöglich, nur das kleinste Wort zu finden. Ich überlegte und überlegte und endlich sagte ich:

„Schönes Wetter heute, nicht?"

Svensson antwortete nicht. Ich versuchte es noch einmal:

„Schönes Wetter heute, nicht?"

„Jaha", sagte Svensson.

Ich sah zu Inga, weil ich fand, sie könnte mir etwas behilflich sein. Und da sagte Inga:

„Man könnte glauben, dass das Wetter morgen auch schön wird, nicht?"

„Jaha", sagte Svensson.

Dann wurde es wieder still. Doch nach einer Weile sagte ich:

„Gestern war das Wetter auch schön, nicht?"

„Jaha", sagte Svensson.

Jetzt kam Vati über den Hof. Svensson stand auf und ging. Aber als er schon aus der Tür war, drehte er sich noch einmal um, steckte den Kopf in die Küche, grinste und sagte:

„Wie war eigentlich das Wetter vorgestern?"

Minuten später sagte Inga endlich:

„Vielleicht haben wir ihn auf jeden Fall ein bisschen glücklich gemacht!"

„Möglich", sagte ich. „Aber jetzt ist endgültig Schluss damit. Ich will keinen Menschen mehr glücklich machen."

Aber ich tat es doch. Und Inga auch. Denn am nächsten Tag erzählte die Lehrerin, ein Mädchen aus unserer Klasse, die Märta heißt, könne auf lange Zeit nicht mehr in die Schule kommen. Sie sei sehr krank und müsse viele, viele Monate im Bett liegen bleiben.

Abends, bevor ich einschlief, musste ich immer an Märta denken. Und da beschloss ich, ihr Bella, meine beste Puppe, zu schenken, denn ich wusste, Märta hatte überhaupt keine Spielsachen.

Am nächsten Morgen erzählte ich Inga, dass ich Märta meine Puppe schenken wollte. Da ging Inga und holte ihr schönstes Märchenbuch.

Nach Schulschluss gingen wir zu Märta. Sie lag in ihrem Bett und sah blass aus. Niemals habe ich einen Menschen so glücklich werden sehen, wie Märta es wurde, als wir Bella und das Märchenbuch auf ihre Bettdecke legten und sagten, Bella und das Märchenbuch seien für sie. Oh, oh, oh, wie wurde sie glücklich! Sie drückte Bella und das Märchenbuch an sich und strahlte. Und dann rief sie ihre Mutter, sie solle kommen und sich das ansehen.

Als wir wieder vor der Tür standen, sagte ich zu Inga:

„Ja aber – jetzt haben wir einen Menschen glücklich gemacht, ohne dass wir es
175 wollten!"
Inga bekam große, erstaunte Augen und sagte:
„Wahrhaftig!"
Dann sagte sie:
„Du, es war nur gut, dass wir nicht angefangen haben, Märta etwas vorzusingen.
180 Ich glaube, Menschen werden glücklicher, wenn sie Puppen und Märchen-
bücher bekommen."
„Ja! Wenigstens Kinder!", sagte ich.

Hinweise zum Text: Seite 24.

Eine Schulgeschichte
Karl Valentin

„Da Hager Emile", einer meiner Spezi'n, ging in die Auerschule, ich in die Klenzeschule. Wir trafen uns frühmorgens vor unserem Haus. „Emile", … flüsterte ich ihm zu, „hast g'hört, heit schwanz' ma d' Schui! Heut ham ma wieder Rechnen und Rechtschreib'n, dös hätt' i net vui kanti. – Woaßt was, mir reib'n uns s'G'sicht mit Mehl ei', dann schaug'n ma recht blass aus. Nacha moant dei' Muatta und mei' Muatta, mir san krank, nacha brauch'n ma net in d'Schui geh'n. Und nach achte werd's uns dann wieda besser, nacha dean ma bei uns im Stall Ratz'n fanga. Mogst?" Und er mochte. Leider zog er, der Verführte, dabei den Kürzeren, denn schon um 8 1/4 Uhr war der Schulpedell bei ihm und hätte ihn sicher ob seiner Blässe bedauert, wenn diese nicht seinen Rockkragen befallen hätte. „Wisch dir's Mehl aus'm G'sicht und schaug sofort, dass'd in d'Schul kommst, Lausbua, dreckata", rügte ihn der Schuldiener und nahm ihn mit: Er schwänzte zu oft die Schule, der Emile! Mir ging es halbwegs besser. Mutter pflegte mich mit Kamillentee und ließ mich schwitzen. Schön war's auch nicht, aber so habe ich wenigstens ein Übel mit dem anderen vertrieben: Ich brauchte nicht zur Schule gehen. Dem Hager Emile hat die Missetat sechs zerme Tatz'n eingetragen. Seiner Meinung nach hätten wir uns diese eigentlich teilen müssen!

Hinweise zum Text: Seite 25.

Schule, Schule

**Christine Nöstlinger:
Rezept für naturverbundenen Schulerfolg**
S. 9

Christine Nöstlinger wurde 1936 in Wien geboren, wo sie auch heute noch lebt. Nach einem Grafikstudium an der Kunstakademie heiratete sie und bekam zwei Töchter. In dieser Zeit fiel ihr ein von einem Bekannten geschriebenes Kinderbuch in die Hände, das ihr nicht gefiel, und sie beschloss: „Jetzt mach ich auch so was. Nur besser." So entstand 1970 ihr erstes Kinderbuch *Die feuerrote Friederike*. Seitdem hat sie über hundert Kinder- und Jugendbücher verfasst (u. a. *Wir pfeifen auf den Gurkenkönig*) und gilt als eine der erfolgreichsten Jugendbuchautorinnen der Gegenwart. Von sich selbst sagt sie:
Ich schreibe gerne über Mädchen, Mäuse, Buben, Briefträger, Frauen, Männer, Katzen und Fleischhauer. (…) Zu Hunden, Pferden, Wiesen, Wäldern (…) und Felsenzacken fällt mir nichts ein.

1 Versuche, das Gedicht laut und möglichst flüssig zu lesen. Was ist dir beim Lesen aufgefallen?
Was kannst du tatsächlich tun, um mehr Erfolg beim Lernen zu haben?
2 Erfinde selbst ein Rezept für Schulerfolg in Gedichtform. Lass deiner Fantasie freien Lauf. Die beiden Schlusszeilen können gleichbleiben.

**Sebastian E.:
in der Realschule**
S. 9

1 Welche Erfahrungen hat Sebastian E. in der Realschule gemacht?
2 „Seit sechs Wochen in der Realschule" – was fällt dir dazu ein?
3 Eure Erfahrungen in der Realschule könnt ihr auch so festhalten: Schreibt die Buchstaben des Wortes REALSCHULE untereinander und findet zu jedem Buchstaben ein Wort, das zur Realschule passt.

**Irmela Wendt:
Uli und ich**
S. 10

Irmela Wendt wurde 1916 in Donop (Kreis Detmold) geboren. Viele Jahre lang war sie Lehrerin. Nach ihrer Pensionierung 1979 widmete sie sich ganz dem Schreiben. Sie hat mehrere Kinderbücher und zahlreiche Erzählungen veröffentlicht und lebt heute in Dörentrup im Kreis Lippe/Westfalen.

1 Stellt euch vor, Petra wird von einer Mitschülerin gefragt, weshalb sie wieder neben Uli sitzt. Was, glaubt ihr, antwortet sie?
2 „Man kann nicht einfach wiederkommen, wenn man einmal weggegangen ist" – was meint ihr dazu?

3 „Aber man kann sich auch was gefallen lassen", findet Petra am Schluss. Wie hättest du reagiert?
4 Wie hat wohl Uli die Geschichte erlebt? Schreibt auf, was er dazu in sein Tagebuch notiert haben könnte.

Fitzgerald Kusz:
Schulzeit
S. 11

Fitzgerald Kusz, eigentlich Rüdiger Kusz, wurde 1944 in Nürnberg geboren. Nach dem Studium arbeitete er zehn Jahre als Lehrer und lebt seit 1982 als freier Schriftsteller in Nürnberg. Obwohl er in fränkischer Mundart schreibt, ist er inzwischen weit über Franken hinaus bekannt geworden, vor allem mit seinem Theaterstück *Schweig, Bub!*. Kusz schreibt Gedichte, Geschichten, Hörspiele, Filmdrehbücher und Theaterstücke.

1 a) Das Gedicht ist in fränkischer Mundart geschrieben. Lest das Gedicht laut, dann könnt ihr es verstehen, selbst wenn ihr eine andere Mundart sprecht.
b) Versucht einmal, den Text ins Hochdeutsche zu übertragen. Wie klingt das Gedicht jetzt?
c) Versuche, das Gedicht in deine Mundart zu übertragen.
2 a) Schüler und Lehrer mögen sich manchmal nicht. Welche Gründe werden im Text genannt?
b) Welche anderen Ursachen dafür kennt ihr noch?
c) Was können beide Seiten tun, damit sie sich besser verstehen?

Guus Kuijer:
Maslief schreibt
einen Brief
S. 11

Guus Kuijer wurde 1942 in Amsterdam geboren. Nach Schule und Studium wurde er Lehrer. Seit Anfang der 70er-Jahre arbeitet er als freier Schriftsteller. 1982 erhielt er für sein Kinderbuch *Erzähl mir von Oma* den Deutschen Jugendliteraturpreis. Kuijer lebt mit zwei Hunden, elf Gänsen und vielen Enten auf einem Bauernhof in der Nähe von Amsterdam.

1 Woran merkt Maslief, dass der Lehrer schlechte Laune hat?
2 Wie verhält sich der Lehrer wohl normalerweise?
3 „Ich finde, die Maslief war ganz schön mutig, dass sie sich getraut hat, dem Lehrer diesen Brief zu schreiben." Was meint ihr?
4 Was könnte der Lehrer wohl gedacht haben, nachdem Maslief ihm das Briefchen gegeben hatte?
5 Wie würdet ihr euch verhalten, wenn eure Lehrerin oder euer Lehrer schlecht gelaunt ist?

**Manfred Mai:
Kein Trost**
S. 13

Der Autor wurde 1949 in Winterlingen auf der Schwäbischen Alb geboren. Nach Abschluss seiner Malerlehre holte er das Abitur nach, studierte und wurde Lehrer. Heute arbeitet er als freier Schriftsteller. Er schreibt Gedichte, Erzählungen, Romane und Hörspiele für Kinder, Jugendliche und Erwachsene.

1 Warum weint Tina?
2 Was denkt ihre Freundin?
3 Was ist mit dem Titel *Kein Trost* wohl gemeint?
4 Das Gedicht hat einen offenen Schluss. Versetze dich in diese Situation und schreibe nach „und jetzt" weiter.

**Achim Bröger:
Sag ich's?
Oder sag ich's nicht?**
S. 13

Achim Bröger wurde 1944 in Erlangen geboren. Nach der Schule arbeitete er in mehreren Berufen, u. a. als Schriftsetzer, Polizist und Werbetexter. Seit 1980 ist er freier Schriftsteller. Er hat Kinder- und Jugendromane, aber auch Geschichten und Hörspiele verfasst, für die er inzwischen viele Auszeichnungen bekommen hat.

1 Bis zuletzt kann sich das Mädchen nicht entscheiden, ob sie zu Hause von ihrer Note erzählen soll. Welche Gründe gehen ihr durch den Kopf, die dafür sprechen? Welche sprechen dagegen?
2 „Sag ich's oder sag ich's nicht?" Was hättest du dem Mädchen geraten?
3 Wie wäre das Mittagessen wohl verlaufen, wenn das Mädchen der Mutter die Note wahrheitsgemäß gesagt hätte? Schreibe den Schluss der Geschichte um. Du kannst mit der Frage des Bruders anfangen: „Habt ihr eigentlich die Mathearbeit wieder?"
4 Das Mädchen fragt sich: „Ob sie (die Eltern) mich eigentlich mit den schlechten Noten genauso gern mögen wie meinen Bruder?" Was meint ihr?

**Astrid Lindgren:
Inga und ich machen Menschen glücklich**
S. 16

Astrid Lindgren wurde 1907 in Vimmerby in Schweden geboren. Schon als Schülerin fiel sie wegen ihrer lebendigen Aufsätze auf, aber erst mit 36 Jahren wurde sie Schriftstellerin. Sie begann zu schreiben, so erzählte sie einmal, nachdem sie bei Glatteis ausgerutscht war und ihres verstauchten Fußes wegen mehrere Wochen das Bett hüten musste. „Meine einzige Waffe gegen die Langeweile waren ein Bleistift und ein Stenogrammblock (und) ich begann, die eigentümliche Geschichte von Pippi Langstrumpf herunterzustenografieren."
Heute zählt Astrid Lindgren zu den bedeutendsten Jugendbuchautorinnen der Welt, ihre Bücher wurden in viele Spra-

chen übersetzt und oft erfolgreich verfilmt, wie z. B. *Pippi Langstrumpf* und *Ronja Räubertochter*.
Astrid Lindgren hat mehrere Bücher über die Kinder aus Bullerbü geschrieben. Aus dem Band *Mehr von uns Kindern aus Bullerbü* stammt dieser Textauszug.

1 Welche Enttäuschungen erleben die beiden Kinder?
2 Wieso haben sie bei Märta Erfolg?
3 Welche Lehre würdest du aus den Erlebnissen der Kinder ziehen?
4 Welche Ideen hättet ihr, um Menschen in eurer Umgebung glücklich zu machen?

Karl Valentin: Eine Schulgeschichte
S. 21

Der Autor, der als Münchener Original gilt, wurde 1882 in München als Valentin Ludwig Fey geboren. Schon als Schuljunge bewies er seine ungewöhnliche Fantasie, indem er sich die verrücktesten Streiche ausdachte. Nach einer Schreinerlehre und nach der Erfindung eines Musikapparates, mit dem er erfolglos auf Tournee ging, fing Karl Valentin an, selbst verfasste Stücke in Kabaretts und im Theater vorzutragen, was ihn zum beliebtesten Komiker Münchens machte. Viele Jahre lang war Liesl Karlstadt dabei seine Partnerin. Die Auftritte der beiden, die man öfter mal im Fernsehen sehen kann, haben bis heute nichts von ihrer komischen Wirkung eingebüßt. Karl Valentin starb 1948 in München.
Die Erlebnisse und Streiche seiner Jugendzeit hat Karl Valentin in dem Buch *Die Jugendstreiche des Knaben Karl* beschrieben. Daraus stammt diese Schulgeschichte.

1 Valentin erzählt diese Geschichte so, dass man lachen muss. Woran liegt das?
2 Versucht, manche Wörter und Dialektausdrücke aus dem Zusammenhang heraus zu erklären, oder schlagt ihre Bedeutung nach.
3 Übersetze die Geschichte in deinen Dialekt oder in Schriftsprache. Welche Fassung gefällt dir besser?
4 Erkundigt euch, mit welcher Strafe der Hager Emile heutzutage rechnen müsste.
5 Die Zeiten für Schulstreiche sind auch heute sicher noch nicht vorbei. Erzählt, welche Schulstreiche ihr selbst erlebt oder von welchen ihr gehört habt.
Ihr könnt daraus auch eine kleine Geschichte machen.
6 Auf dem Bild auf Seite 21 seht ihr ein Klassenzimmer aus früheren Zeiten. Was fällt euch besonders auf?
7 Die kleine Lausbubengeschichte eignet sich recht gut, um über Gerechtigkeit und Ehrlichkeit nachzudenken.

Gedichte-Werkstatt

Lauter Reimereien

ABC-Gedichte-Werkstatt

A das ist der Apfelkuchen
B der wollte dich besuchen
C möcht ich nach China schicken
D vor Freude an mich...
E ...

1 Bastelt in dieser Werkstatt zu allen weiteren Buchstaben eine eigene Zeile. Teilt dazu die Buchstaben in Gruppen auf. Als „Werkzeug" benutzt ihr – wie die Schriftstellerinnen und Schriftsteller – eure Sprache und Fantasie.

2 Vergleicht anschließend eure „Werkstücke".

Das freche Schwein

nach Monika Seck-Agthe

Der Maulwurf Tom ist jede Nacht
sehr aufgebracht und verärgert.
Ein dickes, freches, altes Schwein
quetscht sich rein in seine Hütte.

Da drin ist's mollig, weich und warm.
Tom schlägt deshalb Alarm und friert:
„Dies Haus ist meins! Ich hab's bezahlt!
Und angemalt auch noch selber!"

So jammert Tom, es nützt nicht viel:
Das Schwein ist stabil und auch dreist.
Tom klettert auf sein spitzes Dach
und hält sich wach mit der Zeitung.

„Lies vor!" So herrscht das Schwein ihn an.
„Was ist passiert? Mann, nun sag's schon!"
Der Maulwurf schluckt, ihm ist nicht gut.
Die Wut wühlt da ganz tief im Bauch.

Das Leben könnte schöner sein,
jedoch nur ohne dieses Schwein.

3 Wenn ihr das Gedicht nur ein bisschen „schüttelt", reimt es sich …

4 Es gibt auch „Schüttelreime". Hier zwei Beispiele:

In der ganzen Hunderunde   Menschen mögen Möwen leiden,
sah ich nichts als runde Hunde.   während sie die Löwen meiden.

a) Erklärt, warum diese Reime Schüttelreime heißen.
b) Kennt ihr noch andere Schüttelreime?

Gewitter
Erwin Moser

Der Himmel ist blau
Der Himmel wird
Wind fegt herbei
Vogel
Wolken fast schwarz
Lauf, weiße !
Blitz durch die Stille
Donner
Zwei Tropfen im Staub
Dann Prasseln auf
Regenwand
Verschwommenes
Blitze tollen
Donner
Es plitschert und platscht
Es trommelt und
Es rauscht und klopft
Es braust und
Eine Stunde lang
Herrlich
Dann Donner schon fern
Kaum noch zu
Regen ganz fein
Luft frisch und
Himmel noch grau
Himmel bald !

5 Die Reimwörter in diesem Gedicht sind verschwunden. Sicher könnt ihr sie wiederfinden.

6 An drei Stellen hat sich der Dichter jedoch Wörter überlegt, die sich nicht richtig reimen. Welche sind das?

Leute

Günter Kunert

Kleine Leute, große Leute
gab es gestern, gibt es ▢ ,
wird es sicher immer geben,
über, unter, hinter, ▢

dir und mir und ihr:
Kleine, Große sind wie ▢ .
Größer als ein Großer kann
aber sein ein kleiner ▢ .

Klein und groß sagt gar nichts aus,
sondern nur, was einer ▢
für sich selbst und alle macht.
Darum habe darauf ▢ :

Wer den andern hilft und stützt
und sich nicht nur selber ▢ ,
hat das richtige Format –
ob ein Zwerg er oder ▢

lang wie eine Latte ist
oder einen Meter ▢ .
Kleine Leute, große Leute
gab es gestern, gibt es ▢ .

7 In diesem Gedicht ist es nicht so einfach, die verschwundenen Reimwörter zu finden. Die Sätze hören oft nicht mit dem Zeilenende auf, sondern gehen darüber hinaus. Manchmal überspringen sie sogar das Strophenende.
Die Satzzeichen helfen euch zu erkennen, wo so ein Zeilensprung vorliegt und wo der Satz zu Ende ist.

Ein Gedicht besteht meist aus Versen

Spiegel

nach Alfred Könner

In der kleinen Regenpfütze glitzern tausend Sonnenblitze, spiegelt sich der Störche Zug, eines Drachens Wolkenpflug, zieht ein Flugzeug durch den Raum, steht ein Stück vom Lindenbaum, glänzt das fernste Sternenlicht, schwebt und zittert dein Gesicht.

1 Dieser Text war ursprünglich ein Gedicht.
Versucht, ihm wieder die Form eines Gedichts zu geben:
Unterteilt den Text deshalb in einzelne Gedichtzeilen
(Verszeilen heißt der Fachbegriff dafür).

2 Vergleicht eure Gedichtfassungen:
Wie verändert sich der Sinn durch verschiedene Versanordnungen?

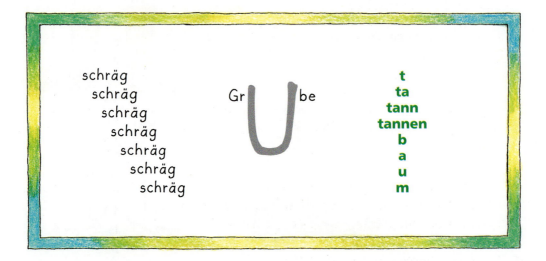

3 Hier wird mit unserer Sprache gespielt und Inhalte werden sichtbar gemacht.
Probiert es selbst einmal mit solchen Wörtern wie z. B.:
Welle, Auto, Hufeisen, lang, tanzen …

4 Lasst euch selbst etwas einfallen.

Wie ein Vers dem anderen folgt

Gefunden
nach Johann Wolfgang von Goethe

Wie Sterne leuchtend,
Wie Äuglein schön.

Im Schatten sah ich
Ein Blümchen stehn,

Ich grub's mit allen
Den Würzlein aus,

Und nichts zu suchen,
Das war mein Sinn.

Ich ging im Walde
So für mich hin,

Nun zweigt es immer
Und blüht so fort.

Ich wollt es brechen,
Da sagt' es fein:

Und pflanzt' es wieder
Am stillen Ort;

Soll ich zum Welken
Gebrochen sein?

Zum Garten trug ich's
Am hübschen Haus.

1 In diesem Gedicht ist etwas durcheinandergeraten. Schreibt die einzelnen Verspaare auf Papierstreifen ab und legt sie vor euch auf den Tisch.

2 Schiebt immer zwei passende Verspaare zusammen, sodass daraus vierzeilige Strophen entstehen. Welche Verspaare zusammengehören, könnt ihr auch daran erkennen, dass sich die letzten Zeilen jedes Paares reimen und mit jeder Strophe auch der Satz zu Ende ist.

3 Bringt die Strophen in die richtige Reihenfolge.
Ein Hinweis: Das Gedicht fängt an mit „Ich ging im Walde …"

4 Ihr könnt das Gedicht auf ein Blatt schreiben und dazu malen.

5 Lest das Gedicht vor.

Sonntagsbild
nach Josef Guggenmos

So wird's gut. Die Sonne steht

und das bist du selber.

nimm ein bisschen Grün;

als ein Fleck, ein gelber,

ein paar Tupfen Blau und Rot

über einem, der da geht,

Nimm ein bisschen Birkenweiß,

lass am Wege blühn.

6 Diese Verszeilen müssen neu kombiniert werden, damit daraus ein sinnvolles Gedicht wird. Benutzt dazu, wie beim vorigen Gedicht, Papierstreifen, auf die ihr die einzelnen Verszeilen abschreibt und die ihr dann anordnet.
Lest dann eure Gedichte vor und vergleicht sie.

7 Wie erlebt ihr eure Sonntage?

Auf das richtige Wort kommt es an

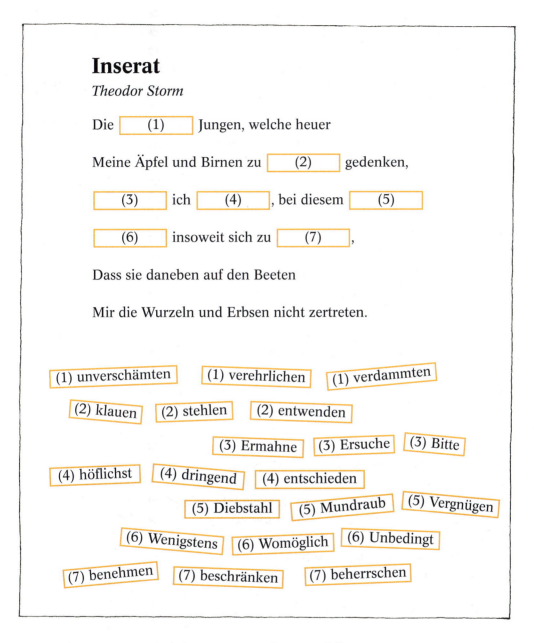

Inserat
Theodor Storm

Die ⎡ (1) ⎤ Jungen, welche heuer

Meine Äpfel und Birnen zu ⎡ (2) ⎤ gedenken,

⎡ (3) ⎤ ich ⎡ (4) ⎤, bei diesem ⎡ (5) ⎤

⎡ (6) ⎤ insoweit sich zu ⎡ (7) ⎤,

Dass sie daneben auf den Beeten

Mir die Wurzeln und Erbsen nicht zertreten.

(1) unverschämten   (1) verehrlichen   (1) verdammten

(2) klauen   (2) stehlen   (2) entwenden

(3) Ermahne   (3) Ersuche   (3) Bitte

(4) höflichst   (4) dringend   (4) entschieden

(5) Diebstahl   (5) Mundraub   (5) Vergnügen

(6) Wenigstens   (6) Womöglich   (6) Unbedingt

(7) benehmen   (7) beschränken   (7) beherrschen

1 Aus diesem Inserat sind ein paar Wörter herausgefallen.
Für jede Lücke habt ihr drei Wörter zur Auswahl:
Entscheidet euch jeweils für ein Wort, das euch am besten gefällt.
Achtet dabei auch darauf, dass die gewählten Wörter im Ton zueinander passen.

2 Vergleicht eure Fassungen miteinander.

3 Vergleicht eure Fassung mit dem Originaltext auf Seite 35.

Die Gedichte in ihrer Originalfassung

Gewitter
Erwin Moser

Der Himmel ist blau
Der Himmel wird grau
Wind fegt herbei
Vogelgeschrei
Wolken fast schwarz
Lauf, weiße Katz!
Blitz durch die Stille
Donnergebrülle
Zwei Tropfen im Staub
Dann Prasseln auf Laub
Regenwand
Verschwommenes Land
Blitze tollen
Donner rollen
Es plitschert und platscht
Es trommelt und klatscht
Es rauscht und klopft
Es braust und tropft
Eine Stunde lang
Herrlich bang
Dann Donner schon fern
Kaum noch zu hör'n
Regen ganz fein
Luft frisch und rein
Himmel noch grau
Himmel bald blau!

Spiegel
Alfred Könner

In der kleinen
Regenpfütze
glitzern tausend
Sonnenblitze,
spiegelt sich der
Störche Zug,
eines Drachens
Wolkenpflug,
zieht ein Flugzeug
durch den Raum,
steht ein Stück vom
Lindenbaum,
glänzt das fernste
Sternenlicht,
schwebt und zittert
dein Gesicht.

Gefunden
Johann Wolfgang von Goethe

Ich ging im Walde
So für mich hin,
Und nichts zu suchen,
Das war mein Sinn.

Im Schatten sah ich
Ein Blümchen stehn,
Wie Sterne leuchtend,
Wie Äuglein schön.

Ich wollt es brechen,
Da sagt' es fein:
Soll ich zum Welken
Gebrochen sein?

Ich grub's mit allen
Den Würzlein aus,
Zum Garten trug ich's
Am hübschen Haus.

Und pflanzt' es wieder
Am stillen Ort;
Nun zweigt es immer
Und blüht so fort.

Das freche Schwein
Monika Seck-Agthe

Der Maulwurf Tom ist jede Nacht
verärgert und sehr aufgebracht.
Ein dickes, freches, altes Schwein
quetscht sich in seine Hütte rein.

Da drin ist's mollig, weich und warm.
Tom friert und schlägt deshalb Alarm:
„Dies Haus ist meins! Ich hab's bezahlt!
Und auch noch selber angemalt!"

So jammert Tom, es nützt nicht viel:
Das Schwein ist dreist und auch stabil.
Tom klettert auf sein spitzes Dach
und hält sich mit der Zeitung wach.

„Lies vor!" So herrscht das Schwein ihn an.
„Was ist passiert? Nun sag's schon, Mann!"
Der Maulwurf schluckt, ihm ist nicht gut.
Ganz tief im Bauch, da wühlt die Wut.

Das Leben könnte schöner sein,
jedoch nur ohne dieses Schwein.

Inserat
Theodor Storm

Die verehrlichen Jungen, welche heuer
Meine Äpfel und Birnen zu stehlen gedenken,
Ersuche ich höflichst, bei diesem Vergnügen
Womöglich insoweit sich zu beschränken,
Dass sie daneben auf den Beeten
Mir die Wurzeln und Erbsen nicht zertreten.

Sonntagsbild
Josef Guggenmos

Nimm ein bisschen Birkenweiß,
nimm ein bisschen Grün;
ein paar Tupfen Blau und Rot
lass am Wege blühn.

So wird's gut. Die Sonne steht
als ein Fleck, ein gelber,
über einem, der da geht,
und das bist du selber.

Leute
Günter Kunert

Kleine Leute, große Leute
gab es gestern, gibt es heute,
wird es sicher immer geben,
über, unter, hinter, neben

dir und mir und ihm und ihr:
Kleine, Große sind wie wir.
Größer als ein Großer kann
aber sein ein kleiner Mann.

Klein und groß sagt gar nichts aus,
sondern nur, was einer draus
für sich selbst und alle macht.
Darum habe darauf Acht:
Wer den andern hilft und stützt
und sich nicht nur selber nützt,
hat das richtige Format –
ob ein Zwerg er oder grad

lang wie eine Latte ist
oder einen Meter misst.
Kleine Leute, große Leute
gab es gestern, gibt es heute.

Lesetraining

(1) Setze dich entspannt hin.
(2) Schau, dass genügend Licht auf dein Buch fällt.
(3) Gehe mit den Augen nicht zu nahe ans Blatt. (Abstand ca. 30 cm)
(4) Lies nur mit den Augen. (Kein Zeigefinger, kein Lineal)
(5) Entspanne deine Augen von Zeit zu Zeit. (Reibe sie, schließe sie …)
(6) Lass dir genügend Zeit beim Lesen.

Trimm dich fit im Lesezirkel!

Ein Radsportler braucht kräftige Beinmuskeln und Ausdauer.
Ein Handballer ist auf starke Armmuskeln und Ballgefühl angewiesen.
Ein Leser benötigt gute Augen und Konzentrationsfähigkeit.
Die Schärfe, Blickfeldweite und Wendigkeit deiner Augen
sowie deine Konzentrationsfähigkeit kannst du wie ein Sportler trainieren.
Übe dazu wie beim Zirkeltraining in den folgenden Stationen.
Viel Spaß beim „Trimm-dich-Lesezirkel". Auf die Plätze – jetzt geht's los!

Station 1

Wie flink sind deine Augen?

Deine Augen müssen beim Lesen innerhalb kürzester Zeit viele Zeichen aufnehmen – eine sportliche Höchstleistung.

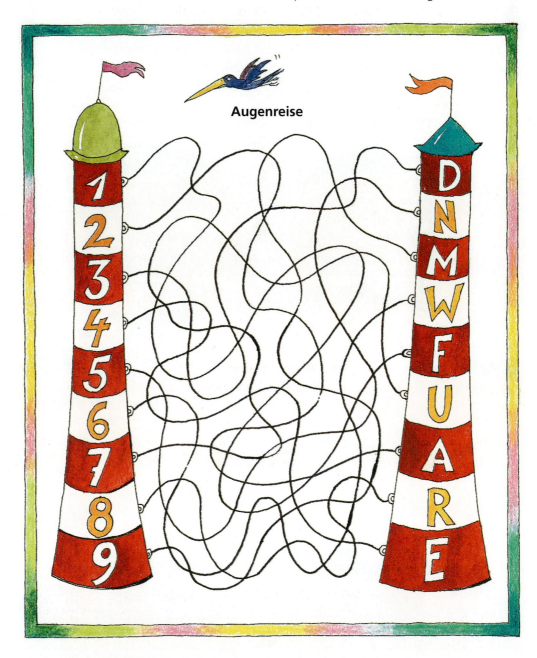

1 Welcher Buchstabe gehört zu welcher Zahl?
Du kannst sicherlich das Knäuel entwirren, ohne den Finger zu verwenden. Wenn du immer das passende Ende gefunden hast, ergeben die Buchstaben ein Lösungswort.

Gleich oder ungleich?

2974	osar	OPLS	Olkd	Bücher	Vater
2974	osar	OPLS	Olbd	Bücher	Vater
9845	joet	FLKL	mnPu	stecken	Riesen
6845	joet	FLKL	nmPu	strecken	Riesen
9455	jszp	ÄRET	klPb	Kisten	Vetter
9455	jscp	ÄRET	klPb	Kisten	Retter
0045	wöot	SPOR	hGFR	Winde	Leder
0845	wöot	SPOR	hGFR	Winde	Feder
0996	jlwg	NYXG	LutA	bocken	Luft
0996	jlwg	NYXG	LutA	backen	Luft
8352	qpmy	XXCZ	öLPo	Kranke	Hände
8352	pqmy	XXCZ	oLPo	Kranke	Hände

2 Hier haben sich 11 ungleiche Paare eingeschlichen.
Wie schnell kannst du sie finden?
Halte den Kopf gerade und suche nur mit den Augen.

Zum Weiterüben

3 Zeichnet eigene Knäuel wie bei der Augenreise und lasst sie von eurer Partnerin oder eurem Partner entwirren. Je mehr Fäden sich kreuzen, desto schwieriger wird die Aufgabe.

4 Suchbilder in Zeitschriften eignen sich ebenfalls gut, die Augen zu schärfen.
Bringt welche in die Schule mit.
Wer findet am schnellsten die Lösung?

Station 2

Wie rasch kannst du Wörter erkennen?

Die Fähigkeit, ein Wortbild rasch und richtig zu erkennen, hilft dir, flüssig und fehlerfrei zu lesen.

Wortzwillinge

A		B		C	
jung	salzig	salzig	billig	teuer	spät
lachen	feige	sauber	feige	laut	brüllen
hungrig	arm	weich	lustig	mutig	schön
weich	langsam	dunkel	warm	hart	hell
flüstern	früh	hässlich	leise	süß	dünn
lustig	falsch	lachen	falsch	reich	alt
sauber	dick	früh	hungrig	weinen	wenig
hässlich	groß	viel	arm	traurig	richtig
dunkel	morgens	flüstern	langsam	abends	kalt
billig	leise	groß	dick	satt	schmutzig
warm	viel	jung	morgens	schnell	klein

D		E		F	
rasch	Sorge	vorsichtig	rasch	Medizin	reden
Stein	Pech	Treppe	Arznei	Unglück	Stille
Frau	vorsichtig	blass	Furcht	fegen	behutsam
klug	rufen	sprechen	Idee	Hütte	schreien
Witz	kehren	Abfall	Mann	Mitgefühl	Kummer
sprechen	Mann	Frau	Sorge	bleich	Stiege
Furcht	Ruhe	klug	Mitleid	Dame	Herr
schauen	Idee	Pech	Haus	schlau	Fels
Mitleid	Haus	Stein	Witz	Scherz	schnell
Abfall	blass	kehren	rufen	Angst	Einfall
Arznei	Treppe	schauen	Ruhe	sehen	Müll

1 In der Tabelle B sind die gleichen Wörter wie in Tabelle A.
Suche möglichst zügig alle Wortpaare.

2 Nimm ein Wort aus Tabelle A und überlege, wie das Gegenteil heißt.
Suche das gegenteilige Wort in der Tabelle C.

3 Mit den Tabellen D, E und F kannst du auf die gleiche Weise üben.
In der Tabelle F stehen Wörter mit ähnlicher Bedeutung wie in Tabelle D.

O unberachenbere Schreibmischane

Josef Guggenmos

O unberachenbere Schreibmischane
was bist du für ein winderluches Tier?
Du tauschst die Bachstuben günz nach Vergnagen
und schröbst so scheinen Unsinn aufs Papier!

Du tappst die falschen Tisten, luber Bieb!
O sige mar, was kann ich dafür?

4 In diesem Text stimmt doch etwas nicht!?

5 Hast du die richtigen Wortbilder trotz der „Druckfehler" erkannt?
Wie müsste der Text „richtig" heißen?

6 Wie hat der Dichter die Wörter verändert?

7 Nun eine Aufgabe für Experten. Welche Speisen sind wohl gemeint? Versuche, die Speisekarte richtig zu lesen. Du kannst sie sicher auch richtig schreiben.

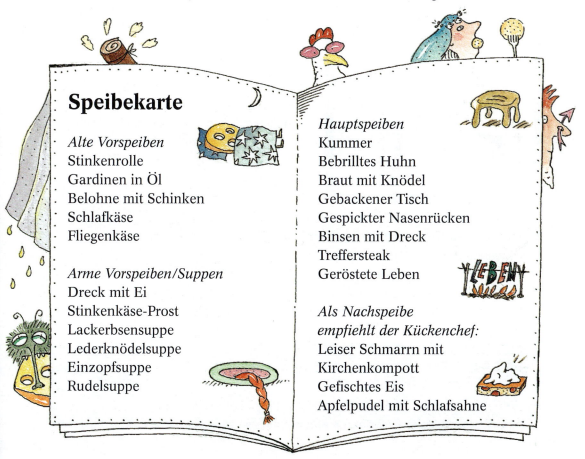

Speibekarte

Alte Vorspeiben
Stinkenrolle
Gardinen in Öl
Belohne mit Schinken
Schlafkäse
Fliegenkäse

Arme Vorspeiben/Suppen
Dreck mit Ei
Stinkenkäse-Prost
Lackerbsensuppe
Lederknödelsuppe
Einzopfsuppe
Rudelsuppe

Hauptspeiben
Kummer
Bebrilltes Huhn
Braut mit Knödel
Gebackener Tisch
Gespickter Nasenrücken
Binsen mit Dreck
Treffersteak
Geröstete Leben

*Als Nachspeibe
empfiehlt der Kückenchef:*
Leiser Schmarrn mit
Kirchenkompott
Gefischtes Eis
Apfelpudel mit Schlafsahne

schaffen	Kaffee	drehen
heulen	stottern	schnattern
Leselampe	empfohlen	Schlamm
Schund	Rente	Blausäure
schmücken	traben	Organspender
Ehering	mutiger	Blumentopferde
rattern	bärtig	Leber

8 Welche Tiere haben sich in den Wörtern versteckt?

9 Verstecke selbst Tiere, Pflanzen und Gegenstände in anderen Wörtern und gib sie deinem Partner oder deiner Partnerin als Rätsel. Beispiel: Erlaubnis

Zum Weiterüben

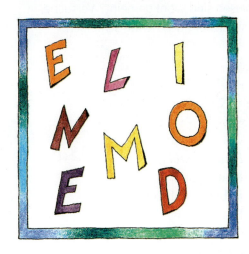

10 Vielleicht kennst du dieses Spiel?
Zerlege ein Wort in seine Buchstaben und lass es deinen Partner oder deine Partnerin erraten.
Dann könnt ihr gemeinsam überlegen, wie viele Wörter sich aus den vorhandenen Buchstaben zusammensetzen lassen.
Noch ein Tipp: Je länger die Wörter sind, desto mehr Wörter kann man finden.
Beispiel: MELODIEN.
Mögliche Wortbildungen:
LIED, MEDIEN, MOLE …

11 Schreibe mit dem Computer einen Text aus dem Lesebuch ab.
Verwende dabei nur Großbuchstaben.
Verzichte auch auf die Leerzeichen zwischen den Wörtern und auf alle Satzzeichen.
Gib den Text deinem Partner oder deiner Partnerin zum Entschlüsseln.

EINHUNDUNDEINFUCHSERBLICKTENGLEICHZEITIGEINESCHÖNE
LANGEWURSTDIEJEMANDVERLORENHATTEUNDNACHDEMSIEEINEWEILE
UNENTSCHIEDENDARUM…

Station 3

Wie viele Wörter kannst du mit einem Blick erfassen?

Je mehr Buchstaben und Wörter du mit einem Blick aufnehmen kannst, umso flüssiger wirst du lesen können.

Traum-Pyramide

Lotto
Jackpot
Hauptgewinn
10 Millionen DM
Kaum zu glauben!
Ich träum doch nicht!
Das darf nicht wahr sein!
Eine Reise rund um die Welt.
Dazu ein Traumhaus mit Garten.
Und in der Garage mein Traumauto.
Zum Feiern werden sie alle eingeladen.
Morgen geht's los mit Pauken und Trompeten!
Das hätte ich mir nie im Leben träumen lassen!
Jetzt werde ich künftig auf ganz großem Fuß leben!
Der Wecker klingelt.
Aus der Traum.
Schade!

1 Du legst ein Blatt Papier auf eine Pyramide und deckst Zeile für Zeile blitzschnell auf und zu. Versuche dabei, die gesamte Zeile mit einem Blick zu erfassen und vorzulesen.

2 Versucht selbst, Wort- oder Satzpyramiden zu erstellen. Achtet dabei nicht nur auf die passenden Spaltenlängen, sondern versucht auch, bei einem Thema zu bleiben.

Axt
Hand
Freunde
Kiefernwälder
Weitwinkelobjektiv
...

Wenn die Möpse Schnäpse trinken
James Krüss

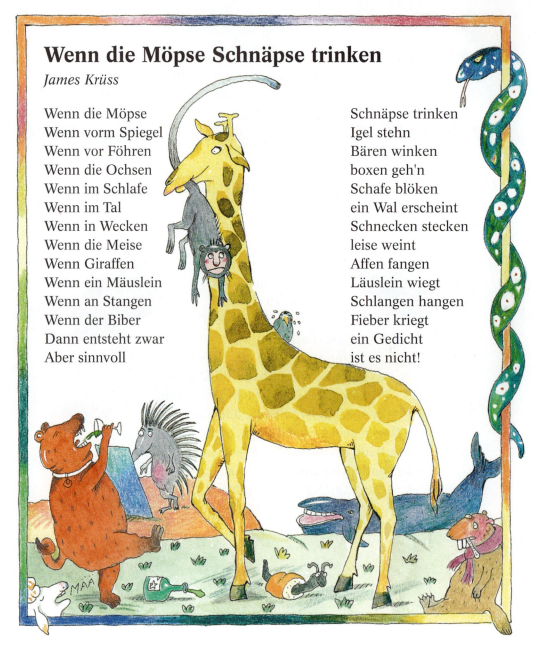

Wenn die Möpse	Schnäpse trinken
Wenn vorm Spiegel	Igel stehn
Wenn vor Föhren	Bären winken
Wenn die Ochsen	boxen geh'n
Wenn im Schlafe	Schafe blöken
Wenn im Tal	ein Wal erscheint
Wenn in Wecken	Schnecken stecken
Wenn die Meise	leise weint
Wenn Giraffen	Affen fangen
Wenn ein Mäuslein	Läuslein wiegt
Wenn an Stangen	Schlangen hangen
Wenn der Biber	Fieber kriegt
Dann entsteht zwar	ein Gedicht
Aber sinnvoll	ist es nicht!

3 Dieses Gedicht ist etwas auseinandergeraten.
Kannst du es trotz der Abstände flüssig lesen?
Versuche, den Kopf dabei nicht zu bewegen.
Springe nur mit den Augen.
Deine Augen werden immer flinker, je öfter du übst.

4 Probiere, selbst ein solches Gedicht zu schreiben. Beispiel:
Wenn die Autos   Kinder kriegen
Wenn die Flüsse   aufwärtsfließen
…

Zum Weiterüben

5 Gedichte erfordern oft das zusammenhängende Lesen von zwei Zeilen. Übe dies an dem folgenden Gedicht.

Der Bummelzug
Eugen Roth

Ein Mensch, wie aus dem Ei gepellt –
Man sieht sofort, ein Mann von Welt –,

Steht nun, seit fünf Minuten schon,
Auf einer kleinen Station,

Und denkt, voll Zorn bis in die Nas':
„Ha! Nur in Bayern gibt's so was!"

Jetzt endlich streckt, auf sein Geklopf,
Der Mann zum Schalter raus den Kopf.

„'s pressiert net!", sagt er zu dem Herrn.
„Der Zug? Nach sechse kommt er gern."

Und rät ihm, menschlich, voll Vertrauen,
Derweil die Gegend anzuschauen.

Der Mensch, zur Wut selbst zu verdutzt,
Hat unversehns den Rat genutzt

Und sieht, als wärs zum ersten Mal,
Im Abendglühen Berg und Tal;

Er sagt, vergessend seine Eile,
Zum schönen Augenblick: „Verweile!"

Und schaut sogar der braven Kuh
Voll Andacht bei Verschiednem zu ...

Von fern Geschnauf und Ratter-Ton –
Der Mensch denkt ganz verzaubert: „Schon?"

Und nimmt kaum wahr, geschweige übel,
Die Trödelei der Millikübel.

Ein letzter Blick – ein Pfiff – und munter
Gehts weiter, wald- und nachthinunter.

Der Mensch, gezwungen so zum Feiern,
Träumt oft noch von dem Tag in Bayern.

Station 4

Welche Wörter werden zusammengelesen?

Die Wörter, die vom **Sinn** her zusammengehören,
lassen sich beim Lesen zu einem **Schritt** zusammenfassen.
Man spricht von **Sinnschritten**. Mit Sinnschritten kannst du
Texte gliedern und damit ihren Inhalt leichter erfassen.
Sinnschritte können verschieden lang sein.
Beim Vorlesen helfen sie dir, einen Text sinnvoll zu betonen
und an der richtigen Stelle eine Pause zu machen. Betonungen und
Lesepausen brauchen Zuhörer, um den Text zu verstehen.

So liest der Lese-Anfänger:
Le/se/an/fän/ger le/sen Buch/sta/be für Buch/sta/be
und Sil/be für Sil/be und se/tzen so die Wör/ter
müh/sam zu/sam/men.In win/zi/gen Le/se/schrit/ten
stol/pern und hol/pern sie durch den Text.

So liest der Lese-Lehrling:
In / kleinen / Leseschritten / springt / sein / Auge / von /
Wort / zu / Wort. / Er / braucht / noch / viele / Pausen, /
damit / er / sicher / ans / Ziel / gelangt. / Um / den /
Sinn / zu / verstehen, / muss / er / oft / ein / paar /
Schritte / zurückgehen.

Allmählich wird der Lehrling zum Lese-Gesellen:
Seine Leseschritte / werden / größer und sicherer. /
Schon gelingt es, / mehrere Wörter / mit einem Blick /
zu lesen. / Trotzdem braucht / sein Auge / noch viele
Pausen, / die noch / zu viel Zeit kosten.

**Endlich ist er zum Lese-Meister aufgestiegen
und kann eigenständig in Sinnschritten lesen:**
Er verliert keine Zeit und erfasst mit einem Blick
auch den Sinn. In großen Leseschritten wandert er
mit seinen Augen durch den Text. Sicher und zügig
kommt er mit wenigen Pausen ans Ziel.

1 Lies den folgenden Text von Erich Kästner. Achte im markierten Textausschnitt auf die Sinnschritte. In welche hättest du den Text eingeteilt?

2 Lasst euch den nicht markierten Textteil kopieren und kennzeichnet mit einem senkrechten Strich die Wortgruppen, die eure Sinnschritte darstellen.

3 Vergleicht eure Lösungen untereinander.

Als ich ein kleiner Junge war
Erich Kästner

> Wenn ein Kind lesen gelernt hat / und gerne liest, / entdeckt und erobert es / eine zweite Welt, / das Reich der Buchstaben. / Das Land des Lesens / ist ein geheimnisvoller, unendlicher Erdteil. / Aus Druckerschwärze entstehen / Dinge, Menschen, Geister und Götter, / die man sonst nicht sehen könnte.

Wer noch nicht lesen kann, sieht nur, was greifbar vor seiner Nase liegt oder steht: den Vater, die Türklingel, den Laternenanzünder, das Fahrrad, den Blumenstrauß und vom Fenster aus vielleicht den Kirchturm.
5 Wer lesen kann, sitzt über einem Buch und erblickt mit einem Mal den Kilimandscharo oder Karl den Großen oder Huckleberry Finn im Gebüsch oder Zeus als Stier, und auf seinem Rücken reitet die schöne Europa. Wer lesen kann, hat ein zweites Paar Augen, und er muss nur aufpassen, dass er sich dabei das erste
10 Paar nicht verdirbt.
Ich las und las und las. Kein Buchstabe war vor mir sicher. Ich las Bücher und Hefte, Plakate, Firmenschilder, Namensschilder, Prospekte, Gebrauchsanweisungen und Grabinschriften, Tierschutzkalender, Speisekarten, Mamas Kochbuch, Ansichtskartengrüße, Paul Schurigs Lehrerzeitschriften, die „Bunten Bil-
15 der aus dem Sachsenlande" und die klitschnassen Zeitungsfetzen, worin ich drei Stauden Kopfsalat nach Hause trug.

Zum Weiterüben

4 Suche weitere Texte zum Üben, z. B. in Zeitschriften und Jugendbüchern.
Teile sie in Sinnschritte ein. Versuche beim Lesen,
einen Sinnschritt mit einem Blick zu erfassen. Denke an Lesepausen.

Station 5

Welche Wörter können betont werden?

Diebstahl im Hotel

Frau Müller verbringt mit ihrer Freundin Ingrid in einem Hotel in St. Moritz ihren Skiurlaub. Am letzten Abend beschließen sie, noch einmal groß auszugehen. Bevor sie sich ins Vergnügen stürzen, nimmt Frau Müller noch ein Bad. Ihre Freundin sagt, sie warte so lange in der Hotelhalle. Groß ist der Schrecken, als Frau Müller aus dem Badezimmer kommt. Die Balkontüre steht auf. Die Scheibe ist eingeschlagen, auf dem Balkon liegen Glassplitter, die Schubladen sind herausgezogen, selbst die Blumen in der Vase sind in Unordnung, das Schmuckkästchen liegt offen auf dem Boden und – es fehlt die teure Perlenkette. Frau Müller und ihre Freundin wenden sich sofort an den Hoteldetektiv. Dieser hat keine gute Nachricht. Im Nachbarzimmer wohnt ein gewisser Herr Birner, der soeben abgereist ist. Das hat er vom Hotelportier bereits erfahren.

Folgende Fragen hat der Detektiv dem Portier gestellt:

Wer hat das Hotel nach 18.00 Uhr verlassen?	<u>Herr Birner</u> hat bezahlt und ist aus Termingründen gegen 18.15 Uhr abgereist.
Warum ist Herr Birner abgereist?	Herr Birner hat bezahlt und ist <u>aus Termingründen</u> gegen 18.15 Uhr abgereist.
Wann ist Herr Birner abgereist?	Herr Birner hat bezahlt und ist aus Termingründen <u>gegen 18.15 Uhr</u> abgereist.

1 Die Betonung macht deutlich, auf welche Frage du antwortest.

Auch der Gast im gegenüberliegenden Zimmer, Herr Fauner, gibt Anlass zum Verdacht. Es ist bereits bekannt, dass bei seiner Anwesenheit schon des Öfteren Schmuck entwendet wurde. Es konnte ihm bisher aber noch nichts nachgewiesen werden. Auch heute hat er wieder ein Alibi, wie das Ergebnis der Befragung zeigt.

2 Lies die Antworten und betone die unterstrichenen Wörter.
Wie lauten die gestellten Fragen?

???: *Von 17.30 bis 18.30 Uhr war ich mit zwei Kollegen ohne Unterbrechung in der Hotelbar.*

???: *Von 17.30 bis 18.30 Uhr war ich mit zwei Kollegen ohne Unterbrechung in der Hotelbar.*

???: *Von 17.30 bis 18.30 Uhr war ich mit zwei Kollegen ohne Unterbrechung in der Hotelbar.*

Mit den betonten Wörtern wird die Aussage des Satzes, auf die es ankommt, herausgestellt. Sie heißen deshalb **Sinnwörter**.

Auch das Zimmermädchen wird befragt. Es wurde schon einmal bei einem Diebstahl ertappt und versucht, alle Verdächtigungen von sich zu weisen.

3 a) Wie könnten die Fragen lauten?
b) Welche Wörter wird sie beim Antworten betonen?

In der letzten Stunde war ich zusammen mit dem Koch in der Küche und habe Kaffee getrunken.

Ich habe heute das betreffende Stockwerk noch gar nicht betreten.

*Ich wusste gar nicht, dass Frau Müller so viel Schmuck besitzt.
Die Schmuckschatulle habe ich bei der Zimmerreinigung nie gesehen.*

4 a) Wer war die Täterin oder der Täter?
b) Was hat den Detektiv auf die Spur gebracht?

Die Lösung findest du auf Seite 55.

Wie ein armer Mann seine Zeche zahlte

Unbekannter Verfasser

Ein armer Mann kam einmal in ein Gasthaus, das einem habgierigen Wirt gehörte. Über dem Feuer wurde gerade ein großes Stück Fleisch am Spieß gebraten. Der Mann war sehr hungrig. Und das Fleisch roch so gut, dass der arme Mann noch viel hungriger wurde. Aber er hatte nicht genug Geld, um eine Mahlzeit zu bezahlen. Da nahm er ein Stück Brot aus seiner Tasche und hielt es zwischen den Braten und das Feuer, damit das Brot den Geruch des Bratens annahm. Er aß das Brot und wollte gehen. Der Wirt aber, der ihn beobachtet hatte, hielt ihn auf und verlangte, er solle seine Zeche zahlen. Der arme Mann sagte: „Ihr habt mir weder etwas zu essen noch zu trinken gegeben. Wofür soll ich zahlen?" Der Wirt entgegnete: „Du hast etwas zu dir genommen, das mir gehört, nämlich den Bratengeruch, und dafür verlange ich Bezahlung." Sie stritten eine Weile, bis der arme Mann schließlich das einzige Geldstück hervorholte, das er besaß. Das warf er auf den Tisch und fragte: „Habt ihr das Geld klingen hören?" Der Wirt sah ihn erstaunt an und nickte. Schnell steckte der arme Mann die Münze wieder ein und sagte: „Dann habt ihr eure Bezahlung erhalten. Der Klang des Geldes ist genauso viel wert wie der Geruch des Bratens." Da merkte der Wirt, dass der arme Mann noch listiger war als er selber, und musste ihn gehen lassen.

Es gibt verschiedene Wege, um in einem Satz die Sinnwörter zu erkennen.

1. Die Betonungsprobe
Die jeweiligen Sinnwörter kannst du herausfinden,
wenn du die verschiedenen Möglichkeiten der Betonung ausprobierst:

Ein <u>armer Mann</u> kam einmal in ein Gasthaus, das einem habgierigen Wirt gehörte.
Ein armer Mann kam <u>einmal</u> in ein Gasthaus, das einem habgierigen Wirt gehörte.
Ein armer Mann kam einmal in ein <u>Gasthaus</u>, das einem habgierigen Wirt gehörte.
Ein armer Mann kam einmal in ein Gasthaus, das einem <u>habgierigen Wirt</u> gehörte.

2. Die Abstrich- oder Weglassprobe

Durch Verkürzung der Sätze auf die wichtigsten Satzglieder findet ihr leichter die Sinnwörter.

Der Wirt aber, der ihn beobachtet hatte, hielt ihn auf und verlangte, er solle seine Zeche zahlen.

Verkürzung des Satzes auf die notwendigen Satzglieder:

Der Wirt verlangte, er solle seine Zeche zahlen.

Daraus ergeben sich folgende Sinnwörter:

Der Wirt aber, der ihn beobachtet hatte, hielt ihn auf und <u>verlangte</u>, er solle seine <u>Zeche zahlen</u>.

5 Lies den Text noch einmal und versuche, auch in den anderen Sätzen die Sinnwörter zu finden.

6 Trage deinen Text vor und denke dabei an die Betonung deiner Sinnwörter.

7 Es kann durchaus der Fall sein, dass ihr zu unterschiedlichen Ergebnissen kommt. Stellt die Ergebnisse gegenüber.

Zum Weiterüben

8 Suche dir andere Texte aus dem Lesebuch und übe daran das sinngestaltende Lesen. Gehe dabei so vor:

> a) Lies den Text zuerst leise und konzentriere dich auf den Inhalt.
> b) Wenn du etwas nicht verstanden hast, schaue im Wörterbuch nach oder frage.
> c) Lies den Text noch einmal leise durch.
> d) Teile den Text in Sinnschritte ein.
> e) Finde die Sinnwörter in den Sätzen heraus.
> f) Lies jetzt den Text langsam im Flüsterton.
> g) Trage den Text laut deinem Partner oder deiner Partnerin vor.
>   Denke daran: Deine Zuhörer…
>   – hören den Text zum ersten Mal, lies deshalb langsam.
>   – brauchen Zeit zum Nachdenken, nutze die Sinnschritte für kurze Lesepausen.
>   – wollen den Text verstehen, achte deshalb auf Betonung der Sinnwörter.
> h) Ihr könnt den Vortrag auch auf Video aufnehmen und eure Vorträge vergleichen und gemeinsam verbessern.
> i) Übt das gestaltende Lesen auch in verschiedenen Rollen.

9 Ihr findet im Lesebuch hierfür weitere geeignete Texte, z. B. auf den Seiten 172 und 175.

Station 6

Aufpass-Geschichten

Lies aufmerksam, versuche dann, die Fragen zu beantworten ohne auf der Lösungsseite zu „spicken".

A
Gleich hinter dem Haus ist ein Garten; hinter dem Garten fließt ein kleiner Bach und dahinter steht ein kleiner Baum.

1 Was ist am weitesten vom Haus entfernt?

a) Bach   c) Garten
b) Baum   d) Straße

B
Auf dem Tisch stehen drei Becher in einer Reihe. Einer ist aus Blech, einer aus Ton, der dritte aus Zinn. Der linke ist aus Blech und der mittlere nicht aus Zinn.

2 Aus welchem Material besteht der rechte Becher?

C
Die Buslinie 3 startet. An der Brücke steigen zehn Fahrgäste ein, beim nächsten Halt sind es nur sieben Personen, zwei dagegen steigen aus. Am Ringweg beeilen sich drei ältere Damen einzusteigen, in der Schustergasse verlassen sieben Mitfahrer den Bus, das nächste Mal stoppt das Fahrzeug beim Postamt.

3 An wie vielen Haltestellen hat der Busfahrer gehalten?

D
Du bist der Fahrer der Buslinie 9. An der ersten Station steigen zwei Leute ein, an der nächsten steigt einer aus und drei steigen ein.
An der dritten Station steigen wiederum vier ein und zwei aus. An der nächsten Station kommen zehn Leute in den Bus und fünf verlassen ihn.

4 Welche Haarfarbe hat der Busfahrer?

a) blond   d) grau
b) schwarz   e) braun
c) weiß   f) Glatze

Die beiden Fuhrleute
Johann Peter Hebel

1 „Höre du", sagte endlich der Erste, „jetzt frage ich dich zum letzten Mal: Willst du mir aus dem Wege fahren oder nicht? Tust du es nicht, so mache ich es mit dir, wie ich es heute schon mit einem gemacht habe."

6 „Fahre mir aus dem Wege!", rief der eine. „Ei, so fahre du mir aus dem Wege!", rief der andere. „Ich will nicht!", sagte der eine. „Ich brauche es nicht!", sagte der andere.

2 Weil keiner nachgab, kam es zu heftigem Zank und zu Scheltworten.

7 „Höre, du drohtest doch, du wolltest es mit mir machen, wie du es heute schon mit einem gemacht hättest; sage mir doch, wie hast du es mit dem gemacht?"

3 Das ließ sich der Erste gefallen und in wenigen Minuten war die Ursache des Streites beseitigt.

8 Das schien dem anderen doch eine bedenkliche Drohung. „Nun", sagte er, „so hilf mir wenigstens, deinen Wagen ein wenig beiseite zu schieben; ich habe ja sonst nicht Platz, um mit meinem auszuweichen."

4 Zwei Fuhrleute begegneten sich mit ihren Wagen in einem Hohlweg und konnten einander nicht gut ausweichen.

5 „Ja, denke dir", sagte der andere, „der Grobian wollte mir nicht aus dem Wege fahren, da fuhr ich ihm aus dem Wege."

9 Ehe sie schieden, fasste sich der, der aus dem Wege gefahren war, noch einmal ein Herz und sagte zu dem anderen:

5 Die Teile der Geschichte sind durcheinandergeraten.
Deine Spürnase hilft dir, die richtige Reihenfolge schnell zu finden.
Die Lösung findest du auf Seite 55.

Faule Eier!

Ich heiße Martin. Vor einiger Zeit – meine Eltern waren gerade für drei Wochen verreist – besuchte ich nachmittags meinen Freund Jürgen.
Jürgen wohnt im 12. Stock eines Hochhauses. Er war allein zu Hause.
Wir setzten uns an den Wohnzimmertisch und Jürgens Mutter brachte uns zwei Gläser Kakao, der uns herrlich schmeckte. Wir unterhielten uns angeregt hauptsächlich über die Schule. Dabei konnten wir durch das Wohnzimmerfenster Spatzen beobachten, die in dem Kirschbaum im Garten vor dem Haus herumhüpften.
Ich schlug vor, einen Spaziergang zu machen. Wir spülten noch die Kakaotassen und dann wanderten wir durch die Felder. Dabei pflückten wir für unsere Eltern jeder einen schönen Strauß Klatschmohn. Die Schatten wurden allmählich kürzer und kürzer. Bald würde die Sonne untergehen. Auf dem Rückweg in die Stadt – es war schon nach sechs Uhr – wurden wir Zeugen eines Unfalls. Auf einer Kreuzung stießen zwei Autos wegen vereister Fahrbahn im dichten Abendverkehr zusammen. Ich schaute hinein und sah, dass einer der Fahrer am Bein schwer verletzt war, das Bein war gebrochen. Jürgen kannte einen Arzt, der in der Nähe wohnte, und ging sofort weg, um ihn zu holen. Er kam aber bald zurück und berichtete, er habe den Arzt nicht angetroffen. Der Arzt habe ihm gesagt, dass die Verletzung nicht lebensgefährlich sei.
Inzwischen waren auch Polizei und Krankenwagen eingetroffen. Der verletzte Autofahrer stieg in den Krankenwagen und wurde weggefahren. Wir berichteten der Polizei, wie es zu dem Unfall gekommen war, und gingen dann schnell weiter. Unterwegs sahen wir Plakate, dass in vier Wochen in einem Konzert Mozarts *Kleine Nachtmusik* gespielt würde; dabei würde der Komponist selbst dirigieren. Das wollten wir unseren Eltern sagen. Jürgen und ich trennten uns. Unser Abend war aber noch nicht zu Ende. Als ich vor meiner Haustür ankam, fand ich meinen Schlüssel nicht. Hatte ich ihn bei Jürgen liegen gelassen? Ich beschloss, vom Telefon in meiner Wohnung aus Jürgen anzurufen. Der fand den Schlüssel tatsächlich auf dem Sofa im Wohnzimmer und war so nett, ihn mir zu bringen. So konnte ich endlich ins Haus.

6 Im Text sind 10 Fehler versteckt. Kannst du sie finden?
Die Lösung findest du auf Seite 55.

Zum Weiterüben

7 Dein Partner oder deine Partnerin formuliert zu dem Text auf S. 53 mehrere Fragen. Versuche, sie nach einmaligem Lesen des Textes ohne Zögern zu beantworten.

„Die guten Leutchen wissen nicht, was es einem für Zeit und Mühe gekostet hat, lesen zu lernen. Ich habe 80 Jahre dazu gebraucht und kann jetzt noch nicht sagen, dass ich am Ziel wäre."
(Goethe zu Eckermann am 25. Januar 1830)

Seite 48:
Was keiner für möglich gehalten hat, die Freundin Ingrid war die Täterin.
Sie wurde allerdings von Frau Müller frühzeitig gestört.
In der Eile musste sie die Perlenkette im Zimmer zurücklassen.
Der Schmuck war in der Blumenvase versteckt.
Weiterhin lagen die Glasscherben außerhalb des Zimmers auf dem Balkon.
Also wurde die Scheibe von innen eingeschlagen, um abzulenken.
Zudem hatte Ingrid Zugang zum Zimmer.

Seite 52:
A Der Baum ist am weitesten vom Haus entfernt.
B Der rechte Becher ist aus Zinn.
C Der Bus hat fünfmal gehalten.
D Die Geschichte beginnt mit: „*Du* bist der Fahrer…"

Seite 53:
Die Reihenfolge muss lauten: 4 – 6 – 2 – 1 – 8 – 3 – 9 – 7 – 5.

Seite 54:
1) Jürgen allein zu Hause – Mutter serviert Kakao
2) Gläser Kakao – Kakaotassen
3) Kirschbaum – 12. Stock
4) Blumen für Eltern – für drei Wochen verreist
5) Schatten am Abend länger, nicht kürzer
6) Klatschmohn – vereiste Fahrbahn
7) Arzt ist nicht anwesend – hat aber gesagt …
8) mit gebrochenem Bein ins Auto steigen
9) Mozart ist tot – seit 1791!
10) ohne Schlüssel – telefoniert aber aus der Wohnung

Ein bisschen anders

Du und ich
Karlhans Frank

Du bist anders als ich
ich bin anders als du.
Gehen wir aufeinander zu,
schauen uns an,
erzählen uns dann,
was du gut kannst,
was ich nicht kann,
was ich so treibe,
was du so machst,
worüber du weinst,
worüber du lachst,
ob du Angst spürst bei Nacht
welche Sorgen ich trag,
welche Wünsche du hast,
welche Farben ich mag,
was traurig mich stimmt,
was Freude mir bringt,
wie wer was bei euch kocht,
wer was wie bei uns singt…
Und plötzlich erkennen wir
– waren wir blind? –
dass wir innen uns
äußerst ähnlich sind.

Hinweise zum Text: Seite 66.

Die Sache mit Britta
Annette Weber

Das erste Jahr in Deutschland war ereignisreich und ging schnell vorbei. Sevim und ich hatten schon viel Deutsch gelernt, aber wir spielten nachmittags immer mit den türkischen Kindern aus unserer Klasse. Uns gefiel es hier in Deutschland sehr gut. Auch Habibe war zufrieden. Sie ging jetzt vormittags in einen
5 Kindergarten und hatte dort auch etwas Deutsch gelernt. Nur das Wetter, fanden wir, hätte besser sein können. Es regnet doch ziemlich oft hier.
Papa und Mama waren hier aber nicht zufrieden. Papa musste in dem Stahlwerk schwer arbeiten und seine Arbeitszeit war sehr unregelmäßig. Mal musste er morgens, mal nachmittags und mal nachts arbeiten. Wenn er nachts gearbei-
10 tet hatte, mussten wir in der Wohnung immer sehr leise sein, weil Papa dann tagsüber schlief. Auch die Arbeitskollegen gefielen Papa nicht, weil sie Türken nicht mochten.
„Ihr Türken nehmt uns hier die Arbeit weg", sagten sie immer und das machte Papa sehr wütend.
15 Mama war unglücklich in Deutschland, weil sie die Sprache nicht verstand. Und da türkische Frauen nicht oft aus dem Haus gehen dürfen, machte sie keine Bekanntschaften. Manchmal erzählte sie uns, wie einsam sie hier in Deutschland sei und wie viele Freunde und Bekannte sie in der Türkei gehabt habe. Aber davon wollten Sevim und ich nichts wissen.
20 Eines Tages ging ich wieder einmal von der Schule nach Hause. Ich hatte einen kleinen Umweg gemacht, weil ich noch kurz mit zu Selda gegangen war. So kam ich an diesem Tag durch die Hermannstraße. Plötzlich sah ich vor einem Straßengully ein deutsches Mädchen sitzen, das mit zwei Stöckchen darin herumstocherte. Es schluchzte dabei verzweifelt vor sich hin.
25 „Was hast du?", fragte ich betroffen. Das Mädchen sah erschrocken auf.
„Mir ist mein Geld in den Gully gefallen", sagte es leise. „Es waren fünf Mark. Wenn das meine Mutter erfährt, verprügelt sie mich wieder."
Das Mädchen schluchzte erneut und stocherte noch verzweifelter in dem Gully herum.
30 „Ist dein Geld da drinnen?", fragte ich ungeschickt und zeigte auf den Gully, denn ich war mir nicht sicher, ob ich es richtig verstanden hatte.
„Ja, doch", rief das Mädchen verzweifelt. „Mein Vater verdient nur wenig Geld und wenn ich fünf Mark verliere, gibt es eine gehörige Tracht Prügel, verstehst du?"
35 Mit den schmutzigen Händen wischte sie sich die Tränen ab, wobei schwarze Spuren in ihrem Gesicht zurückblieben. Ich setzte mich zu dem Mädchen und schaute in den Gully. Das Geld war auf den Rand des Abflussrohres gefallen und gut zu sehen, aber nicht zu erreichen. Ich nahm die beiden Stöckchen und steckte sie durch die Gitterstäbe des Kanaldeckels. Durch eine geschickte Dre-
40 hung bekam ich mit dem Stöckchen das Geldstück zu fassen und zog es langsam und vorsichtig hoch. Aber kurz bevor ich den Kanaldeckel erreicht hatte,

stieß das Mädchen einen freudigen Schrei aus. Ich erschrak so sehr, dass mir das Geldstück wieder entglitt und in das Abflussrohr fiel. Es ging sofort unter und wir konnten es nicht mehr sehen. Das Mädchen schlug die Hände vors Gesicht und fing wieder so schrecklich an zu weinen, dass ich es kaum ertragen konnte. Ich suchte nach einer Lösung.

„Komm", sagte ich schließlich. „Meine Mutter gibt dir das Geld."

„Meinst du wirklich?", fragte das Mädchen.

Ich nickte und machte ihr ein Zeichen, mitzukommen. Wir liefen nach Hause. An der Wohnungstür angekommen, wollte das Mädchen einfach so in unsere Wohnung laufen. Da musste ich ihr erst einmal erklären, dass man sich bei türkischen Familien an der Tür die Schuhe auszieht. Sie folgte meinem Beispiel. Ihre Strümpfe hatten große Löcher und das schien ihr sehr unangenehm zu sein.

„Wer ist denn das Mädchen?", fragte Mama erstaunt.

Ich erzählte ihr schnell auf Türkisch, was uns passiert war, und bat sie, dem Mädchen die fünf Mark zu geben.

Mama hörte in Ruhe zu, strich dann dem Mädchen über die schönen blonden Haare, ging zum Küchenschrank und holte das Geld aus ihrem Portemonnaie.

Das Mädchen sah Mama ungläubig an, nahm das Geld schnell an sich und lief zur Tür, als hätte sie Angst, Mama könne ihr das Geldstück wieder wegnehmen. Aber dann kam sie noch einmal zurück.

„Danke", sagte sie zu Mama. „Das werde ich dir nie vergessen", sagte sie zu mir. „Übrigens, ich heiße Britta. Ich wohne in der Friedrichstraße, gleich um die Ecke. Wir sehen uns bestimmt bald wieder."

Dann zog sie ihre Schuhe an und lief weg.

Den ganzen Nachmittag musste ich an Britta denken.

Als ich am nächsten Tag zur Schule kam, wurden mir plötzlich die Augen zugehalten.

„Selda?", fragte ich.

„Falsch", hörte ich eine Stimme hinter mir.

Ich drehte mich um und sah Britta vor mir stehen.

„Gehst du auch in diese Schule?", fragte ich ungläubig.

„Ja, was denkst du denn?", lachte Britta.

Fast jeden Nachmittag traf ich mich mit ihr. Wir redeten miteinander und spielten auf der Straße oder in unserer Wohnung. Zu Britta gingen wir nie.

„Bei uns ist immer Zoff", sagte Britta.

„Zoff?", fragte ich erstaunt, weil ich das Wort noch nie gehört hatte.

„Na, Streit", erklärte Britta. „Wenn mein Vater von der Arbeit kommt, geht er oft noch in eine Kneipe und trinkt. Und dann kommt er betrunken nach Hause und meckert über alles. Meine Mutter heult dann und schon ist wieder der schlimmste Familienstreit im Gange. Hier bei euch ist es schön. Deine Eltern sind lieb und deine Schwestern auch. Ich bin gerne bei euch."

Mama und Papa behandelten Britta wie eine Tochter. Mama brachte Britta Stricken bei und Britta lernte mit Mama Deutsch. So verging die Zeit ruhig und schön, bis zu dem Tag, den ich bis heute nicht vergessen habe und wohl auch nie vergessen werde.

Ich war auf dem Weg zur Schule. Plötzlich sah ich Britta mit einem anderen Mädchen vor mir gehen. Ich klemmte meine Tasche unter den Arm und rannte los, um sie einzuholen.

„Hallo, Britta!", rief ich fröhlich, als ich sie endlich eingeholt hatte.

Aber Britta beachtete mich nicht, sondern sprach weiter mit dem anderen Mädchen. Ich schloss mich ihnen an. Plötzlich blieb Britta stehen.

„Mensch, kapierst du nicht", schrie sie. „Ich will nichts mehr mit dir zu tun haben. Mit dir nicht und mit deinen Eltern schon gar nicht."

Ich stand wie erstarrt da.

„Guck nicht so doof", brüllte Britta weiter. „Es ist doch überall dasselbe mit euch Türken. Wenn ihr nichts verstehen wollt, dann versteht ihr einfach nichts."

„Aber ich verstehe wirklich nicht", sagte ich.

„Dann will ich dir das mal erklären", sagte Britta in höhnischem Ton. „Mein Vater ist seit gestern arbeitslos und weißt du, warum? Weil ihr Türken allen Deutschen die Arbeitsplätze wegnehmt: Haut wieder ab in die Türkei, wo ihr hingehört, bevor alle Deutschen keine Arbeit mehr haben!"

Dann ging sie mit dem anderen Mädchen weiter. Ich stand noch immer an derselben Stelle und konnte einfach nicht fassen, was Britta mir gesagt hatte.

An diesem Tag war ich im Unterricht nicht sehr aufmerksam. Ich musste immer wieder an Britta denken. Frau Becker ermahnte mich mehrmals, aufzupassen, und ich riss mich schließlich zusammen. Als ich nach Hause kam, war Papa noch da, denn er hatte an diesem Tag Spätschicht. Ich erzählte ihm mein Erlebnis mit Britta. Papa wurde sehr traurig.

„Brittas Vater wurde entlassen, weil er betrunken zur Arbeit gekommen ist", erzählte er. „Aber auch ohne triftigen Grund werden im Moment viele Arbeiter entlassen, weil es nicht mehr genügend Arbeit gibt. Bei jedem Deutschen, der entlassen wird, wird der Hass auf uns Ausländer größer. Dabei werden auch viele Türken entlassen."

„Es tut mir um Britta leid", sagte Mama. „Nun wird ihr Vater sicher noch mehr trinken. Vielleicht kommt sie doch noch einmal bei uns vorbei, wenn der Streit zu Hause zu groß wird."

Aber Britta kam nicht wieder und sprach auch nicht wieder mit mir. Wenn sie mich auf dem Schulhof sah, tat sie so, als ob sie mich noch nie in ihrem Leben gesehen hätte.

Zuerst tat mir das sehr weh, aber langsam gewöhnte ich mich daran. Ich spielte wieder mit Selda und den anderen türkischen Kindern aus meiner Klasse. Trotzdem versetzte es mir immer einen Stich, wenn ich sie sah oder an ihrer Haustür vorbeikam.

Hinweise zum Text: Seite 66.

Anna aus Russland
Manfred Mai

Vor einem halben Jahr kam Anna mit ihrer Familie nach Deutschland. Obwohl sie in Russland aufgewachsen ist, sprach sie ein wenig Deutsch, genau wie ihre Eltern und Großeltern. Trotzdem hatte Anna in der Schule von Anfang an Probleme. Weniger mit dem Unterricht, mehr mit den anderen Kindern. Denn Anna war anders als die andern. Das begann bei den langen Zöpfen und ihren altmodischen Kleidern und endete damit, dass sie sich vor und nach dem Unterricht bekreuzigte.

Die Kinder machten sich oft lustig über sie und Anna war oft traurig. Eines Morgens kam Herr Müller in die Klasse, stellte seine Tasche ab und setzte sich auf den Lehrertisch. Die Mädchen und Jungen freuten sich, denn sie wussten, was das bedeutete: Ihr Lehrer würde eine Geschichte vorlesen oder etwas erzählen. Schnell wurde es ruhig.

„Ich möchte euch mal wieder eine Geschichte erzählen, die ich selbst erlebt habe", begann Herr Müller. „Als ich ungefähr so alt war wie ihr, hatte Adolf Hitler die Macht in Deutschland. Wie ihr ja schon wisst, benutzte er diese Macht, um Krieg gegen andere Länder zu führen. Zuerst eroberten die deutschen Soldaten große Teile von Europa und drei, vier Jahre lang sah es so aus, als würde Deutschland den Krieg gewinnen. Doch dann änderte sich die Lage. Und als russische Soldaten sich langsam unserem Dorf näherten, bekam mein Vater Angst. Wir packten das Nötigste zusammen und verließen unseren Hof, wie viele andere Familien auch.

An die Flucht kann ich mich kaum noch erinnern, obwohl sie einige Monate dauerte. Ich weiß nur noch, dass ich oft schrecklich gefroren habe. Sehr gut er-

innern kann ich mich allerdings noch daran, wie es war, als wir nach Winterlingen kamen. Meine Eltern, meine zwei Schwestern und ich mussten über ein Jahr lang in einem Zimmer wohnen. Doch das war nicht einmal so schlimm; wir hatten wenigstens wieder ein Dach über dem Kopf. Am schlimmsten war, wie die Kinder des Dorfes uns behandelt haben. Und wisst ihr, warum?" Herr Müller machte eine kleine Pause. Die meisten Schüler waren so mit Zuhören beschäftigt, dass sich niemand meldete, um die Frage zu beantworten.

„Nur weil wir Flüchtlinge waren, anders sprachen und noch viel ärmlichere Kleider trugen als sie. Ich weiß noch ganz genau, dass sich in der Schule niemand neben mich setzen wollte. Immer haben sie mich gehänselt, verspottet und ausgelacht. Das hat mir sehr weh getan. Ich konnte doch nichts dafür, dass wir fliehen mussten. Ich wäre viel lieber zu Hause bei meinen Freunden geblieben. Doch darüber machten sich die Winterlinger Kinder keine Gedanken. So saß ich allein zwischen ihnen, bis ein anderer Flüchtlingsjunge in unsere Klasse kam. Er hieß Jürgen und wurde mein Freund. Die andern haben uns zwar noch lange gehänselt und verspottet, aber mit einem Freund war das nicht mehr ganz so schlimm."

Herr Müller hörte auf zu reden. In der Klasse war es mucksmäuschenstill. Alle wussten genau, dass Herr Müller diese Geschichte wegen Anna erzählt hatte. Deswegen senkten manche auch den Kopf.

Frank hatte während der ganzen Geschichte an Anna gedacht. Plötzlich sagte er in die Stille hinein:

„Anna ist auch wirklich ein bisschen komisch."

Kaum hatte er den Satz ausgesprochen, presste er beide Hände vor den Mund. Was hab ich nur gesagt, schoss es ihm durch den Kopf. Doch bevor er weiter darüber nachdenken konnte, hörte er Herrn Müllers Stimme:

„Was du ein bisschen komisch nennst, Frank", sagte er so leise, dass alle besonders genau hinhörten, „nenne ich ein bisschen anders. Anna ist ein bisschen anders als ihr, das ist alles. Habt ihr euch vielleicht schon mal gefragt, warum sie so ist? Oder habt ihr sie selbst schon gefragt?"

Während Herr Müller die Mädchen und Jungen der Reihe nach anschaute, hörte man Anna schluchzen.

„Wahrscheinlich nicht", antwortete Herr Müller selbst auf seine Frage. „Ihr macht es euch viel einfacher: Anna hat Zöpfe und tut nicht alles, was ihr tut – also ist sie altmodisch und dumm. Wenn sie jedoch gute Noten schreibt, nennt ihr sie eine Streberin – auch diejenigen, die noch bessere Noten schreiben. Ein paar von euch benutzen Anna, um den andern zu beweisen, was sie für tolle Mädchen und Jungen sind. Aber wer das durch solche Streiche erst beweisen muss, tut mir leid. Ich bin sicher, dass auch einige in der Klasse diese Streiche und das dauernde Hänseln nicht gut finden. Nur trauen die sich leider nicht, das laut zu sagen."

Simone nahm ihren ganzen Mut zusammen. „Manchmal ist es fies, wie Anna behandelt wird, das stimmt. Aber sie ist auch selbst ein bisschen schuld daran. Nie macht sie etwas mit. Nicht einmal zu unserem Klassennachmittag ist sie gekommen."

Ein vielstimmiges Murmeln und Tuscheln begann. Herr Müller konnte heraushören, dass die meisten so wie Simone dachten. „Wenn jeder nur dem andern die Schuld an den Schwierigkeiten gibt, kommen wir nicht weiter", sagte Herr Müller. „Damals so wenig wie heute. Bei mir hat es damals lange gedauert, bis mich die andern wenigstens in Ruhe ließen. Erst als sie merkten, dass ich ganz gut Fußball spielen konnte, wollten sie mich auch sonst mitspielen lassen. Aber da wollte ich nicht mehr, weil ich dachte: Die sind alle so blöd und gemein, mit denen spiele ich nicht! Ich wollte sogar eine eigene Fußballmannschaft gründen, nur um es den blöden Winterlinger Jungen zu zeigen."

„Das hätte ich auch getan", sagte Tommi.

Herr Müller nickte. „Das glaub ich dir. Aber Gott sei Dank hat es mit der eigenen Mannschaft nicht geklappt. Weil ich aber unbedingt Fußball spielen wollte, blieb mir nichts anderes übrig, als mit den Winterlinger Jungen zu spielen. Dabei lernten wir uns langsam besser kennen und ich merkte, dass manche gar nicht so blöd waren, wie ich gedacht hatte."

„Sollen wir Anna vielleicht in unserer Fußballmannschaft mitspielen lassen?", fragte Tommi.

„Warum nicht?", fragte Herr Müller zurück. „Vielleicht ist sie ein Ass im Fußball. Vielleicht möchte sie auch lieber etwas anderes spielen. Ich würde sie einfach mal fragen."

Die Kinder schauten einander an, einige zuckten mit den Schultern.

„Es muss ja nicht gleich sein", sagte Herr Müller. „Vielleicht ergibt sich in der Pause oder auf dem Heimweg eine Gelegenheit. Könnte ja sein, oder?"

Hinweise zum Text: Seite 67.

Der gelbe Junge
Peter Härtling

Mark bekam seine Eltern ganz anders als die Kinder sonst. Er wurde von seiner Mutter nicht geboren; er war schon fünf, als er sie kennen lernte. Und er hat ganz anders geheißen. Er ist nämlich in Vietnam zur Welt gekommen, mitten im Krieg. Von seinem Vater wusste man nichts mehr; er war im Krieg verschollen – wahrscheinlich hatte ihn eine Kugel oder Granate getroffen. Als um das Dorf gekämpft wurde, floh seine Mutter mit ihm und seinen vier Geschwistern. Sie liefen mit vielen anderen Menschen auf der Straße und wussten eigentlich nicht, wohin. Überall im Land war Krieg.

Ein Flugzeug kam tief herunter und schoss in den Menschenzug hinein. Die Mutter wurde getroffen, stürzte hin und starb. Die Kinder blieben bei ihr, hockten sich neben sie, weinten. Andere Leute packten sie und zerrten sie mit. In irgendeiner Stadt wurden sie in einem Heim abgegeben. Damals war Mark drei Jahre alt. Seine Geschwister kamen mit der Zeit in andere Heime. Er blieb allein, vergaß allmählich alles – nur manchmal träumte er noch davon, wie die Mutter im Straßenstaub lag. Dann heulte er im Schlaf, wachte davon auf und eine Schwester musste ihn beruhigen. Das war nicht einfach. Der Schrecken saß tief in ihm.

Nach zwei Jahren, in denen er immer wieder krank war, brachte ihn eine der Schwestern zu einem großen Flugzeug, in dem er mit anderen vietnamesischen Kindern in ein fernes Land flog, wo neue Eltern auf ihn warteten. Er hatte Angst vor alldem.

Alles war da anders als zu Hause. Es gab keinen Krieg. Niemand fürchtete sich vor Bomben. Die neuen Eltern waren bleichhäutig und viel größer als seine ersten Eltern. Sie schüchterten ihn ein. Aber sie waren freundlich zu ihm. Sie wohnten in einem Haus mit Garten und zeigten ihm ein Zimmer, das ihm ganz allein gehörte. Sie gaben ihm neue Namen und er hatte mit einem Mal auch eine neue Schwester: Sie hieß Renate und war zwei Jahre älter als er.

Zu essen gab es, was er wünschte. Trotzdem war er noch oft krank und die neue Mutter sagte: Das hast du aus dem schrecklichen Krieg mitgebracht.

Er hieß jetzt Mark Dobler. Es fiel ihm nicht leicht, seinen Namen auszusprechen, doch er lernte rasch die neue Sprache, Deutsch, und nach einem Jahr redete er wie Renate. Er hätte auch nicht mehr gemerkt, dass er anders war als die Kinder hier, wenn sich nicht die Leute nach ihm umgedreht hätten. Dann sagte sein Vater: Die sind blöd. Das kann dir egal sein. Die Kinder, mit denen er spielte, hatten sich längst an ihn gewöhnt. Er war einer von ihnen. Dass er nicht ganz so aussah wie sie, pechrabenschwarzes Haar und gelbe Haut hatte, fiel ihnen nicht mehr auf. Er war ihr Spielkamerad, ihr Freund. Wenn einer doch mal eine dumme Bemerkung machte, bekam er es mit Renate zu tun. Renate hatte ihn gern wie eine Schwester.

Mit der Schule änderte sich das. Am ersten Tag brachten ihn die Eltern hin, der Lehrer war allzu freundlich zu ihm, was ihm nicht behagte, und die Kinder starrten ihn an, als käme er vom Mars. Er hatte Angst und Wut. Er wusste, dass er sich würde prügeln müssen.

Die Eltern mussten gehn. Der Unterricht begann. Der Lehrer bat die einzelnen Kinder, ihren Namen zu nennen. Als die Reihe an ihm war, sagte er: Mark Dobler. Der Lehrer schrieb nicht wie bei den anderen den Namen in ein dickes Buch, sondern begann, eine Rede zu halten: Wie ihr wahrscheinlich schon wisst, kommt Mark aus Vietnam. Er hat seine Eltern verloren und ist von Doblers an Kindes statt angenommen worden.

Mark fand dieses „an Kindes statt" ganz grässlich. Irgendwie falsch und gemein. Doch er sagte nichts, hielt den Kopf gesenkt, schämte sich.

Der Lehrer sagte weiter: Seid nett zu ihm, behandelt ihn aufmerksam.

Da stand Mark auf und sagte leise: Aber ich bin doch wie die andern.

Der Lehrer lachte: Wenn du meinst, Mark.

Ja, das stimmt, sagte Mark.

In der Pause kam niemand zu ihm. Er stand allein. Er war nahe daran, zu weinen. Aber er verbiss es. Vor denen wollte er sich nicht schwach zeigen. Nein.

Eine Horde von Jungen kam auf ihn zu. Es waren größere, aus der zweiten oder dritten Klasse. Sie bildeten einen Kreis um ihn und der, den sie Tom riefen, sagte: Wo kommst'n du her?

Mark sagte: Ich wohne in der Bieberstraße.

Nee, wo du herkommst, will ich wissen, sagte Tom.

Von hier, sagte Mark.

Jetzt wird der Gelbe auch noch frech, sagte Tom.

Lass ihn, sagte ein anderer.

Warum?, sagte Tom. Wenn er mich auf den Arm nimmt.

Mark versuchte, aus dem Kreis herauszukommen, doch die Jungen ließen es nicht zu. Jetzt muss ich mich eben prügeln, dachte er; am liebsten hätte er sich auf den Boden gelegt, zusammengerollt und geheult. Sie waren hundsgemein.

Sie hatten ihn „der Gelbe" genannt. Jetzt, sagte er sich, rannte mit gesenktem Kopf auf Tom los, doch der fing ihn auf und schlug ihm ins Gesicht. Er trommelte mit den Fäusten auf Tom ein.

Mensch, der Chinese hat ja Mut, sagte Tom.

Ich bin kein Chinese, schrie Mark.

Du bist doch gelb im Gesicht, sagte Tom.

Bist du auch gelb am Bauch und am Hintern?

Ich bin aus Vietnam, sagte Mark.

Nun konnte er das Weinen kaum mehr unterdrücken.

Du bist nicht aus Vietnam.

Du bist gelb. Du bist ein Chinese.

Ich bin ein Deutscher, sagte er sehr leise. Aber Tom hatte es gehört.
Der will ein Deutscher sein! Habt ihr gehört?
Der ist gelb und will ein Deutscher sein.
Mark gab auf, legte die Hände vors Gesicht und schluchzte. Einer der Jungen zog Tom zurück und sagte: Lass ihn doch in Ruhe. Er kann ja nichts dafür, dass er gelb ist.
Endlich kam einer der Lehrer und holte ihn heraus. Er schimpfte mit den Jungen.
Tun Sie's nicht, sagte Mark.
Aber sie haben dich doch beleidigt.
Ja, sagte Mark.
Am nächsten Tag wollte er nicht in die Schule gehn. Der Vater schlug vor, er werde ihn hinbringen. Das wollte er aber nicht. Er ging mit Renate.
Auf dem Hof hörte er, wie einer zum anderen tuschelte: Da ist er, der gelbe Junge. Er riss sich von Renates Hand, rannte auf den Jungen zu, sprang an ihm hoch, klammerte sich an dessen Hals, sodass der Angst bekam und flehte: Lass mich los.
Nenn mich nicht noch einmal „gelber Junge", sagte Mark.
Nein, nein.
Er ließ den Jungen los. Als er sich von ihm abkehrte, gab der ihm einen Tritt in den Hintern. Mark flog nach vorn. So listig seid ihr … ihr Weißen … Er schämte sich, fühlte sich krank, packte den Ranzen, lief aus dem Schulhof, nach Hause.
Heute musst du nicht in die Schule. Morgen, sagte Mutter.
Ich will nach Hause, sagte er.
Du bist doch hier zu Hause, sagte seine Mutter. Er sah, dass sie traurig war.
Bei euch schon, sagte er. Aber sonst nicht.
Manchmal denke ich das auch, sagte Mutter. Aber wir werden es schon schaffen.
Er schaffte es, gewöhnte sich daran, „gelber Junge" genannt zu werden. Mit der Zeit taten das nicht mehr viele. Als er in die dritte Klasse kam, wäre er beinahe zum Klassensprecher gewählt worden. Es fehlten nur vier Stimmen.
Wir haben dich lieb wie Renate, sagten seine Eltern. Es war so. Er wusste es. Er spürte es.
Aber nachts träumte er noch immer, dass ihn eine Horde weißhäutiger Kinder verfolgt, ihn jagt, hetzt und dass er am Ende sich hinwirft, darauf wartet, von ihnen gequält und verspottet zu werden. Der gelbe Junge!
Er war nicht sicher, ob diese Träume je aufhören würden, obwohl seine Eltern ihn liebten, obwohl er hier zu Hause war und obwohl er sich an das Land, aus dem er gekommen war, und an seine ersten Eltern nicht mehr erinnern konnte.

Hinweise zum Text: Seite 67.

Ein bisschen anders

Immer wieder begegnet man Menschen, die anders aussehen, eine andere Sprache sprechen oder andere Gewohnheiten haben. Das erlebt ihr täglich in der Schule oder auf der Straße. Es passiert oft, dass man diese Menschen ablehnt, nur weil sie sich anders verhalten. Wenn man aber mit ihnen spricht und sie kennen lernt, stellt man immer wieder fest, dass es auch viele Gemeinsamkeiten gibt. Wie wichtig es ist, sich gegenseitig verstehen zu lernen, davon handeln die Texte in diesem Kapitel.

Karlhans Frank:
Du und ich
S. 56

Karlhans Frank wurde 1937 in Düsseldorf geboren. Seit 1961 arbeitet er hauptberuflich als freier Schriftsteller. Er schreibt für Kinder und Erwachsene Bücher, Hörspiele und Liedertexte.

1 Wer könnte alles mit dem *Du* in dem Gedicht gemeint sein?
2 Der Text fordert dazu auf, auf andere Menschen zuzugehen und sich gegenseitig voneinander zu erzählen.
Was könntest du von dir alles erzählen?
3 a) Was meint der Dichter, wenn er am Schluss feststellt, „dass wir innen uns äußerst ähnlich sind"?
b) Was glaubt ihr, warum fällt es Menschen oft so schwer, diese innere Ähnlichkeit zu erkennen?

Annette Weber:
Die Sache mit Britta
S. 57

Annette Weber wurde 1956 in Lemgo (Westfalen) geboren. Sie ist Lehrerin, verheiratet und hat zwei Kinder. Das Schreiben gehört schon lange zu ihren Hobbys. Als junges Mädchen schrieb sie Tagebücher, später dann Geschichten, Märchen, Gedichte und Theaterstücke, überwiegend für Kinder, aber auch für Erwachsene. Bei ihrer Arbeit an einer Grundschule in Duisburg lernte sie die Probleme türkischer Kinder kennen. Um diese Kinder besser verstehen zu können, lernte sie ihre Sprache und reiste einige Male in die Türkei.

1 Die Eltern des türkischen Mädchens sind mit ihrem Leben in Deutschland nicht zufrieden.
Schreibt ihre Gründe in Stichpunkten auf.
2 Die beiden Mädchen treffen sich sehr häufig am Nachmittag. Wie verbringen sie dabei die Zeit?
3 Warum endet die Freundschaft der beiden Mädchen? Spielt die entscheidende Szene auf dem Weg zur Schule.
4 Wie könnte diese Geschichte anders ausgehen?

**Manfred Mai:
Anna aus Russland**
S. 60

Informationen über Manfred Mai findet ihr auf Seite 24.

1 *„Denn Anna war anders als die andern."*
Sucht die entsprechenden Textstellen, die das belegen.
2 a) Der Lehrer erzählt der Klasse eine Geschichte, die er selbst erlebt hat. Was hat er dabei als besonders schlimm empfunden?
b) Was will er mit seiner Schilderung erreichen?
c) Wie reagiert die Klasse auf die Geschichte?
3 Am Ende bittet der Lehrer die Mitschülerinnen und Mitschüler, sich mehr um Anna zu kümmern:
„Vielleicht ergibt sich in der Pause oder auf dem Heimweg eine Gelegenheit."
Welche Möglichkeiten fallen dir ein?
Schreibe die Geschichte weiter!

**Peter Härtling:
Der gelbe Junge**
S. 63

Der Autor, geb. 1933 in Chemnitz, war erst von Beruf Journalist und Lektor. Heute lebt er als freier Schriftsteller in Mörfelden-Walldorf (Hessen) und schreibt Gedichte, Erzählungen und Romane für Erwachsene und Kinder. Besonders bekannt wurden seine Kinderbücher *Oma*, *Das war der Hirbel* und *Ben liebt Anna*.

Vietnam ist ein Land in Südostasien, in dem von 1961 bis 1975 Bürgerkrieg zwischen Nord- und Südvietnamesen herrschte, in den auch ausländische Staaten verwickelt waren. Viele vietnamesische Kinder verloren damals ihre Eltern. Ehepaare in Amerika, in Europa, auch in Deutschland, adoptierten die Kinder, um ihnen eine neue Heimat zu geben.

1 Das Leben von Mark ändert sich mit dem ersten Schultag. Eine Sache ärgert ihn besonders.
2 Warum wird er in der Pause angegriffen?
3 Was meint Mark, wenn er sagt: „Ich will nach Hause"? Worunter leidet er am meisten?
4 Versetzt euch in seine Lage. Wie könntet ihr ihm helfen, seine Ängste abzubauen?

Kinder dieser Welt

Sombo verlässt ihr Dorf
Nasrin Siege

Sombo lebt mit ihrer Familie in einem kleinen Dorf im Nordwesten Sambias. Um die weiterführende Schule besuchen zu können, muss sie ihr Dorf verlassen und in die Stadt gehen. Ihre beste Freundin Wime hat die Aufnahmeprüfung nicht geschafft und kann deshalb nicht mitkommen.

Als die Hähne anfangen, sich von einem Dorf zum anderen laut krähend zu unterhalten, wache ich auf, ziehe mich leise an und trete vor die Hütte. Es ist kurz vor Sonnenaufgang.
Tante Linongo macht Feuer in ihrer Küche. Als sie mich erblickt, kommt sie auf mich zu. „Ich bin froh, dass du schon auf bist. Nun kann ich dich doch noch sehen, bevor ich aufs Feld gehe. Wenn ich heute Abend zurückkomme, wirst du nicht mehr hier sein." Sie legt ihre Hände auf meine Schultern und schaut mich ernst an. „Wir alle sind stolz darauf, dass du in die Oberschule gehst", sagt sie. „Vergiss das nicht!"
Ich begleite sie bis zum Dorfausgang und schaue ihr nach, wie sie mit einer Hacke in der Hand und dem Baby Mutango auf dem Rücken im dichten Busch verschwindet. Ich setze mich in Großmutters Küchenhaus und warte. Im Dorf wird es allmählich lebendig.
Ich sehe, wie Vater in die Versammlungshütte der Männer, den Zango, geht und ein Feuer entfacht. Dann setzt er sich auf einen kleinen Hocker und wärmt sich die Hände.
Ich höre, wie Mutter mit Chilombo schimpft. Er hat gestern Abend nicht genug Feuerholz gesammelt. Aus Linongos Hütte dringt das laute Weinen des kleinen Kasumbi, der aufgewacht ist und seine Mutter vermisst.
Dies ist mein letzter Morgen hier für lange Zeit und ich spüre, wie sich ein Gewicht wie ein großer Stein auf meine Brust legt und mir das Atmen schwer macht.
Mutter gibt mir ihren grauen Stoffbeutel, in den ich meine Sachen packen soll. „Schreib mir, so oft du kannst", bittet sie mich noch einmal. „Der Lehrer oder Wime können mir deinen Brief ja vorlesen."
Großmutter kommt auf ihren Stock gestützt langsam auf mich zu. Sie gibt mir eine kleine Flasche mit einer schwarzen Flüssigkeit. „Das ist Medizin", erklärt sie mir. Ihre Stimme klingt plötzlich sehr alt. „Ich habe sie extra für dich gemacht. Du musst sie dir auf den Scheitel reiben, wenn du Kopfschmerzen hast. Vielleicht bekommst du ja welche von dem vielen Lernen. Und dies hier musst du dir um die Hüften binden", sagt sie und löst umständlich einen kleinen Lederbeutel von ihrem Hals. „Das ist ein Mittel gegen den bösen Blick."
Ich nehme das Geschenk entgegen und weiß gar nicht, was ich sagen soll, beiße mir auf die Lippen und habe Mühe, meine Tränen zu unterdrücken. Sie lacht mich aufmunternd an und tätschelt meine Hand.

Vater und Großvater kommen dazu und schauen mich ernst an. Ich weiche ihren Blicken aus und drücke ihnen allen die Hände. Dann mache ich mich schnell mit Wime auf den Weg. Sie will mich bis zur Hauptstraße begleiten.

Es ist noch immer früh am Morgen und wir müssen auf den alten Fährmann warten, der schließlich verschlafen aus dem Busch hervortritt. „Wo wollt ihr denn hin, so früh?", fragt er etwas unfreundlich. Wir klatschen in die Hände und begrüßen ihn so mit Respekt.

„Ich fahre nach Sambesi zur Schule", erkläre ich ihm.

„So, so", grummelt er und fängt langsam an zu rudern. „Dann nimm dich dort vor den bösen Geistern in Acht!"

Auf der anderen Seite des Flusses folgen wir schweigend dem schmalen Trampelpfad, der nach Kabompo führt. Diesen Weg bin ich schon so oft gegangen. Ich kenne jeden Stein, jedes Erdloch und jeden Baum hier. Das Gras steht hoch und es ist grün. Wenn ich zurückkomme, wird es gelb und trocken sein. Dann werden unsere Männer und Frauen das Gras schneiden und die Hüttendächer damit ausbessern.

Die alte Bushaltestelle liegt an der Hauptstraße, die nach Sambesi führt. Hier treffen wir Mununga und Zenia und die drei Jungen Azukiwe, Afunika und Pablias. Mit Mununga und Afunika bin ich in dieselbe Klasse gegangen. Wime hält meine Hand, doch dann muss sie sich von uns verabschieden. „Schreib mir bald", flüstert sie mir noch leise zu. Ich nicke und dann tun wir so, als ob dies kein richtiger Abschied sei und er uns deshalb nichts ausmache.

„Ich warte hier schon seit drei Tagen", sagt ein Mann, der auf einem Sack mit Mais sitzt. In seinen Händen hält er ein Huhn, dessen Füße er zusammengebunden hat.

„Vielleicht haben wir heute Glück", meint ein anderer Mann. „Ich bin seit zwei Wochen unterwegs nach Hause. Das meiste bin ich gelaufen, aber jetzt bin ich müde."

„Manchmal hat man Glück und schon der erste Wagen hält an und nimmt einen mit", meint der Mann mit dem Huhn. „Aber meistens muss man lange warten."

„Habt ihr auch Fahrgeld dabei?", fragt uns eine Frau.

Wir nicken alle, nur Afunika guckt betreten.

„Aber du weißt doch, dass du den Fahrer fürs Mitnehmen bezahlen musst!", sagt Mununga aufgebracht.

Afunika schüttelt den Kopf. „Aber doch nur, wenn ich mit dem Bus fahre! Und die fahren doch zurzeit nicht!", verteidigt er sich. Alle Umstehenden und auch wir anderen lachen ihn aus.

„Mann, bist du dumm!", schimpft Mununga. „Jetzt kannst du nicht mitfahren!"

Afunika sagt nichts mehr. Er ist den Tränen nahe.

„Wir müssen unser Geld zusammenlegen und für ihn mitbezahlen", schlägt Mununga vor. Als in der Ferne ein großer Lastwagen auftaucht, stellen wir uns alle an die Straße und winken. „Anhalten! Anhalten!", brüllen wir. Doch der Fahrer schaut nicht einmal zu uns herüber.

Enttäuscht setzen wir uns wieder an den Wegrand.

„Der war doch ganz leer", sagt Pablias böse. „Warum hat er uns nicht mitgenommen?" Als zwei Autos kurz nacheinander an uns vorbeifahren, werden wir mutlos. Doch dann hält der Lastwagen der neuen Honigfabrik und wir klettern schnell und lachend vor Freude hinten auf die Ladefläche. Wir sind nicht die einzigen Fahrgäste. Etwa zehn weitere Reisende liegen da zwischen ihrem Gepäck und den leeren Honigeimern.

Der Fahrer verlangt von jedem von uns sechzig Kwacha. Da wir aber zusammen nur dreihundertdreißig haben, müssen wir mit ihm handeln. Er will zuerst, dass einer von uns wieder hinuntersteigt.

„Aber wir müssen doch alle zur Schule nach Sambesi", sage ich aufgebracht. „Keiner von uns kann hierbleiben!"

Die anderen Fahrgäste unterstützen uns und schließlich gibt der Fahrer murrend nach. Wir sind erleichtert, aber auch aufgeregt, denn wir alle sind noch nicht so oft mit dem Auto gefahren. Endlich geht die Reise los! Wir stellen uns hinter das Führerhäuschen und halten die Gesichter in den Fahrtwind. Überall an der Straße liegen kleine Siedlungen, die genauso aussehen wie unser Dorf: ein Zango auf dem Platz in der Mitte und drum herum einige grasgedeckte kleine Lehmhütten und Küchengebäude. Kinder laufen herbei und winken und lachen. Dann rennen sie uns johlend hinterher. Ziegen, Schweine und Hühner,

die auf der Straße dösen oder dort nach Fressen suchen, schrecken durch den Krach des herannahenden Lastwagens auf und rennen kopflos und im Zickzack davon. Der Fahrer bremst nicht, weicht ihnen auch nicht aus und so überfährt er einmal ein Huhn, um das sich gleich die Kinder scharen, während wir unsere Fahrt, ohne anzuhalten, fortsetzen. Manchmal kommen uns Ochsenkarren entgegen und die Bauern haben Mühe, ihre Tiere, die vor unserem laut hupenden Auto scheuen, auf der Fahrbahn zu halten.

Auf der Straße haben sich tiefe Löcher gebildet, in denen sich das letzte Regenwasser angesammelt hat. Andere Stellen bestehen nur noch aus dickem Schlamm, durch den sich der Wagen nur langsam und schlingernd vorwärtsbewegt. Hoffentlich kippen wir nicht um, denke ich. Immer wieder stehen winkende Menschen am Straßenrand, die mitgenommen werden wollen. Der Fahrer hält dann an, verhandelt mit ihnen und lässt sie gegen Bezahlung aufsteigen. Er muss viel verdienen, denn auf der Ladefläche wird es immer enger. Irgendwie schaffe ich es, mich neben Mununga zu zwängen.

„Hast du noch was zu trinken?", fragt sie mich und ich gebe ihr meine Wasserflasche.

„Gib mir auch was", sagt eine Frau mit einem Baby, die neben uns eingequetscht zwischen Säcken, Taschen und Honigeimern sitzt. Sie nimmt einen großen Schluck, wischt sich mit ihrer Chitenge über den Mund und lacht mich an. „Eigentlich mag ich keine Lastwagen", sagt sie. „Sie sind wie Elefanten. Man muss sehen, dass man ihnen ausweicht, sonst wird man von ihnen niedergewalzt. Und ich sage dir, ich habe Angst!"

Ich kann sie gut verstehen, denn inzwischen geht es mir genauso. Manchmal kommen uns Autos entgegen, denen wir auf der schmalen Straße ausweichen müssen. Der Fahrer tut das aber immer erst in letzter Sekunde und dabei schlingern wir so, dass ich jedes Mal befürchte, wir kippen um.

Einmal will der Fahrer einen kleineren Wagen nicht überholen lassen. Er bleibt einfach auf der Mitte der Fahrbahn, lässt ihn nicht vorbei und wir sehen, wie sich der Mann in dem Auto hinter uns furchtbar aufregt. Zuerst finden wir das ganz lustig und lachen über ihn. Aber dann brüllt einer der Männer, er soll ihn doch endlich vorbeilassen. Ich weiß nicht, ob der Fahrer ihn gehört hat, aber er fährt etwas mehr zur Seite und der andere Wagen überholt uns.

„Wir sind gleich da!", ruft eine Frau aufgeregt. Ich stehe auf, damit ich die Stadt besser sehen kann. Das wollen auch die anderen und so entsteht ein großes Gedränge. Ich verliere den Halt und stürze nur deswegen nicht, weil um mich herum so viele Menschen stehen, dass ich nicht umfallen kann.

Die Straße säumen nun einige Steinhäuser. Kinder winken uns zu, ein Junge treibt mit lauten Rufen seine Ziegen von der Fahrbahn. Mit lang anhaltendem Gehupe fährt der Lastwagen in die Stadt hinein und hält schließlich am Marktplatz an.

Hinweise zum Text: Seite 88.

Ein Leben zwischen Gräbern
Ilse Kleberger

„Ischrake, Ischrake!" Die Stimme der Stiefmutter weckte das Mädchen auf. Es reckte sich und gähnte, schob die Pappe, die es als Kopfkissen benutzt hatte, beiseite und stieg über die drei jüngeren Kinder, welche kreuz und quer in tiefem Schlaf auf der Matte lagen, die den kahlen Fußboden bedeckte. Der acht-
5 jährige Kamal wachte kurz auf, trat ärgerlich gegen Ischrakes Fuß und schlief wieder ein. Mona, die Stiefmutter, stand in dem winzigen Küchenraum, wo ein niedriger Kohlenherd und rußgeschwärzte Töpfe den meisten Platz einnahmen. Sie trug ein schwarzes Kleid und ein Kopftuch, das jedes Haar verbarg. Als sie sich reckte, um einen Blechteller vom Regal an der Wand zu nehmen, sah man
10 an ihren nackten Beinen dicke Krampfadern. „Wo bleibst du nur?", rief sie ärgerlich. „Hol Wasser!" Sie zeigte auf einen großen Plastikkanister.
Das Mädchen nahm das Gefäß und trat auf den schmalen Weg zwischen würfelförmigen Häusern und Grabsteinen hinaus. Ischrake und ihre Familie wohnten auf dem Mameluckenfriedhof in der ägyptischen Riesenstadt Kairo und ihr
15 Wohnhaus war ein Grab. Viele arme Familien lebten hier in Gräbern.

Die Besitzer gaben ihnen für die Bewachung der Gräber etwas Geld und verlangten keine Mietzahlung. Eine solche hätte Ischrakes Familie auch gar nicht leisten können, denn sie war sehr arm. Das Mädchen balancierte das Gefäß auf dem Kopf und versuchte, mit seinen nackten Füßen spitze Steine zu vermeiden.

20 An der Wasserstelle drängten sich schon viele Frauen und Kinder. Es machte ihnen nichts aus, wenn sie warten mussten, bis sie an der Reihe waren, denn so konnten sie sich den neuesten Klatsch erzählen. Es war eine der wenigen Abwechslungen, die es hier gab. Immer passierte etwas auf dem riesigen Gräberfeld, wo zahllose Menschen lebten. Ischrake hörte neugierig zu.

25 Als sie an der Wasserstelle angekommen war, füllte sie Wasser in ihren Kanister und setzte ihn sich auf die Schulter. Eine mitleidige Frau half der Zehnjährigen, die klein und schmal war, dabei. „Kann deine Mutter das Wasser nicht selber holen?", fragte sie.

Das Mädchen schüttelte den Kopf. Doch der Rückweg fiel ihr nicht leicht. Als
30 sie zu Hause ankam, tat ihr die Schulter weh, sie war blass und keuchte ein wenig. Aber die Stiefmutter sagte trotzdem ungeduldig mit ihrer scharfen Stimme: „Konntest du nicht mehr Wasser holen? Wie sollen sich die Kleinen mit dem bisschen waschen?"

Nie war Mona mit ihr zufrieden. Während sie ihre eigenen Kinder oft streichel-
35 te und in den Arm nahm, hatte sie für Ischrake nur Unfreundlichkeit übrig. Am liebsten war es dem Mädchen, wenn die Stiefmutter sie in Ruhe ließ. Doch

Schläge bekam sie von Mona nie, das musste sie zugeben. Ganz anders war es mit Hussein gewesen, Ischrakes Bruder, der zwei Jahre älter war als sie. Ihn hatte die Stiefmutter oft geprügelt. Deshalb war er auch weggelaufen. Er fehlte Ischrake sehr. Mona hatte unterdessen für den Vater das Frühstück bereitet. Auf einer Steinbank vor dem Grabhaus breitete sie eine Zeitung aus und stellte einen Blechteller mit dicken Bohnen darauf. Daneben legte sie ein flaches Fladenbrot. Der Vater kam aus dem hinteren Raum und hockte sich schweigend vor die Bank. Eigentlich war er in seiner blauen Djellabah, dem Hemd, das bis auf die Knöchel reichte, und dem kunstvoll geschlungenen Turban ein schöner Mann, aber seine Miene war stets finster und bedrückt. Früher, als Ischrakes und Husseins Mutter noch lebte, war er anders gewesen. Damals wohnten sie auf dem Dorf, waren zwar nicht reich, hatten aber immer genug zu essen. Ischrakes und Husseins Mutter war eine fröhliche Frau, die viel lachte und sang. Sie verstand, auch den Vater zum Lachen zu bringen. Der arbeitete unten am Nil in einer Zuckerrohrplantage. Hussein und Ischrake brachten ihm, wenn geerntet wurde, das Essen aufs Feld. Sie waren gerne dort und ruhten stets im Schatten eines großen Baumes aus. In ihrem Dorf gab es nur Sand und Steine, keine Bäume und Ischrake liebte diesen Baum sehr mit seinem großen Laubdach und den vielen Vögeln, die darin saßen. Es war lustig zu sehen, wie die Männer die Blätter von den langen Zuckerrohrstangen streiften und diese auf kleine Eisenbahnwagen luden oder auf Esel und Kamele.

Ischrake mochte besonders gern die Kamele. Wie hochmütig sie aussahen und wie stolz sie daherschritten trotz ihrer Last! Wenn die Kinder wieder in ihr Dorf zurückliefen, knabberten sie an Zuckerrohren, die der Vater ihnen zugesteckt hatte. Als Hussein sechs Jahre alt war, fing er an, in die Schule zu gehen. Auch die Schüler arbeiteten ab und zu auf der Zuckerrohrplantage.

Doch eines Tages änderte sich alles. Die Mutter starb bei der Geburt eines neuen Babys, das auch nicht lange lebte. Der Vater war verzweifelt. Er lachte nicht mehr, saß im Teehaus bei der Wasserpfeife, starrte trübe vor sich hin und versäumte oft die Arbeit. Bald wurde er von dem Plantagenbesitzer entlassen. Es war nun auch für die Kinder ein trauriges Leben. Zwar brauchten sie nicht zu hungern, weil die Nachbarn, die zum Teil Verwandte waren, ihnen zu essen gaben, aber es fehlte ihre fröhliche Mutter. Der Vater kümmerte sich kaum um sie. Eines Tages fuhr er nach Kairo, weil er dort, wie er sagte, Arbeit suchen wollte. Er kam zurück, um die Kinder zu holen, erklärte, er habe eine Wohnung und eine neue Frau gefunden. Die Frau war Mona, die schon einen zweijährigen Sohn hatte, und ihre Wohnung war das Grabhaus auf dem Mameluckenfriedhof. Der Vater arbeitete als ungelernter Arbeiter auf dem Bau und Mona bekam bald ein Kind nach dem andern, von denen manches wieder starb. Dem Vater machte das nur etwas aus, wenn es ein Sohn war. Aber mit Hussein hatte er Schwierigkeiten. Das lag hauptsächlich an Mona. Hussein konnte hier nicht zur Schule gehen. So wies die Stiefmutter ihm „Mädchenarbeiten" zu wie Fegen und Waschen, was er hasste. Er war aufsässig und Mona schlug ihn. Einmal schlug er zurück. Der Vater nahm ihn sich daraufhin am Abend vor und verprügelte ihn so sehr, dass der Junge überall blaue Flecke und ein zugeschwollenes Auge hatte. In der Nacht darauf lief Hussein fort. Das war jetzt vier Wochen her.

Als der Vater sein Frühstück beendet hatte, holte er eine Hacke, legte sie sich über die Schulter und ging mit ihr fort. In der Stadt würde er sich an einer der belebtesten Ecken auf den Rinnstein setzen, wie andere Männer auch, und warten. Wenn jemand in Kairo ein Haus bauen wollte, einen Garten anlegen oder etwas Ähnliches, ging er hierher und suchte sich einen wartenden Arbeiter aus. Nicht immer fand der Vater auf diese Weise einen Arbeitgeber. War er ergebnislos gewesen, kam er abends bedrückt nach Hause, noch missmutiger als sonst schon. Er verschwand dann bald ins Teehaus, das am Platz mitten zwischen den Gräbern lag, hockte zusammen mit anderen Männern bei der gurgelnden Wasserpfeife und gab Geld aus, obgleich er doch gar nichts verdient hatte. Mona schniefte und murrte, aber sie wagte nicht, ihm Vorwürfe zu machen. In ägyptischen Familien ist der Mann stets der Herr und niemand darf ihm etwas sagen.

Zum Frühstück gab Mona jedem Kind ein Stück Brot und eine Zwiebel in die Hand und erlaubte ihnen, etwas von dem abgekochten Wasser zu trinken, das auf dem Herd stand. Das Wasser im Kanister, in dem sich die Kinder flüchtig gewaschen hatten, benutzte sie nun zum Wäschewaschen.

Unterdessen musste Ischrake die anderen beiden Räume säubern. Sie legte die Zeitungen und Pappen, die sie als Zudecken und Kopfkissen benutzt hatten, in der Ecke auf einen Haufen und fegte mit einem Reisigbesen die beiden Räume aus, erst den, in dem die Kinder schliefen, der bis auf eine Matte leer war, und dann den zweiten, in dem drei Särge standen. Anfänglich war Ischrake erschrocken gewesen, dass sie in einem Haus leben sollte, in dem Tote lagen, aber sie hatte sich längst daran gewöhnt. Der Besitzer des Grabes durfte allerdings nicht wissen, dass neben den Särgen nachts die Eltern schliefen und am Tag die Kinder spielten. Auch jetzt wieder hüpfte Kamal von einem Sarg zum andern. Ischrake versuchte, ihn davon abzuhalten, doch er lachte nur und hörte nicht auf sie. Mutwillig streute er Papierfetzen umher, die er in der Tasche seines löchrigen Kittels hatte. Kamal und seine Geschwister ärgerten Ischrake ständig. Nie sagte Mona etwas dazu und wenn der Raum nicht sauber war, machte sie das Mädchen dafür verantwortlich.

Während Ischrake die Küche fegte, hängte die Stiefmutter draußen die Wäsche zwischen zwei Grabsteinen auf: eine weiße Djellabah, zwei Turbanstreifen des Vaters und ein eigenes Kleid. Die Kinder besaßen nur das, was sie auf der Haut trugen. Ihre Sachen wurden erst gewaschen, wenn die Sonne heiß schien und sie nackt sein konnten. Ischrakes rotes, geblümtes Kleid, das noch von ihrer Mutter stammte, und ihr Kopftuch wurden nie gewaschen, weil sie schon zu groß war, um nackt herumzulaufen. Sie gab sich Mühe, sich nicht zu beschmutzen, und rieb Flecken aus, wenn sie an der Zapfstelle Wasser holte.

Hinweise zum Text: Seite 88.

Der Fremde
Toril Brekke

Zuerst sahen sie das Boot. Eines Morgens, als Amir und Parmann aufwachten, schwamm es auf dem Fluss. Sie hatten in ihren gehäkelten Hängematten auf der Terrasse geschlafen.

Amir entdeckt es als Erster.

5 „Sieh mal!", rief er eifrig und weckte seinen Bruder. „Sieh dir das an!"

Sie starrten über das Geländer. Ein so schönes Boot hatten sie noch nie gesehen. Jedenfalls nicht aus der Nähe. Sie sprangen auf den Holzboden, jeder packte sich eine Hand voll getrockneter Silberfische und rannte, nur mit Shorts bekleidet, die Treppe hinunter.

10 Es war ein schönes Boot, ganz anders als die anderen Boote am Ufer. Es war lang und schmal und hatte einen weiß angestrichenen Rumpf. Es hatte einen Überbau mit Fenstern, mit glänzenden blanken Fenstern, es hatte einen hohen weißen Mast und hinten eine schräg stehende Fahnenstange.

Die Brüder standen nebeneinander, jeder hatte dem anderen einen Arm um die
15 Schulter gelegt. Ihre nackten Zehen bohrten sich in den feuchten Sand. Sie beugten sich vor und reckten die Hälse, um den schönen Anblick auf der glitzernden Wasseroberfläche genießen zu können.

Das schöne Schiff lag ein Stück vom Land entfernt. Die Brüder machten das Boot des Großvaters los und ruderten hinüber. Das Boot des Großvaters war
20 viel kleiner. Es war ein ganz normales Fischerboot, aus Treibholz zusammengesetzt. Aus Brettern, die an Land geschwemmt worden waren, und die der

Großvater zurechtgesägt hatte. Auf jeder Seite hatte es Ausleger, um sicherer im Wasser zu liegen.

Die Jungen ruderten ganz dicht an das fremde Schiff heran, berührten die Seiten mit den Händen und bewunderten die riesige Schiffsschraube.

Und dann rief jemand etwas mit wütender Stimme.

Amir und Parmann stießen sich einige Meter weit ab, um zu sehen, wer dort oben an Deck stand. Es war ein breitschultriger, kräftiger Mann in weißen Hosen und weißer Jacke. Er hatte unter einer blauweißen Schirmmütze silbergraue Haare und er musterte sie mürrisch. „Macht, dass ihr wegkommt!", rief er. „Ich brauche nichts. Rein gar nichts!"

Die Jungen blickten einander verblüfft an. Warum der Mann wohl so böse auf sie war? Und was brauchte er nicht?

„Schönes Boot", sagte Amir.

Der Fremde grunzte. Dann klatschte er in die Hände, als ob sie Vögel wären, die er verscheuchen wollte.

Parmann und Amir ruderten zurück. Sie rannten zum Haus ihres Großvaters und kletterten hinein, als er gerade beim Frühstück saß.

„Auf dem Meer ist ein kranker Mann!", sagte Amir.

Der Großvater sprang auf und ging mit ihnen auf die Terrasse.

„Da!", rief Parmann und zeigte auf das Schiff.

„Was für ein schönes Schiff", sagte der Großvater anerkennend. „Und ist der Kranke da draußen? Braucht er Hilfe? Hat er euch gebeten, einen Erwachsenen zu holen?"

Die Jungen schüttelten den Kopf. Nein, so war das nicht. Der Mann hatte sich einfach nur seltsam benommen.

Als der Großvater die ganze Geschichte gehört hatte, nickte er nachdenklich.

„Ach so", sagte er. „So ist das. Ja, solche Leute habe ich schon öfter gesehen. Aber er weiß sicher am besten, was ihm fehlt, stelle ich mir vor. Achtet gar nicht auf ihn. Habt ihr übrigens schon etwas gegessen?"

Sie gingen mit ihm ins Haus und teilten seinen Reis mit Fischen mit ihm.

Und als sie noch aßen, hörten sie draußen ihre Freunde lachen.

Bald darauf waren die Jungen mit den anderen am Strand.

Zuerst spielten sie Fußball, zwei Mannschaften mit einem Tor. Danach holten sie ihre Stelzen und versuchten, damit zu spielen. Es sah ziemlich komisch aus. Die Stelzen versanken im Sand, wenn sie sie nicht dauernd bewegten, und es war nicht leicht, gleichzeitig um den Ball zu kämpfen. Sie stolperten und fielen um und brüllten vor Lachen.

Bald hatten Amir und Parmann den Kranken fast vergessen.

Als sie ihn das nächste Mal sahen, war er mit der fetten Königin zusammen. Die beiden spazierten nebeneinander am Strand entlang. Der Mann trug noch immer seine kreideweißen Kleider. Die Königin trug ein oranges Kleid, das über ihrem breiten Hintern spannte. Amir und Parmann und ihre Freunde saßen im Kreis und aßen Ananas. Sie sprangen auf ihre Stelzen und umringten die beiden Erwachsenen wie langbeinige Wasservögel.

„Weg", rief der Fremde.

„Weg", wiederholte die Königin.

Die Jungen lachten. Sie stießen sich spielerisch an, und einer fiel von den Stelzen und wäre fast auf die dicke Dame gefallen. Er sprang wieder auf und schlug auf dem Sand Räder.

„Wer ist der Mann?", riefen die Jungen.

„Woher kommt er?"

„Was macht er hier?"

Die Königin achtete nicht auf sie. Aber der Fremde sah immer wütender aus. Dann sah er die Kinder an und brüllte: „Weg hier! Pack! Rotzgören!"

Sein Gesicht war dunkelrot und sein Mund zitterte.

Die Jungen lachten nicht mehr.

„Ist er sehr krank?", fragte Amir besorgt.

Die Königin musterte ihn überlegen und watschelte mit hoch erhobener Nase weiter.

Den Rest des Tages verbrachten die Jungen bei den Booten. Sie sprangen von den Auslegern und tauchten mit ihren kleinen Harpunen bis auf den Boden. Als Amir und Parmann zwei ziemlich große Fische und außerdem einen schönen Hummer erwischt hatten, warfen sie ihre Geräte ins Boot und tauchten nur noch zum Spaß. Sie sprangen ins Wasser und planschten. Dann setzten sie wieder ihre Taucherbrillen auf und schwammen zum Korallenriff hinaus. Unter ihnen wimmelte es von kleinen und großen Fischen, die ihnen auswichen, die sich in den Sand bohrten oder versuchten, sich zwischen Seegras und Steinen zu verstecken. Es gab große und kleine, vom Meer glatt geschliffene Steine. Sie waren blau und weiß, schwarz und rotbraun, sie hatten schöne Muster. Sie waren wie Schmuckstücke. Einige schienen durchsichtig zu sein, wie Glasscherben. Als sie noch klein waren, hatten die Jungen schöne Steine gesammelt. Sie hatten sie in einer großen Schüssel mit Wasser aufbewahrt, denn wenn sie trockneten, dann verloren sie ihren Glanz.

Das Riff war noch schöner als die Steine auf dem Meeresgrund. Die weißen Korallen waren wie seltsame gezackte, schöne Bäume. Sie konnten blau oder rosa leuchten, wenn sich die Sonnenstrahlen an der Wasseroberfläche brachen und das Wasser mit blassgrünem oder blassgelbem Licht erfüllten. Wenn sich die Jungen ganz still treiben ließen, dann kamen sie sich vor wie in einer leise rauschenden Blase. Leises Rauschen, wie leise Musik.

Und dann mussten sie zum Luftschnappen nach oben.

Wenn sie müde waren, ließen sie sich auf der Wasseroberfläche treiben. Ihre Beine und Arme sanken unter, und vom Land aus waren nur ihr Bauch und ihre Nasenspitzen zu sehen. Ihre Körper waren schwer wie Steine, aber sie sanken nicht, solange sie tief Atem holten und sich zu einem mit Luft gefüllten Ballon werden ließen.

Dann drehten sie sich um und tauchten wieder zum Boden hinunter.

Die, die ihre Häuser gleich am Ufer bauten, benutzten Korallen für die Grundmauern. Die Königin und ihr Mann hatten so ein Haus.

110 Die meisten bauten allerdings auf Pfählen. Auf jeden Fall die Menschen, die vom Bajovolk abstammten – dem Bootsvolk. Sie schlugen kräftige Pfähle ein und bauten ihre Häuser aus Furcht vor Schlangen und Raubtieren zwei bis drei Meter über dem Boden.

Für Amir und Parmann waren Korallen Dinge, die sie bewunderten, aus denen 115 sie aber keine Häuser bauten.

Als ihre Eltern von ihrer Arbeit an den Trögen zurückkehrten, schwammen in einem Eimer auf der Terrasse zwei Fische und ein Hummer herum. Die Mutter konnte gleich mit dem Kochen anfangen.

Beim Essen fiel den Jungen plötzlich der kranke Fremde ein und sie erzählten, 120 wie sie, zusammen mit ihren Freunden, versucht hatten, ihn aufzumuntern, um ihm das Gesundwerden zu erleichtern.

„Vielleicht hilft es ihm, wenn wir ihm schöne Steine oder ein Stück Koralle schenken?", überlegte Amir.

„Er ist offenbar ein Freund der Königin", sagte Parmann.

125 „Sicher ist er der reiche Mann", sagte der Vater.

„Wer denn?", fragte die Mutter.

Mehrere Tage lang wanderte der Fremde am Strand entlang. Dann war er verschwunden.

Aber die Gerüchte schwirrten. Es hieß, er wolle eine neue Hummeranlage bau-
130 en, eine viel größere und bessere als die schon vorhandene, in der die Eltern von Amir und Parmann arbeiteten. Das hatten sie von der Königin gehört.

Andere meinten, er wolle eine Schlangenzucht anfangen. Auch das wollten sie von der Königin gehört haben. Aber als Parmann und Amir Fragen zu ihrer Terrasse hochriefen, bekamen sie keine Antwort.

135 Die Königin blickte bloß träumerisch auf das Meer und die rosa Nachmittagssonne und hob ein Glas mit einer weinroten Flüssigkeit an ihre vollen Lippen.
Ihr Mann saß neben ihr. Er räusperte sich und wollte etwas zu den Jungen sagen, verstummte dann aber unter dem scharfen Blick seiner Frau. Sie war nämlich die Chefin im Bezirk, nicht er. Er war der Vorgesetzte der Offiziere und
140 Soldaten. Aber alle wussten, dass er vor seiner Frau zur Maus wurde. Und deshalb wurde sie von allen „Königin" genannt.
Es hieß, der Fremde sei nicht nur reich, sondern gleich der pure Krösus. Er kam angeblich aus Europa, seinen Hauptsitz aber sollte er in Djakarta haben. Seinen „Hauptsitz".
145 Amir zerbrach sich den Kopf darüber, was wohl ein Hauptsitz war.
Parmann dachte lange darüber nach. Dann kam er zu dem Schluss, dass „Haupt" „das Wichtigste" bedeutet und „Sitz" „Hintern". „Sein wichtigster Hintern ist in Djakarta", kicherte Parmann.
„Wie viele Hintern der wohl hat?", fragte Amir.
150 Eine Woche darauf war der Fremde wieder da. Jetzt kam er mit dem Flugzeug. Und zum ersten Mal sahen die Jungen vor ihrem Haus am Strand ein Wasserflugzeug landen.
Aber der Fremde war noch immer böse und sauer. Sogar, als eines Tages ein kleines Mädchen angerannt kam, um ihm einen Blumenkranz um den Hals zu
155 legen, wandte er sich ab, als ob er Blumen und kleine Mädchen einfach unerträglich fände.
Auf die jungen Frauen achtete er auch nicht. Obwohl sie sich die Gesichter mit der feinsten Creme einrieben. Diese Creme stellten sie aus Reispuder her. Sie feuchteten den Reispuder an und schmierten sich damit ein und dann wurden
160 Wangen und Stirn hell. Und sie malten sich die Lippen rot und lächelten den Fremden an.
„Diese dusseligen Dussel", kicherten die Jungen.
Die Frauen sahen immer so aus, wenn sie sich feinmachten. Und sie wollten gern fein sein, wenn Fremde auftauchten. Aber dieser Fremde schien sie nicht
165 einmal zu bemerken, wenn sie in frisch gewaschenen bunten Blusen und Röcken vor den Häusern standen. Angeblich hatte er viele Autos, neben dem Boot und dem Flugzeug. Und große Häuser. Läden und Restaurants.
„Was macht er mit dem vielen Kram?", fragte Amir.
„Was sind Touristen?", fragte Amir seinen Großvater, als er ihm eines Vormit-
170 tags half, das Boot zu reparieren.
Der Großvater hatte ein großes Stück Treibholz gefunden. Jetzt entfernte er ein altes Brett aus dem Boot, weil es langsam morsch wurde und Wasser zog.
„Touristen?", fragte der Großvater und strich sich über den Schnurrbart. „Touristen, das sind Ausländer. Und sie haben Fotoapparate an einer Schnur um den
175 Hals hängen. Sie machen Fotos."

„Der Fremde will offenbar ein Hotel für Touristen bauen", sagte Amir.
„Und ein Restaurant, wo die Touristen unter schönen Laternen sitzen und Hummer essen können."
„Ach", sagte der Großvater.
180 Auch er hatte diese Gerüchte gehört. Aber er wusste nicht so recht, was er davon halten sollte.
„Werden die auch so krank sein ... wie der Fremde?", fragte der Junge besorgt.
Der Großvater schüttelte den Kopf. „Bestimmt nicht. Der Fremde hat sicher irgendwo Schmerzen. Vielleicht im Magen. Und davon wird man so mürrisch."
185 Und dann gab es ein Fest. Die Königin hatte das angeregt und der Fremde war der Ehrengast. Alle machten sich schön. Die Königin trug ein neues Kleid und breite, klirrende Armreifen. Sie aßen und tranken, sangen und spielten, redeten und tanzten.
Aber der Fremde saß stumm da. Er gab keine Antwort, wenn er angesprochen
190 wurde. Und er sang und tanzte auch nicht mit, auch wenn die anderen versuchten, ihn dazu zu bringen.
Und dann hielt die Königin eine kleine Rede. Sie sprach über die Zukunft. Über die Veränderungen. Über Reichtum und Fortschritt. Sie lächelte schlau und blickte kokett und geheimnisvoll den Fremden an. Aber der starrte nur den Bo-
195 den oder das Meer an. Dann schaute er auf die Uhr und stand mitten in der Rede auf.
„Als ob er mit seinen Gedanken ganz woanders wäre", sagte später die Mutter.
„Seinen Haupthintern hat er jedenfalls in Djakarta", sagte Amir.
Der Großvater nickte.
200 „Ganz bestimmt. Überall hat er Dinge und Gedanken. Der arme Mann."
„Vielleicht wird er gesund, wenn er seine Sachen zusammenholt?", überlegte Amir.
„Vielleicht", sagte der Großvater. „So wie wir ... ehe wir an Land gehen mussten."
205 Parmann und Amir tauschten einen Blick. Sie waren damals noch nicht geboren. Aber ihre Eltern hatten das erlebt. Und der Großvater.
Sie hatten in ihren Booten gelebt. Mit allem, was sie besaßen. Waren zu besseren Fischgründen gesegelt, hatten dort Anker geworfen oder das Boot in einer ruhigen Bucht an einem Busch vertäut. Waren an Land gegangen, um Früchte
210 zu holen. Hatten an Bord geschlafen und gegessen, gelacht oder über ernste Dinge gesprochen. Sich über die Reling hinweg mit Freunden und Verwandten in anderen Booten unterhalten. Waren an Bord geboren worden und gestorben.
„Der arme Fremde", sagte Amir.
„Ich hoffe, wir sehen ihn nie wieder", sagte der Großvater. „Um seinetwillen."

Hinweise zum Text: Seite 88/89.

Oskar, 10 Jahre, Kaffeepflücker

Andreas Boueke

Oskar hat seine Ausbildung nach dem zweiten Schuljahr beendet. Seitdem trägt er zum Familieneinkommen bei. Er arbeitet täglich zwischen sieben und acht Stunden auf der Kaffeeplantage von Alberto Schnitzler in Guatemala. Andreas Boueke sprach mit ihm.

Also, wir arbeiten sechs Tage in der Woche. Morgens früh stehen wir um vier Uhr auf. Bevor wir zur Finca gehen, frühstücken wir Brot und Bohnen. Das macht stark für den Tag. Wir arbeiten bis drei Uhr nachmittags. Dann
5 gehen wir wieder nach Hause. Dort helfe ich meinem Vater beim Holzhacken. Am Abend bleibt dann manchmal noch ein wenig Zeit, dann kann ich meine alten Schulbücher lesen. Am nächsten Morgen kommen wir dann zurück auf die Finca.
Wie viel Geld verdienst du beim Kaffeepflücken?
10 Der Patron zahlt uns 14 Quezales (etwa vier Mark) für 100 Pfund Kaffeekirschen. So viel kann ich manchmal an einem Tag pflücken. Aber wenn an den Sträuchern wenig Kaffee hängt, pflücke ich nur 60 oder 70 Pfund, mehr nicht.
Warum gehst du nicht mehr zur Schule?
Meine Eltern können es sich nicht leisten, mich zu ernähren, ohne dass ich
15 arbeite. Jetzt will ich arbeiten, mehr und mehr, damit ich eines Tages wieder in die Schule gehen kann.
Wie stellst du dir deine Zukunft vor?
Also, mein Traum war es, länger zur Schule zu gehen. Aber ich konnte nicht, weil wir sehr arm sind.
20 Du hast gesagt, dass du gerne liest. Was liest du denn?
Am liebsten mein Geschichtsbuch. Früher war es besser. Nicht so wie heute. Damals lebten nur Mayas in Guatemala. Aber dann sind die Spanier gekommen und haben Amerika erobert. Jetzt müssen wir für den Patron arbeiten.
Kennst du deinen Patron?
25 Nein, aber ich habe sein Haus gesehen. Er ist sehr reich, Spanier oder so. Er gibt uns Arbeit, damit wir unseren Eltern helfen können.
Weißt du, was mit dem Kaffee geschieht, den du pflückst?
Der wird ins Ausland geschickt.
Zum Beispiel nach Deutschland, richtig! Was meinst du, wie ist es dort?
30 Also, ich glaube, da ist es besser als hier.

Hinweise zum Text: Seite 89.

Krämerwinnetou
Raffael Ganz

Nach der Passhöhe wand sich die Straße in großen Schleifen den mit Eichen und Föhren bestandenen Berghang hinab, durchquerte ein Tal und stieg dann wieder zum nächsten Sattel an. Nach einer langen, unübersichtlichen Kurve musste ich plötzlich anhalten: Auf beiden Seiten der Straße waren eine Menge
5 Autos parkiert und aufgeregt gestikulierende Menschen versperrten den Weg. Der Auflauf galt einer Bärenmutter und ihrem Jungen, die fortgeworfene Konservenbüchsen und Papierfetzen beschnupperten.

Es sah so aus, als ob wir hier eine Weile festsitzen würden. Ich drehte den Motor ab und ging zu dem vor mir stehenden Auto. Ein junger Indianer saß allein
10 am Steuer, der erste, dem ich hier in den Smoky Mountains begegnete, den einst wildreichen Jagdgründen des großen Stammes der Cherokee. Er hatte lange, fett glänzende Haare. Die Nase zeigte nicht den kennzeichnenden Bogen des Adlerschnabels, aber die Hautfarbe war bronzen, und die von den Nasenflügeln zu den Mundwinkeln fallenden Falten hatten sich schon tief in das junge Ge-
15 sicht geprägt. Er rauchte eine Zigarette und schaute gelangweilt dem Treiben zu.

„Das ist also das Land der Cherokee heutzutage", meinte ich, „sogar die Bären sind zahm. Und vor kaum hundert Jahren haben die Cherokee hier die Bären noch mit Pfeil und Bogen oder mit dem langen Messer erlegt."
20 Der Indianer sah mich kurz an, doch konnte ich weder Frage noch Überraschung in seinem Gesicht lesen. Vielleicht war es töricht von mir, einen jungen Indianer, der in einem Spital und nicht im Wigwam zur Welt gekommen war, an die Taten seiner Vorfahren zu erinnern. Sicher hatte er die Schulen in der Stadt besucht und dort, wo er wohnte, gab es ein Radio, einen Fernsehapparat.
25 Und seine Mutter knetete und rollte den Brotteig nicht mehr auf dem flachen Stein, sondern gebrauchte eine elektrische Haushaltsmaschine. Ich wurde verlegen; ein Grußwort murmelnd ging ich zu meinem Auto zurück.

Die Bären hatten sich inzwischen ins Gebüsch verschlagen, und die Leute stiegen in ihre Wagen. Vor mir versuchte der Indianer, sein altes, verbeultes Auto
30 anzulassen, aber der Motor verstummte jedes Mal nach einigen kurzen Hustenanfällen. Der Indianer stieg aus, machte sich am Motor zu schaffen. Als er mich immer noch warten sah, zuckte er die Achseln und lachte.

„Können Sie mich bis Cherokee schleppen, es sind nur noch drei Meilen?"
Ich schaute bedenklich nach der steil ansteigenden Straße, doch ohne meine
35 Antwort abzuwarten, ging der Indianer zu seinem Wagen und begann, ein Seil an der vorderen Stoßstange zu vertäuen. Ich fuhr mein Fahrzeug vor das seine. Während er das Seil festband, sagte er: „Mein Vater hat's noch getan."
„Was?"
„Einen Bären getötet", antwortete der Indianer. „Doch der Nationalparkdienst
40 hat ihn bestraft, als er es herausfand. Hundert Dollar!"
„Wieso", meinte ich, „ihr lebt doch in der Reservation der Cherokee-Indianer?"

„Ja, schon, aber Wild und Wald stehen unter dem Schutz des Nationalparkes."
Und den letzten Knoten am Schleppseil straff ziehend, fügte er hinzu: „Mein Volk hat ein Sprichwort geprägt: ‚Wo der weiße Mann seinen Fuß hinsetzt, wächst kein Gras mehr.'"

So kam es, dass ich mit einem Indianer im Schlepptau in Cherokee Einzug hielt. Wer hinter dem indianischen Namen Cherokee ein Zeltdorf mit offenen Feuern und um den Totempfahl tanzenden Indianern in Kriegsschmuck vermutet, wird enttäuscht. Cherokee besteht nur aus einer Durchgangsstraße mit Souvenir-Läden – „Zum großen Häuptling", „Tomahawk", „Wigwam" –, in denen Andenken, Postkarten, Coca-Cola und Kaugummi feilgeboten werden. Ich verlangsamte die Fahrt und der Indianer wies mich an, vor einem der Läden anzuhalten. Dort banden Indianerjungen den alten Klepper los und schoben ihn auf einen Parkplatz. Mein Begleiter selbst stieg die Treppe zum Laden hinauf. Ein alter Indianer, der dort in der Sonne saß, hob den Kopf. Sein ledernes Gesicht glich einer gedörrten Birne. Tief lagen seine Augen in den Höhlen, doch hinter ihren Altersschleiern sah ich glühende Kohlen. Der Blick des Alten war unbewegt, nicht tot, aber zurückgerichtet auf die Vergangenheit, in der die Berge, Täler, das Wildschwein, der Bär, die Wildäpfel und die Forellen im klaren Bergbach in den Smoky Mountains sein Eigen waren. Als ich an ihm vorbeiging, sah er mich an und fragte: „Goodbye, would you like picture with Big Chief?"

Da der junge Indianer mir zuwinkte, in den Laden zu kommen, schüttelte ich den Kopf.

Im Laden sah ich farbbedruckte Köcher voller federgeschmückter Pfeile mit Plastik und Gummispitzen; Federkronen, die von der Decke herabhingen und sich, in allen Farben leuchtend, leise im Windzug eines Ventilators bewegten. Kleine Amulette, Ohrringe, Halsketten und Indianerschmuck lagen ausgebreitet und von einem Balken hingen Mokassins, deren Sohlen mit alten Mustern bestickt waren. Vielleicht, dass der Alte mit dem verschleierten Blick draußen am Treppenaufgang noch wusste, dass diese Mokassins an die Füße eines toten Kriegers gehörten und nicht durch den Schmutz der Erde, sondern nur über die Sternbilder des Himmels schreiten durften. Ich drehte den Postkartenständer und bestaunte die farbenfrohen Bilder vom Leben der Indianer in der Reservation: Indianer im Kriegsschmuck, mit dem Bogen auf eine bezopfte, leicht bekleidete Indianerschönheit schießend.

„Das ist mein Laden", sagte der junge Indianer stolz. „Es ist der einzige Laden in Cherokee, der Indianern gehört."

Und da kamen sie nun, die Touristen mit Horden von Kindern, die Federkronen auf dem Kopf hatten und Spielzeugrevolver in silberbeschlagenen Halftern.

„Mami, ist das ein richtiger Indianer?", fragte ein Junge und deutete auf den alten Indianer. Die Mutter nickte zögernd, zerstreut. „Ein richtiger Indianer, der Büffel jagt und ohne Sattel reitet und weiße Männer foltert und tötet? Ein richtiger Indianer wie in der Television?"

Der Junge starrte dem alten Indianer ins Gesicht; ein Muskel zitterte leise um den Mund des Alten.

Beide hatten wir, der junge Indianer und ich, die Szene beobachtet. Doch kein Mienenspiel verriet die Gedanken des jungen Cherokee. Sein Gesicht zeigte nichts als Gleichgültig-
90 keit. Er hielt der Mutter des Jungen eine von Indianerinnen bestickte Schürze hin. Sie betastete diese mit fahrigen Händen und sagte gelangweilt: „Recht hübsch."
Nach einer Weile verzog sich der Touristen-
95 schwarm und es herrschte für einen Augenblick Ruhe.
„Der alte Mann draußen entsinnt sich doch sicher noch der alten Zeiten", sagte ich. „Ich möchte ihn gerne ein wenig ausfragen."
100 „Er ist mein Großvater", erwiderte der Indianer. „Er war einst Häuptling der Cherokee. Aber er spricht kein Englisch. Er wollte es nie lernen."
„Aber vorhin hat er mich doch englisch ange-
105 sprochen!"
„Ja, ‚Goodbye, would you like picture with Big Chief' ist alles, was er kann. Wir haben es ihn gelehrt. Diese Fotografien mit meinem Großvater sind ein gutes Geschäft. Die Leute
110 sind ganz scharf darauf, zusammen mit einem Indianerhäuptling fotografiert zu werden."
Er öffnete die Ladenkasse und begann, das Wechselgeld zu zählen. „Krämerwinnetou" schoss es mir durch den Kopf. Er akzeptierte
115 die Gegenwart und richtete sich nach dem Lauf der Zeit, die über Geschichte und Träume hinwegging. Einzig der alte Häuptling draußen auf der Treppe, der in diesem Augenblick die Federkrone, das einstige Zeichen
120 der Herrschaft und des Mutes, auf den Kopf setzte, weil sich wieder ein Rudel Touristen näherte, war ein letzter Nachfahre einer besseren Zeit.
„Goodbye, would you like picture with Big Chief?"
Ein blonder Recke in bunt bedrucktem Hemd sah seine junge Frau an, nickte
125 dann dem Häuptling zu. Beide stellten sich neben den alten Indianer. Der Häuptling hob sein Gesicht und starrte unbeteiligt in die Linse der Kamera, die sein Enkel, der Krämer, abdrückte.

Hinweise zum Text: Seite 89.

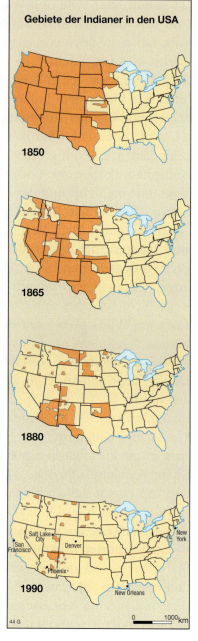

Gebiete der Indianer in den USA

1850

1865

1880

1990

Sitting Bull, indianisch Tatanka Yotanka (1831–1890); Medizinmann und Häuptling der Teton-Dakota, trug 1876 zum Sieg der Sioux-Stämme über General Custer am Little Bighorn bei; Porträtaufnahme um 1885

Kinder dieser Welt

Nasrin Siege:
Sombo verlässt ihr Dorf
S. 69

Nasrin Siege wurde 1950 im Iran geboren und kam im Alter von neun Jahren in die Bundesrepublik Deutschland. Seit 1987 lebt sie mit ihrem Mann und ihren beiden Kindern in Sambia in Afrika. Aus ihren eigenen Erfahrungen, aber auch aus den vielen Gesprächen und Erlebnissen mit ihren sambischen Freunden sind die Bücher *Sombo, das Mädchen vom Fluss* und *Wie der Fluss in meinem Dorf* entstanden. Beide Bücher wurden mit dem Kinderbuchpreis der Ausländerbeauftragten des Senats der Stadt Berlin ausgezeichnet.

1. Sucht Sambia in eurem Atlas. Ihr findet das Heimatland Sombos im südlichen Afrika.
2. Schreibt einen kleinen „Steckbrief", der die besonderen Lebensumstände in Sombos Dorf aufzeigt.
3. Sombo verlässt ihr Dorf, um eine weiterführende Schule zu besuchen. Erzählt von ihrem Abschied.
4. Die Fahrt in die Stadt Sambesi ist nicht so einfach. Welche Erfahrungen macht Sombo?
5. Vergleicht mit eurer eigenen Situation: zu Hause, in der Schule, bei einer Fahrt nach München …
6. Es gibt viele Jugendbücher über Kinder in Afrika und das Leben auf diesem Kontinent. Sammelt Bücher und Informationsmaterial und gestaltet eine Ausstellung unter dem Titel „Leben in Afrika".

Ilse Kleberger:
Ein Leben zwischen Gräbern
S. 73

Ilse Kleberger wurde 1921 in Potsdam geboren. Bis 1977 arbeitete sie als praktische Ärztin in Berlin. Daneben hat sie zahlreiche Kinder- und Jugendbücher, aber auch Bücher für Erwachsene geschrieben.

1. Die Geschichte spielt in der Stadt Kairo. Findet heraus, wo das ist.
2. a) Das Leben von Ischrake und ihrem Bruder Hussein hat sich mit dem Tod der Mutter sehr verändert. Wie haben sie früher gelebt?
   b) Wie sieht jetzt ihr Alltag aus?
3. Ischrake kommt nicht gut mit ihrer Stiefmutter und ihren Stiefgeschwistern aus. Woran liegt das?
4. Worunter leidet Ischrake besonders?

Toril Brekke:
Der Fremde
S. 77

Toril Brekke ist Norwegerin und hat eine Reihe von Büchern für Kinder, Jugendliche und Erwachsene geschrieben.

1. Sucht die Heimat der beiden Jungen in eurem Atlas.

2 In der Erzählung erfahrt ihr einiges über das Leben auf Sulawesi. Sucht die entsprechenden Textstellen, tragt die Einzelheiten zusammen und gestaltet ein Plakat mit dem Titel „Leben in Indonesien".
3 Besonderen Spaß haben die Jungen beim Tauchen. Vielleicht kannst du ein passendes Bild von den wunderschönen Fischen und Pflanzen am Korallenriff zeichnen?
4 Der Fremde benimmt sich seltsam. Die Jungen glauben, dass er krank sei. Wie könnt ihr euch sein Verhalten erklären?

Andreas Boueke:
Oskar, 10 Jahre,
Kaffeepflücker
S. 83

Andreas Boueke wurde 1968 in Hagen geboren. Er studierte Soziologie und lebte sechs Jahre in Mittel- und Südamerika. Heute ist er als freier Journalist in Bielefeld tätig. Er hat Bücher über Amerika und Guatemala (Mittelamerika) geschrieben.

1 Guatemala liegt in Mittelamerika. Sucht das Land in eurem Atlas.
2 Wie sieht Oskars Tagesablauf aus?
3 Welche Rolle spielt die Schule in seinem Leben?
4 Was könnte Oskar gemeint haben, als er sagte, dass es in Deutschland besser sei?
5 Wahrscheinlich sind in deiner Klasse, in deiner Umgebung auch Kinder, die nicht in Deutschland geboren wurden. Befrage sie über ihre Heimat.
6 Erkundigt euch: Gibt es für uns in Deutschland Möglichkeiten, Kindern in armen Ländern zu helfen? Erstellt ein Plakat, das zu einer Hilfsaktion aufruft.

Raffael Ganz:
Krämerwinnetou
S. 84

1 Erstellt eine Tabelle über Lebensraum und Lebensweise der Indianer früher und heute, in die ihr Gegensatzpaare eintragt:

früher	heute
Sie lebten in Zelten.	Sie leben in Häusern.

2 Wie verhalten sich die Indianer in dieser Geschichte gegenüber den Besuchern
   a) der alte Chief?
   b) der junge Indianer?
3 Wie reagieren die Besucher des Reservates auf den alten Chief?
4 Die Cheyenne sind nordamerikanische Prärieindianer (auch in Mittel- und Südamerika leben Indianer!). Kennt ihr weitere Indianervölker?
Fragt eure Eltern oder schaut im Lexikon nach. Vielleicht könnt ihr euch auch Informationen aus dem Internet holen.

Streit – und was man daraus macht

Die Geschichte von der Ente und der Eule
Hanna Muschg

Es war einmal eine Wiese: nasses Gras und eine Menge Blumen, denn es war Sommer. Es gab auch einen Teich mit Schilfgras am Ufer. Und schon war eine Ente da, eine braune, wie die Enten eben sind. Dann gab es noch einen Baum. Sehr hoch und mit weit verzweigten Ästen, einen großen grünen Baum. Eine Eiche. Und oben in diesem Baum gab es etwas zu sehen. Was?
Das wollte die Ente auch gern wissen.
„He, du da oben!", rief sie.
„Hm", sagte eine Stimme hoch oben in der großen Eiche.
„Bist du eine richtige Eule?", fragte die Ente.
„Hm."
„Komm doch mal runter", rief die Ente.
„Hm", sagte die Eule, aber dann kam sie doch heruntergeflattert.
„Oh", sagte die Ente, „ich hätte gar nicht gedacht, dass Eulen so schöne große Flügel haben."
„Hm", sagte die Eule wieder, aber sie freute sich doch, dass die Ente ihre Flügel schön fand.
„Warum sagst du immer nur ‚hm'? Kannst du sonst nichts sagen?"
„Natürlich kann ich", sagte jetzt die Eule, „aber ich habe keine Lust. Ich war gerade am Schlafen."
„Du liebe Zeit", sagte die Ente, „wie kannst du denn mitten am hellen Tag schlafen? Das kann man doch gar nicht."
„Ich versteh nicht, was du meinst", sagte die Eule. „Machst du das anders? Ich schlafe immer am Tage."
„Das ist aber ziemlich unnatürlich", sagte die Ente. „Man schläft doch in der Nacht."
„Man schläft in der Nacht, sagst du? Überhaupt nicht! Nachts ist es doch viel zu aufregend zum Schlafen, wenn es schön dunkel ist und man seine Augen weit aufmacht und wartet, ob etwas zum Essen vorbeikommt."
„Was du für komische Sachen sagst", sagte die Ente. „Das Essen kommt doch nicht vorbei. Man muss herumschwimmen und tauchen und immer wieder suchen, bis man etwas findet."
„Eine ziemlich alberne Art, zu essen", murmelte die Eule.
Die Ente ärgerte sich. „Das ist nicht albern, das ist normal", sagte sie wütend.
„Ach was, normal ist, wenn man im Dunkeln leise durch den Wald schwebt. Und wenn dann irgendwo im trockenen Laub ein kleines Tier raschelt, stürzt man sich blitzschnell hinunter und isst es auf."
„Entsetzlich!", schrie die Ente. „Kleine Tiere aufessen! Wie gemein das ist! Wenn ich bloß daran denke, wird mir schon übel."
„Und was isst du?", zischte die Eule. Sie ärgerte sich. „Entengrütze isst du? Ekelhaft! Davon wird mir übel. Und wie kann man überhaupt am Tage essen!"

Jetzt zischte die Ente voller Wut: „Wenn du es genau wissen willst: Man isst am Tage! Alle tun das!"

„Nein, kein Mensch tut das", schrie die Eule. „Man hat erst richtig Hunger, wenn es dunkel wird."

„Das ist doch dummes Zeug", schnatterte die Ente. Ihre Stimme war jetzt laut und aufgeregt: „Dummes Zeug, dummes Zeug, dummes Zeug!"

So saßen die beiden großen Vögel auf der Wiese und stritten sich.

Die Eule machte ein paar Mal den Schnabel auf und zu, als müsste sie sich besinnen. Dann schüttelte sie sich.

„Du, Ente, warum streiten wir uns eigentlich?", fragte sie. „Weißt du noch, warum wir angefangen haben?"

„Natürlich", sagte die Ente, „weil du immer alles falsch machst, darum!"

„Das ist doch gar nicht wahr", sagte die Eule. „Ich mach es nicht falsch, ich mache es einfach anders und so geht es auch. Ich mache es eben so, wie es die Eulen am liebsten machen." „Und ich mach es so, wie es die Enten machen. Du hast recht, darüber braucht man sich nicht zu streiten."

Ach, dachte die Eule bei sich, eigentlich ist die Ente doch ein nettes Tier. Eigenartige Ansichten hat sie, aber können wir nicht trotzdem Freunde sein?

„Was du für komische Füße hast", sagte die Eule.

„Die sind nicht komisch", sagte die Ente, „die sind praktisch. Zum Schwimmen."

„Ja", sagte da die Eule. „Und wenn ich sie richtig ansehe, dann finde ich sie auch schön."

„Wirklich?", fragte die Ente.

„Komm", sagte die Eule, „mir tun hier unten schon die Beine weh. Wir wollen es uns oben auf dem Baum gemütlich machen."

„Wenn du meinst", sagte die Ente. Ihr gefiel die Idee nicht sehr, aber wenn es der Eule Freude machte, dann wollte sie es versuchen.

Sie flogen miteinander auf die Eiche hinauf, ließen sich auf einem Ast nieder und konnten weit übers Land sehen. Es war eine wunderschöne Aussicht.

Die Ente aber fand es durchaus nicht schön, so hoch oben auf einem Baum zu sitzen. Die ganze Zeit hatte sie Angst, herunterzufallen.

„Das ist nicht gut hier", sagte sie zur Eule. „Lass uns lieber auf dem Wasser hin und her schwimmen."

„Du bist wohl verrückt geworden!", schrie die Eule.

„Ins Wasser? Willst du mich umbringen?"

„Nun reg dich doch nicht gleich auf!", sagte die Ente.

„Wenn du nicht willst, dann setzen wir uns eben wieder ins Gras. Ihr Eulen seid wohl zu blöde zum Schwimmen."

„Und ihr Enten seid so blöde, dass ihr nicht mal auf einem Baum sitzen könnt!"

„Ach du liebe Zeit", sagte die Ente, „wir streiten uns ja schon wieder!"

„Ja, weil du immer anfängst", sagte die Eule.

„Das ist nicht wahr, ich hab nicht angefangen, du hast angefangen", sagte die Ente wütend.

„Nein du!", schrie die Eule.

„Nein du!", schrie die Ente.

„Nein du!", schrie die Eule.

„He, warum schreist du bloß so?", fragte die Ente.

„Ich schreie doch gar nicht, du schreist!", sagte die Eule.

„Nein du!"

„Nein du!"

„Nein du!"

„Ach du liebe Zeit", sagte die Eule, „jetzt reicht es mir aber. Warum streiten wir uns bloß immer?"

„Weil du immer alles anders machst, darum."

„Ich doch nicht", sagte die Eule, „du!"

„Nein du!", sagte die Ente.

„Nein du!", sagte die Eule.

„Nein du!", sagte die Ente.

„Aber das ist doch nichts Schlimmes", sagte die Eule. „Darüber braucht man sich nicht zu streiten."

„Nein, das braucht man nicht, aber wir tun es doch. Irgendwas machen wir falsch. Und wer fängt eigentlich immer damit an?"

„Ich weiß nicht", sagte die Eule. „Und ich glaube, es ist auch ganz gleich, wer angefangen hat, wenn der andere dann jedes Mal mitstreitet. Vielleicht ist es das, was wir falsch machen."

„Ich glaube auch", sagte die Ente, „das ist es. Und außerdem war ich wohl ungeduldig, weil ich Hunger habe und mir was zum Essen suchen muss."

„Das kann sein", sagte die Eule. „Und ich bin ziemlich müde, dann wird man auch leichter wütend als sonst. Und jetzt muss ich wirklich schlafen."

„Dann auf Wiedersehen, Eule, und schlaf gut!"

„Ja, ja", sagte die Eule schläfrig. „Und schlaf du auch gut, Ente." Fast fielen ihr schon die Augen zu. „Ach so", sagte sie dann, „du schläfst ja jetzt nicht. Du schläfst erst, wenn's dunkel wird. Dann mach's gut, Ente, bis zum nächsten Mal."

Die Eule ist dann wieder auf ihren Baum zurückgeflogen, um zu schlafen. Und die Ente ist ins Wasser gestiegen, um zu essen. Und wenn jemand sagt, nein, das gibt es nicht, dann sage ich ihm mitten ins Gesicht: Das gibt es doch.

Hinweise zum Text: Seite 111.

Tom und der Neue
Mark Twain

Plötzlich brach Tom sein Pfeifen ab. Ein Fremder stand vor ihm, ein Junge, nur ein wenig größer als er selbst. Ein neu Zugezogener, gleich welchen Alters oder Geschlechts, war stets eine eindrucksvolle Neuigkeit in dem kleinen St. Petersburg. Dieser Junge war noch dazu gut angezogen, und das an einem Werktage!
5 Das war erstaunlich. Sein Hütchen war zierlich, seine blaue Tuchjacke neu und überfein, ebenso seine Hosen. Zudem hatte er Schuhe an und es war doch erst Freitag! Sogar ein Halstuch von heller Farbe trug er. Er hatte so etwas Großstädtisches an sich, was Tom im Innersten aufwühlte. Je länger er das prächtige Wunder anstarrte, desto mehr rümpfte er die Nase über so viel Feinheit,
10 während ihm gleichzeitig insgeheim seine eigene Kleidung und seine eigene Erscheinung immer fragwürdiger erschienen. Keiner der Jungen sagte ein Wort. Wenn sich einer von den beiden bewegte, so bewegte sich auch der andere und so ging's langsam im Kreis herum. Die ganze Zeit standen sie Stirn gegen Stirn und hielten einander fest im Auge. Endlich sagte Tom: „Ich kann dich erledi-
15 gen!"

„Versuch's doch einmal!"
„Jawohl, ich bring's fertig."
„Nein, das kannst du nicht!"
„Doch, ich kann's!"
20 „Nein, du kannst es nicht!"
„Doch!"
„Nein!"
Nun folgte eine ungemütliche Pause. Dann sagte Tom: „Wie heißt du?"
„Das geht dich nichts an!"
25 „Ich werde dir schon zeigen, ob es mich etwas angeht!"
„Warum zeigst du es mir denn nicht?"
„Wenn du noch viel daherredest, dann tue ich's."
„Ich rede so viel, wie es mir passt! Komm doch!"
„Du denkst wohl, dass du ein riesig tüchtiger Kerl bist? Mit einer Hand auf den
30 Rücken gebunden verprügele ich dich noch, wenn ich will."
„Und warum tust du's denn nicht? Du sagst doch, dass du es fertig bringst."
„Ich tu's noch, wenn du mich noch länger zum Narren hältst!"
„Freilich, ja, ich habe schon ganze Familien gesehen, die genauso wie du in der Klemme saßen."
35 „Bürschchen, du denkst wohl, dass du etwas Besonderes bist? Was hast du denn für einen Hut auf?"
„Du kannst den Hut ja haben, wenn er dir nicht passt. Wenn du dich getraust, so schlag ihn mir doch herunter! Wer es versuchen sollte, der kann sich auf etwas Ordentliches gefasst machen."
40 „Du bist ein Lügenmaul!"
„Du auch!"

„Du kämpfst mit dem Maul, traust dich aber nicht zuzupacken."
„Mach endlich, dass du weiterkommst!"
„Wenn du mir noch mal so unverschämt kommst, dann werfe ich einen Stein an deinem Kopf entzwei."
„O bitte, tu's doch!"
„Ich tu's aber auch."
„Warum tust du es denn nicht? Wozu reißt du dann das Maul so weit auf? Du tust es eben nicht, weil du Angst hast."
„Ich hab keine Angst!"
„Doch!"
„Nein!"
„Jawohl!"
Wieder gab's eine Pause. Sie hielten einander immer noch fest im Auge und bewegten sich weiter langsam im Kreise herum. Bald jedoch standen sie Schulter an Schulter. Tom rief jetzt: „Mach, dass du dich trollst!"
„Geh doch selber weg!"
„Nein, ich will nicht!"
„Ich auch nicht!"
Da standen sie nun, ein Bein wie ein Stützbalken eingestemmt, und beide schoben mit voller Kraft; die Augen glühten vor Hass. Aber keiner konnte einen Vorteil erringen.
So kämpften sie, bis sie in Schweiß gerieten und außer Atem kamen. Beide ließen gleichzeitig vorsichtig in ihrer Anstrengung nach.
Tom höhnte: „Du bist ein Feigling und ein Affe zugleich. Ich sag's meinem großen Bruder. Der erledigt dich mit seinem kleinen Finger!"
„Was kümmert mich dein großer Bruder? Ich hab einen noch viel größeren Bruder, der wirft deinen mit Leichtigkeit über den Zaun da." (Beide Brüder waren natürlich nur in der Einbildung vorhanden.)
„Das ist glatt gelogen."
„Weil du das sagst, deswegen ist es doch noch lange nicht so."
Tom zog nun mit seiner großen Zehe einen Strich in den Staub und sagte: „Wenn du dich da herübertraust, dann haue ich dich, dass du nicht mehr aufstehen kannst."
Der fremde Junge sprang sofort hinüber und rief: „Nun, was ist jetzt?"
„Dräng mich nicht dazu, es ist besser für dich, wenn du dich etwas mehr in Acht nimmst!"
„Aber warum tust du mir denn jetzt nichts?"
„Alle zum Teufel! Für zwei Cent werd ich's machen."
Der fremde Junge zog sofort zwei Kupfermünzen aus der Tasche und hielt sie Tom spöttisch unter die Nase. Tom schlug sie ihm aus der Hand und im Nu rollten und wälzten sich die beiden im Staub, wie Katzen aneinandergeklammert. Wohl eine Minute lang zerrten und rissen sie sich gegenseitig an den Haaren und Kleidern, zerschlugen und zerkratzten sich die Nasen und bedeckten sich mit Staub und Ruhm.

Bald jedoch nahm der Wirrwarr Gestalt an und aus der Staubwolke des Kampfgewühls tauchte Tom auf. Er saß rittlings auf seinem Gegner und trommelte mit den Fäusten auf ihm herum. „Schrei: Genug!", rief er.

Der fremde Junge aber kämpfte wortlos weiter, um sich zu befreien. Er weinte, aber aus Wut.

„Schrei: Genug!" Das Trommeln mit den Fäusten ging weiter. Endlich stieß der Fremde ein leises „Genug!" aus. Tom ließ ihn sofort frei und sagte: „Das war bestimmt eine gute Lehre für dich. Das nächste Mal schaust du dir den, mit dem du anbinden willst, vorher etwas genauer an!"

Der fremde Junge trollte davon. Er klopfte den Staub von seinen Kleidern, schluchzte und schnupfte auf. Gelegentlich sah er sich um und drohte, dass er es Tom schon noch besorgen würde, wenn er ihn das nächste Mal zwischen die Finger bekäme. Darauf antwortete Tom natürlich nur mit Hohn und Spott; in gehobener Stimmung ging er weiter. Kaum hatte er dem Unterlegenen jedoch den Rücken zugewandt, als der auch schon einen Stein aufhob und warf. Der Stein traf Tom auf den Rücken. Der Wurfschütze wandte sich sofort um und rannte wie eine gehetzte Antilope davon. Tom verfolgte den Verräter bis zu seinem Haus und fand so heraus, wo er wohnte. Eine Zeit lang behielt er das Gartentor im Auge und forderte den Feind wiederholt auf, herauszukommen. Aber dieser schnitt ihm vom Fenster heraus nur Fratzen und weigerte sich. Schließlich kam die Mutter des Feindes, nannte Tom einen schlechten, bösartigen und gemeinen Jungen und befahl ihm, sich sofort zu entfernen. Da ging er denn, wobei er brummte, er werde den Jungen schon noch zu fassen bekommen.

An diesem Abend kam Tom ziemlich spät nach Hause. Als er vorsichtig durchs Fenster hineinkletterte, fiel er in einen Hinterhalt in Gestalt seiner Tante. Als sie den Zustand seiner Kleider sah, wurde ihr Entschluss, ihn am freien Sonnabend zu harter Arbeit zu verdonnern, felsenfest.

Hinweise zum Text: Seite 111/112.

Das traurige Erlebnis in der Schule

In den letzten Wochen gehe ich nicht mehr gerne in die Schule, weil ich wegen meiner Kleidung ausgelacht werde. Matthias meint, nur Markenkleidung sei modern. In der Pause nannten Matthias und Florian mich Klettverschlussträger, zogen mir die Schuhe aus und warfen sie durch die Gegend und schleiften mich auf dem Rücken über die Wiese. Darüber bin ich sehr traurig und hoffe, dass es sich in Zukunft wieder ändern wird!

Hinweise zum Text: Seite 112.

Isabel spricht nicht mehr mit mir
Christa Zeuch

Genau genommen ist das seit Montagmorgen so, dass Isabel nicht mehr mit mir spricht. Dabei sitzen wir in der Schule nur zwei Plätze auseinander! Sonst haben wir in jeder Pause zusammen gespielt. Doch seit Montag geht Isabel erst gar nicht raus auf den Schulhof. In den Pausen ist sie spurlos verschwunden.
5 Und den Heimweg machen wir seitdem auch nicht mehr gemeinsam. Ich habe nachgedacht. Bestimmt ist sie sauer auf mich. Nur, mir fällt nicht ein, woran das liegen könnte. Gestritten haben wir uns schon lange nicht. Außerdem sagt sie mir normalerweise, was sie nicht gut findet. Vielleicht hat ihr jemand etwas über mich erzählt, etwas Gemeines, Schlimmes. Und nun kann sie mich nicht
10 mehr leiden. Ich könnte sie ja einfach mal fragen. Oder ich könnte sie anrufen. Mein Herz pocht bis in den Hals hinein, als ich den Hörer abnehme. Wie soll ich anfangen? Hoffentlich stottere ich nicht. Ich wähle ihre Nummer, ich warte. Isabels Mutter hebt ab.
Jetzt muss ich etwas sagen.
15 „Hallo, guten Tag, Frau Landau. Ist Isabel zu Hause?"
„Ja", sagt sie, und: „Moment. Hast du Halsschmerzen, Moritz? Du sprichst so heiser."
Sie ruft Isabel. Der Hörer zittert in meiner Hand. Dann ist Isabel am Apparat.

„Ach du, Moritz", sagt sie.

„Ja, ich wollte dich nämlich fragen, also …", stammle ich. Es ist verflixt schwierig, einfach mit dem rauszurücken, was einem auf der Seele liegt.

„He, was ist, Moritz?"

Isabels Stimme hört sich etwas gelangweilt an. Oder sogar abweisend? Plötzlich habe ich Angst, zu erfahren, was man ihr über mich erzählt hat. Nein, ich kann die Frage nicht stellen.

„Was haben wir in Mathe auf? Hab's mir nicht aufgeschrieben", sage ich rasch und fühle mich wie ein Feigling.

Sie gibt mir die Hausaufgaben durch. Dann sagen wir uns „Tschüs" und weiter nichts.

Nach dem Telefonieren geht es mir noch schlechter. Was hat Isabel gegen mich? Wer könnte mich bei ihr schlechtgemacht haben? Der Ingo … schießt es mir durch den Kopf. Mit dem verstehe ich mich nicht so gut. Ich werde ihn zur Rede stellen. Aber eigentlich hat das auch Zeit bis morgen. Ja, morgen in der Schule werde ich ihn fragen. Oder noch besser, ich beobachte ihn erst ein Weilchen …

Am nächsten Tag in der Schule soll Isabel an die Tafel kommen. Unsere Lehrerin Frau Bödemann will ihr einige Wörter diktieren. Als Isa zur Tafel geht, stolpert sie über ihre eigenen Füße. Die Klasse lacht. Dann schreibt Isa „geboren" mit h, und zum Schluss fällt ihr die Kreide aus der Hand.

„Isabel!" Frau Bödemann lächelt etwas ungeduldig. „Was ist los mit dir? Du machst ein Gesicht wie sieben Tage Regenwetter."

Das hätte Frau Bödemann besser nicht sagen sollen. Obwohl Isabel sich nicht umdreht, kann ich sehen, dass sie jetzt weint. Frau Bödemann legt den Arm um sie und lässt sie erst einmal in Ruhe. Dass Isabel Tränen runterkullern, kann ich gar nicht mit ansehen. Am liebsten würde ich sie auch umarmen. Aber sie will ja nichts mehr von mir wissen. Keinen einzigen Blick wirft sie mir zu. Und im Unterricht macht sie auch nicht richtig mit.

Auf dem Nachhauseweg halte ich es nicht mehr aus. Ich renne ihr nach und gehe neben ihr her. Bis zur Kreuzung bleiben wir stumm wie Fische. Dann nehme ich all meinen Mut zusammen.

„Was hab ich dir getan, Isa?", rufe ich. „Sag es mir endlich!"

Bestürzt schaut mich Isa an. „Wieso getan? Gar nichts!"

„Und warum redest du dann nicht mehr mit mir?"

Mit sehr leiser, stockender Stimme sagt Isa dann: „Ach, das hat doch nichts mit dir zu tun. Es ist ja nur … meine Oma, die ist sehr krank. Sie wird – bald sterben."

Ich erschrecke. Die fröhliche, liebe Oma Kunze, die ich auch kenne! Bei der ich mit Isabel in den letzten Ferien ein ganzes Wochenende verbracht habe! Kein Wunder, dass Isabel so verschlossen ist.

Wegen der Oma ist sie traurig und besorgt. Und ich Blödmann könnte mich selber ohrfeigen. Hätte ich Isabel doch nur früher gefragt, dann hätte ich sie trösten können.

„Vielleicht wird deine Oma wieder gesund", sage ich.

Isabel schüttelt den Kopf. In meiner Hosentasche habe ich Kaugummis. Ich halte ihr einen hin. Sie will keinen. Aber ich möchte so gern etwas für sie tun. Da nehme ich ihr die Schultasche ab.

Sie sagt: „Gib wieder her. Kann ich selber tragen. Du, Moritz, kommst du nachher ein bisschen zu mir rüber?"

Ich nehme ihr die Tasche wieder ab. Und dann hat sie wieder die Schultasche in der Hand. Und dann ich. Und dann sie.

„Bis nachher", sage ich, als wir zu Hause angekommen sind. Isabel nickt mir zu. Und ein wenig lächelt sie dabei.

Hinweise zum Text: Seite 112.

Die Wand
Renate Welsh

```
       Worte
       Worte
       Worte
       Worte
       Worte
       Worte
       Worte
       Worte
       Worte
       Worte
       Worte
       Worte
       Worte
       Worte
       Worte
       Worte
       Worte
       Worte
       Worte
       Worte
       Worte
       Worte
       Worte
       Worte
       Worte
ICH    Worte    DU
```

Die Brücke
Renate Welsh

```
       Worte Worte Worte
      Worte Worte Worte Worte
         Worte        Worte
            Worte     Worte
              Worte   Worte
         ICH Worte    Worte  Du
```

Hinweise zu den Texten: Seite 112/113.

Eins zu null für Bert

Hiltraud Olbrich

Es wird gleich regnen, denkt der Junge mit dem Kinderwagen. Gott sei Dank wird es gleich regnen. Dann trainieren sie nicht, dann wird es nicht auffallen, wenn ich wieder nicht dabei bin. Bert schiebt den Wagen schneller. Vater wird es freuen, wenn ich schon eingekauft habe, überlegt der Junge.

5 Seit Berts Mutter fort ist, fährt der Vater nur noch Nachtschicht im großen Schacht auf der Zeche: als Schachthauer, Nacht für Nacht.

Nachmittags schläft er. Dann ist Bert da, hilft im Haushalt und achtet auf den Kleinen.

Und deswegen kann Bert nicht mehr zum heiß geliebten Fußballspiel in den
10 Klassenklub, deswegen muss er das Training auslassen und deswegen wird er wieder Ärger bekommen, ganz bestimmt.

Aber es geht nicht anders, das weiß Bert. Es wird sich erst ändern, wenn seine Mutter wiederkommt. Hoffentlich kommt sie bald!

Manches Mal bedrängt der Gedanke den Jungen, wie lange das noch gut gehen
15 wird. Was ist, wenn sie sich einen anderen Torwart nehmen, einen, der immer zum Training kommt?

Das Einkaufsnetz zieht wie ein Bleigewicht an Berts Arm. Der Junge hält den Kinderwagen an. Vorsichtig schiebt er die Beinchen des schlafenden Bruders zur Seite, schafft Platz für das Netz.

20 Als sich Bert dann aufrichtet, sieht er sie, alle zehn.

Ratlos zieht er die Unterlippe durch die Zähne. Jetzt haben sie mich.

Und natürlich sehen sie ihn. Sie kommen direkt auf ihn zu, die ganze Fußballmannschaft. Bedrohlich heben sich ihre Körper vom gelben Horizont ab. Dann bleiben sie stehen, bilden geschickt einen Halbkreis um Bert mit dem Kinder-
25 wagen: eine wütende, schweigende Mauer.

Wie ruhig es plötzlich ist. Bert versucht, an seinen Klassenkameraden vorbeizuschauen. Wenn irgendjemand käme. Aber kein Mensch außer ihnen ist zu sehen, eine leere, ausgestorbene Straße. Ausgerechnet jetzt.

Was werden sie tun? Berts Blick sucht in ihren Gesichtern. Es wird Keile geben, das steht fest. Man belügt nicht ungestraft den Klub, man lässt den Klub nicht im Stich. Das ist eiserne Regel.

„So, so!" Martin, der Lange, wippt herausfordernd auf den Zehenspitzen. „Mal wieder auf Omas Beerdigung, was?"

Ein Stein trifft Berts Schienbein. „Zum Training zu faul, aber spazieren gehen!" Frank, den sie den Bär nennen und den alle fürchten, steht direkt neben Bert. Der Junge kann den Atem des anderen spüren. Krampfhaft schaut Bert geradeaus.

Jetzt wissen sie es, denkt er gequält. Jetzt wissen sie, dass ich sie immer belogen habe. Immer, wenn ich nicht zum Training konnte.

Alles Mögliche hat Bert als Entschuldigung angegeben: Arztbesuch, Beerdigung, wichtige Fahrt in die Kreisstadt. Alles Mögliche, nur nicht die Wahrheit.

„Au", Bert stöhnt auf. Der Bär hat Berts Arm gepackt und dreht ihn nach hinten um. Ein Spezialgriff. Man kommt nicht aus ihm heraus. Mit einem kurzen Ruck reißt der Bär den Arm hoch. Der Schmerz zieht heftig durch Berts Körper.

„Sag endlich, was du dir dabei gedacht hast!" Noch dichter tritt der Bär an Bert heran. „Uns so anzulügen!"

Bert beißt sich auf die Lippen und schweigt. Sie würden ihn doch nicht verstehen.

„He, bist du schwerhörig? Wo warst du jedes Mal?" Irgendjemand aus der Menge ruft es. Irgendjemand. Bert weiß nicht, wer. Die Gesichter verschwimmen vor seinen Augen. Ihm ist, als sprächen sie mit einer Stimme, aus einem einzigen riesigen Maul. Das Maul eines Raubtiers, das jeden Augenblick bereit ist, zuzuschnappen.

Berts Arm schmerzt. Noch mehr aber verletzen ihn die verächtlichen Blicke der Jungen. Sie zeigen es deutlich. Sie wollen ihn nicht mehr. Aus ist's mit dem Klub – vorbei! Alle Lügen waren umsonst.

Berts Knie zittern vor Anspannung. Wenn sie doch endlich mit dem Prügeln anfangen würden! Aber nicht mal das.

„Mensch, zisch ab", sagt jetzt einer. „Bei dir lohnen sich nicht mal Prügel. Wäre reine Kraftverschwendung. Hau ab, zur Mami!"

Bert merkt, wie ihm das Blut in den Kopf steigt. Was wissen sie von der Mutter? Sie können alles machen, nur seine Mutter sollen sie aus dem Spiel lassen. Aber schon geht es los.

„Bert kann nicht zur Mami. Mami ist in der Klapsmühle", schreit einer. „Bert muss selbst Mami spielen."

Es war wie ein Signal. Die Jungen grölen jetzt durcheinander, „Klapsmühle!", schreien sie und „Mamispielen". Dabei hüpfen sie herum und boxen sich schadenfroh in die Seiten. „Klapsmühle, Mamispielen!"

Bert steht wie betäubt, noch immer im Griff von dem, den sie Bär nennen. Und der Lärm weckt schließlich den kleinen Bruder auf. Verstört schaut er auf die vielen Köpfe über ihm. Dann schreit er los, kräftig und anhaltend.

Überrascht verstummen die Jungen und blicken auf das schreiende Baby. Der Bär lässt irritiert Berts Arm los.

Bert reibt sich das schmerzende Handgelenk. Der Kleine hat Angst, denkt er. Er spürt sie wie ich, die Feindseligkeit und die Gefahr. Saubande, blöde.

Das Weinen des Kindes wird heftiger, drängender. Hilflos streckt es Bert die Arme entgegen. Der kleine Oberkörper beugt sich weit vor, als suche er durch eigene Kraft, in die Nähe des großen Bruders zu kommen. Dahin, wo er sich sicher glaubt, wo er Schutz vermutet.

Einen Augenblick lang zögert Bert. Dann bückt er sich, ohne die anderen eines Blickes zu würdigen, nimmt ruhig den Kleinen auf den Arm und drückt ihn zärtlich an sich. Dann gibt er ihm einen Kuss mitten auf die Nasenspitze.

„Ganz wie Mami", höhnt einer und lacht dazu. Aber die anderen lachen nicht mehr mit. Sie sind still. Nur der Bär sagt etwas. „Halt die Klappe", sagt er und ist dann auch so merkwürdig still. Eine eigenartige plötzliche Stille.

Bert bemerkt sie nicht. Er spürt das nasse Gesichtchen an seinem Hals und eine warme, weiche Hand, die Halt in seinem Haar sucht.

Da lächelt Bert. „Sucht euch mal einen anderen Torwart", sagt er leise, „ich verzichte." Entschlossen schiebt er mit der freien Hand den Kinderwagen auf die Gruppe der Jungen zu. Verwundert machen sie Platz.

Ganz fest hält Bert den kleinen Kinderkörper. Schon lange hat der Junge nicht mehr ein so gutes Gefühl gehabt. Er spürt das Gewicht des Kleinen kaum. Leicht wie eine Feder scheint er zu sein.

Als ihn dann die anderen einholen, hat Bert noch das Lächeln im Gesicht. Er hört ihre Schritte, dreht sich ruhig um. Erstaunt, als hätte er sie eine lange Zeit nicht gesehen, schaut er sie an und fragt: „Ist was?"

Keiner der Jungen gibt eine Antwort. Die ersten Regentropfen fallen. Warmer Sommerregen wäscht die staubige Straße.

Es dauert eine kleine Ewigkeit, ehe Martin zögernd spricht: „Du könntest den Kleinen ja zum Training mitbringen. Wir passen dann abwechselnd auf ihn auf. Ganz bestimmt. Du kannst dich auf uns verlassen."

Nun hätte Bert zum ersten Mal an diesem Tag fast geweint. Er holt tief Luft und seine Schultern heben sich. Dann nickt er, erst schwach, dann immer kräftiger.

„In Ordnung", sagt er, „bis morgen also, zum Training." Er geht ein paar Schritte und dreht sich noch mal um. „Und den Kleinen bring ich mit."

Hinweise zum Text: Seite 113.

Dem werde ich's zeigen!
Achim Bröger

„Wo liegt denn nur die Brille wieder?", fragt meine Mutter und läuft aufgeregt ins Bad, während Vater aus dem Flur ruft: „Felix, komm doch endlich!" Gleich darauf ziehen sie die Wohnungstür hinter sich zu und beim Hinausgehen sagt Mutter: „Es dauert nicht lange."

5 Die Eltern fahren los, meinen kleinen Bruder, den Felix, haben sie mitgenommen. Leo und ich stehen am Küchenfenster und sehen hinter dem Wagen her. „Ob sie mir die Gitarre kaufen?", will er wissen. Ich tue so, als hätte ich keine Ahnung, obwohl ich ganz genau weiß, was sie ihm zum Geburtstag schenken werden. Ich verrate aber nichts. „Komm, wir rösten Haferflocken", schlägt Leo
10 vor, steigt schon auf den Stuhl, holt die Haferflockentüte und den Zucker aus dem Schrank. Butter zischt in der heißen Pfanne, zerschmilzt und wird braun. Wir beugen uns über das Brodeln und die zerplatzenden Blasen. Zucker kommt dazu, vermischt sich mit dem Fett und zerfließt. „Nimm ruhig mehr", sagt er. Ein Berg Haferflocken wird darübergehäuft. Wir rühren immer wieder um, bis
15 die Haferflocken braun und knusprig aussehen.

Süß und gut schmeckt das. Ich löffle so schnell, dass ich mir an den heißen Haferflocken erst mal den Mund verbrenne. Als ich aufgegessen habe, sitzt Leo noch vor seinem halb vollen Teller. „Kann ich was abhaben?", frag ich. „Ne, ich hab genauso viel gehabt wie du. Wenn du langsamer essen würdest, hättest du
20 auch länger was davon", meint Leo.

Wenn ich so was nur höre! Der redet manchmal schon fast wie ein Erwachsener. Dabei lässt er sich beim Essen extra Zeit, um ja länger etwas davon zu haben als ich. Jetzt bleibt in seinem Teller sogar die Hälfte übrig. „Für später", sagt er, während ich den Fernsehapparat einschalte.

25 Da spielt jemand auf der Gitarre und singt dazu. Leo hört das gern und setzt sich neben mich aufs Sofa. Ich springe auf, möchte umschalten. Er will sich jetzt nicht stören lassen. Aber ich werde durch die Musik gestört, weil es im zweiten Programm etwas gibt, was ich unbedingt sehen möchte.

Schnell schalte ich es ein. „Pferde, da laufen Pferde. Mensch, ist das prima!"
30 Aber er fragt: „He, spinnst du?", und verlangt ärgerlich: „Umschalten!" Ich reagiere nicht. „Umschalten!", verlangt er noch mal. Er springt auf und drückt den anderen Knopf. Der Mann singt immer noch.

„Kann ich nicht hören", meine ich und plärre möglichst falsch und laut dazwischen, damit er nicht länger hören kann, was ich nicht hören will, obwohl ich
35 sonst gar nichts gegen Musik habe. Ich singe immer lauter und falscher.

„Sei jetzt endlich ruhig!", fordert er. Bin ich aber nicht. Worauf er „Knallkopf mit Pferdegesicht", zu mir sagt. „Selbst einer", geb ich zurück. Und weil ich mir von einem Knallkopf nicht vorschreiben lasse, was ich sehen soll, stelle ich das andere Programm ein.

40 Die Pferde laufen munter auf der Bildschirmweide. „Du mit deinen Gäulen", stöhnt er. „Mich wundert's nur, dass du nicht selbst auf die Wiese gehst und

Gras futterst." Mein Pferdefimmel ärgert ihn schon lange, deswegen drückt er den anderen Knopf. Aber warum sollte gerade ich jetzt nachgeben? Zum Glück sind die Eltern nicht da, die hätten bestimmt gefordert: Lass Leo das sehen. Du bist die Größere und dir fällt das Nachgeben leichter. Dem erlauben sie alles. Der muss gar nicht lange bitten, ist ja ein bisschen jünger. Und Jungen dürfen sowieso mehr. Ich bin wütend und sicher, dass dieser Schuft mich ärgern will. Aber ich lass mir das nicht gefallen. Ich springe auf und schalte mein Programm ein.

Gerade tauchen die Pferde wieder auf, da sind sie auch schon verschwunden, denn er stößt mich weg und drückt den anderen Knopf. Im nächsten Augenblick hänge ich auf seinem Rücken. Zu Gitarrenmusik und Gesang wälzen wir uns auf dem Teppich vor dem Fernsehapparat. Erst mal liegt er unten, weil ich ihn überrascht habe. Aber dann geht das so aus wie meistens, wenn wir raufen. Er gewinnt, weil er etwas stärker ist und mehr Tricks kennt.

Als er mich loslässt, heule ich vor Wut und verschwinde aus dem Zimmer. Ich donnere meine Tür zu und ärgere mich unheimlich, dass er jetzt in Ruhe fernsieht. Nur weil er ein bisschen stärker ist, kann er sich aussuchen, was gesendet wird. Das darf's nicht geben! Und das ist ja nicht nur heute so, dass er sich das Programm aussucht. Wenn Sport gesendet wird, sieht er immer mit Vater fern, egal, ob ich etwas anderes sehen möchte oder nicht. Da darf niemand stören. Nein, der soll heute nicht fernsehen. Dem werde ich's zeigen.

So ein Mist. Wäre ich lieber nicht zu Hause geblieben. Ich hätte ja Werner besuchen können, das wollte ich unbedingt tun. Aber meine Mutter hat gesagt: „Bleib doch mal zu Hause. Spielt mal was zusammen. Das habt ihr doch früher immer so schön gemacht."

Aber jetzt geht das meistens schief, wenn ich mit Leo spiele. Mit dem kann man nicht gut spielen. Immer will er alles bestimmen. Außerdem ist er so kleinlich, nörgelt ständig, wenn irgendwas anders gemacht wird, als er sich das vorstellt. Aber Mutter findet natürlich: „Jeder von euch will immer nur recht haben. Einer muss doch mal nachgeben!" Und dabei sieht sie mich an. Mit Werner ist das ganz anders, mit dem kann ich richtig gut spielen. Mit dem gibt's auch keinen Streit.

Ich schleiche über den halbdunklen Flur. Die Wohnzimmertür ist nur angelehnt. Die Musik dröhnt. Gleich neben dem offenen Türspalt sehe ich die Dose mit dem Stecker für den Fernsehapparat. Mit einem Ruck reiße ich ihn heraus. „Oh warte!", ruft Leo.

Ich warte aber nicht, renne ins Badezimmer und sperre mich ein. Dann wundere ich mich, denn mein Bruder ist gar nicht hinter mir hergerannt und er schlägt auch nicht gegen die Tür. Dafür höre ich gleich darauf wieder diese blöde Musik aus dem Wohnzimmer. Na ja, dann werde ich das mit dem Stecker eben noch mal versuchen.

Erst mal als Täuschungsmanöver die Wasserspülung gezogen. Er soll nicht darauf gefasst sein, dass ich wiederkomme. Vorsichtig öffne ich die Badezimmertür und schleiche ein zweites Mal über den Flur zum Wohnzimmer. Langsam schiebe ich meine Hand durch den Türspalt zum Stecker. Als ich gerade zufassen will, reißt er die Tür auf und packt mich, dass es weh tut. Er hat auf mich gewartet und den Fernsehapparat extra laut gestellt, um mich ins Wohnzimmer zu locken.

Ich springe auf und gebe ihm eine Ohrfeige, weil er so überlegen grinsend dasteht. Da kann ich gar nicht anders reagieren. Das knallt richtig. Im nächsten Augenblick schießt ihm Blut aus der Nase. Ich erschrecke,  denn das hab ich wirklich nicht gewollt. Heulend steht er im Flur, das Blut tropft auf den Teppich. „Komm mit ins Bad", sag ich. Er legt seinen Kopf in den Nacken und geht ins Badezimmer, schlägt die Tür vor mir zu und sperrt ab. Hastig wische ich mit dem Taschentuch an den Blutflecken auf dem Teppich.

Leo heult im Badezimmer und schnieft und ich wünschte mir, dass man auch bei ihm einen Stecker herausziehen könnte, um den Ton auszuschalten. Wenn die Eltern jetzt nach Hause kommen und das hören, krieg ich alle Schuld. Da bin ich ganz sicher. Ich hab ja immer an allem Schuld. Ich rüttele an der Badezimmertür, poche dagegen. „Lass mich rein!", bettle ich. Aber er antwortet nicht.

Und dann höre ich Schritte im Hausflur. Ich brauche gar nicht nachzusehen. Das sind sie. „Mensch, mach die Tür auf, die Eltern kommen!", rufe ich. Aber er öffnet die Tür nicht. Ich renne zu den Flecken, wische daran herum. Sie werden zwar dunkler, aber das ist auch alles.

Die Eltern und Felix stehen an der Tür. Vater trägt ein längliches Paket, die Geburtstagsgitarre für Leo. In dem Augenblick wird die Toilettentür geöffnet. Leo kommt weinend heraus. Sein Gesicht ist blutverschmiert. „Die Christa hat mich ...", schluchzt er und da ist für Vater schon alles klar. Die blutende Nase, der weinende Leo. „Keine fünf Minuten kann man euch alleine lassen!", schimpft er. „Und am schlimmsten ist Christa. Sie ist immer gleich grob."

„Aber er hat angefangen", verteidige ich mich. „Stimmt gar nicht."

„Das stimmt eben doch. Du hast angefangen." „Ne, hab ich gar nicht!"

„Ruhe, ich will nichts mehr hören!" Vater ist wütend und schickt uns in die Zimmer. Ich sitze auf meinem Bett. Im Zimmer daneben hockt Leo. Von draußen höre ich die Eltern, die laut miteinander reden. Das klingt fast wie schimpfen. Mutter sagt: „Leo kann auch grob sein. Außerdem sollten wir uns nicht in alles einmischen!"

„Ne ... also ...", höre ich sie noch. Dann werden die Stimmen leiser und verschwinden im Wohnzimmer. Ich hab das Gefühl, dass Mutter mich verteidigt, und plötzlich fange ich an zu weinen, renne ins Wohnzimmer und schluchze: „Immer gebt ihr dem Leo recht! Der ist ja so gemein, nur weil er ein bisschen kleiner ist, darf er alles." Mutter beschwichtigt: „Ist ja schon gut, vertragt euch wieder."

„Ne, mit dem vertrag ich mich nie wieder!"

Leo kommt jetzt auch ins Wohnzimmer gelaufen: „Mit der will ich nichts mehr zu tun haben. Die ist so doof und gemein."

Vater will das alles nicht mehr hören. „Ruhe jetzt und raus hier! Anstatt euch zu prügeln, solltet ihr lieber was für die Schule tun! Das gilt vor allem für dich, Christa!" Klar, das gilt vor allem für mich. Ich bin wütend. Immer hacken sie darauf herum, dass ich schlechtere Noten mit nach Hause bringe, weil Leo ständig nur Zweien schreibt. Wenn es bei ihm mal ausnahmsweise 'ne Drei wird, heult er schon fast. Und ich freu mich über jede Drei wie eine Schneekönigin. Ich sitze wieder in meinem Zimmer. Aber irgendwie ist die Wut fast verraucht. Und dann erschrecke ich plötzlich, denn die Wohnzimmertür wird zugeknallt. Mutter ruft: „Du bist ungerecht!" Und sie meint damit Vater, der zurückruft: „Und dir tanzen sie auf dem Kopf herum. Du lässt dir viel zu viel gefallen!"

Er redet weiter und sie widerspricht ihm. Sie schreien zwar nicht, aber ihre Stimmen klingen aufgeregt und gereizt. Leo kommt in mein Zimmer und meint: „Und von uns verlangen sie, dass wir nicht streiten."

Er setzt sich auf mein Bett. In der Wohnung ist es jetzt ruhig. Vater und Mutter sprechen wahrscheinlich nicht miteinander. Zum Glück halten sie so etwas nie lange durch. „Du, wollen wir was spielen?", fragt Leo. Wir hocken auf dem Fußboden und sortieren Puzzleteile. „Ob die sich richtig mögen?", fragt er und meint damit nicht die Puzzleteile. „Jetzt bestimmt nicht", antworte ich, „aber sonst wohl schon."

„Tut deine Nase noch weh?", will ich wissen.

Er schüttelt den Kopf und sagt: „Hoffentlich hören sie bald auf, miteinander zu streiten, dann geh ich ins Wohnzimmer und hol die restlichen Haferflocken, bevor Felix die wegfuttert. Du kriegst was davon ab."

Jetzt wagen wir uns noch nicht ins Zimmer zu den Eltern, denn dort ist dicke Luft. Wir warten, bis sie sich beruhigt haben. Ich wünsche mir, dass sie die Blutflecken auf dem Teppich übersehen, denn wenn sie die bemerken, gibt's wahrscheinlich noch mal Krach. Wir suchen Puzzleteile, erst mal die blauen für den Himmel. Jeder hat schon einen kleinen Haufen vor sich liegen. Ich grinse, weil mir plötzlich einfällt, dass ich vor zehn Minuten noch so 'ne Wut hatte, dass ich gesagt hab: „Ich spiel nie wieder mit Leo."

Es ist überhaupt komisch, wenn unsere Eltern sich mal streiten, vertragen wir uns prima. Vielleicht sollten sie öfter streiten. Aber ne … das sollten sie lieber doch nicht tun, das wäre gar nicht gut.

Hinweise zum Text: Seite 114.

Friedensstifter

e. o. plauen

Hinweise zur Geschichte: Seite 114.

Anderssein
Klaus W. Hoffmann

Im Land der Blaukarierten
sind alle blau kariert.
Doch wenn ein Rotgefleckter
sich mal dorthin verirrt,
dann rufen Blaukarierte:
„Der passt zu uns doch nicht!
Er soll von hier verschwinden,
der rot gefleckte Wicht!"

Im Land der Rotgefleckten
sind alle rot gefleckt.
Doch wird ein Grüngestreifter
in diesem Land entdeckt,
dann rufen Rotgefleckte:
„Der passt zu uns doch nicht!
Er soll von hier verschwinden,
der grün gestreifte Wicht!"

Im Land der Grüngestreiften
sind alle grün gestreift.
Doch wenn ein Blaukarierter
so etwas nicht begreift,
dann rufen Grüngestreifte:
„Der passt zu uns doch nicht!
Er soll von hier verschwinden,
der blau karierte Wicht!"

Im Land der Buntgemischten
sind alle bunt gemischt.
Und wenn ein Gelbgetupfter
das bunte Land auffrischt,
dann rufen Buntgemischte:
„Willkommen hier im Land!
Hier kannst du mit uns leben,
wir reichen dir die Hand!"

Hinweise zum Text: Seite 114.

Gunnar spinnt
Irina Korschunow

Ich heiße Lars. In den Ferien war ich mit Gunnar an der Nordsee. Gunnar ist mein Freund. Wir sind in derselben Klasse und machen alles zusammen. Deshalb bin ich auch mit ihm an die Nordsee gefahren. Und dort hätten wir uns beinahe für immer verkracht.

Gleich am ersten Tag ging es los. Gunnars Eltern hatten ein Ferienhaus gemietet. Gunnar kannte es schon von früher, und als wir in unser Zimmer kamen, sagte er: „Das obere Bett ist meins. Da habe ich sonst auch geschlafen." Das ärgerte mich ein bisschen. Er hätte wenigstens fragen können, ob es mir passt. Nach dem Essen gingen wir an den Strand. Ich hatte mich so aufs Baden gefreut. Aber Gunnar wollte zuerst mit der Burg anfangen: „Das habe ich immer so gemacht", sagte er. „Los! Komm!"

Wir schaufelten eine Weile. Dann brauchten wir Wasser zum Begießen und ich lief zweimal ans Meer mit dem Eimer.

„Du kannst auch mal Wasser holen", sagte ich schließlich.

Gunnar schüttelte den Kopf. „Ich muss an meiner Burg arbeiten. Weil ich am besten weiß, wie man das macht."

Meine Burg! Ich dachte, ich höre nicht richtig. Meine Mutter hatte mir gesagt, ich sollte mir Mühe geben und nett sein. Aber jetzt langte es mir. Am liebsten wäre ich nach Hause gefahren. Der Gunnar war immer in Ordnung gewesen. Und plötzlich fing er an zu spinnen. Als ob die ganze Nordsee ihm gehörte. Abends bekamen wir einen Riesenkrach. Gunnars Eltern waren weggegangen, und wir saßen vor dem Fernseher. Doch wir guckten nicht, wir zankten uns nur. Ich wollte den Krimi sehen, Gunnar die Show. Wir stritten und brüllten uns an, und auf einmal schrie er: „Du hast überhaupt nichts zu bestimmen! Das ist unser Haus! Und unser Fernseher!"

Da hatte ich genug. „Morgen fahre ich wieder weg", habe ich gesagt. „Wenn alles dir gehört und nur du zu bestimmen hast, dann bleibe ich nicht hier."

Ich habe meine Sachen zusammengepackt und mich ins Bett gelegt. Aber schlafen konnte ich nicht. Immerzu musste ich daran denken, wie gut wir uns verstanden hatten. Und nun war es aus. Nach einer Weile kam Gunnar. Er kletterte in sein Bett und deckte sich zu. Dann flüsterte er: „Du Lars!"

Der soll mich in Ruhe lassen, dachte ich.

„Mann, Lars", sagte Gunnar. „Ich meine das doch nicht so. Natürlich hast du genauso viel zu bestimmen wie ich. Ist doch klar."

„Ich denke, alles hier ist deins", sagte ich.

„Fang doch nicht wieder an", sagte Gunnar. „War ja gesponnen. Ehrlich. Und fahr bloß nicht weg. Ist doch Mist ohne dich. Okay!"

Da habe ich auch okay gesagt und meinen Kram wieder ausgepackt. Es sind ganz tolle Ferien geworden. Ich bin froh, dass Gunnar noch mein Freund ist.

Hinweise zum Text: Seite 115.

Friede
Josef Reding

„Bloß keinen Zank
und keinen Streit!"
Das heißt auf Englisch
Ganz einfach
PEACE
Und auf Französisch
PAIX
Und auf Russisch
MIR
Und auf Hebräisch
SHALOM
Und auf Deutsch
FRIEDE
Oder
„Du, komm,
lass uns
zusammen spielen,
zusammen sprechen,
zusammen singen,
zusammen essen,
zusammen trinken
und zusammen leben,
damit wir
leben."

Hinweise zum Text: Seite 115.

Streit – und was man daraus macht

Überall, wo Menschen zusammenleben, kommt es zwangsläufig zu Meinungsverschiedenheiten. Das erlebt ihr täglich in der Schule, in der Familie, in der Freizeit …
Meinungsverschiedenheiten können aufgrund von unterschiedlichen Erfahrungen oder Einstellungen, aber auch durch Missverständnisse entstehen. Wenn es gelingt, die Missverständnisse aufzuklären, kann eine Auseinandersetzung vermieden werden. Aus einer Meinungsverschiedenheit kann aber auch ein handfester Streit mit kränkenden Worten oder gar Schlägen werden. Wie weh das tut, wisst ihr selbst. Vielleicht habt ihr aber auch schon einmal erlebt, dass durch einen Streit, nachdem er beendet war, eine Freundschaft entstanden oder eine schon bestehende Freundschaft noch fester geworden ist. Um die verschiedenen Möglichkeiten, wie Menschen sich auseinandersetzen, geht es in den Texten dieser Sequenz.

Hanna Muschg:
Die Geschichte von der Ente und der Eule
S. 91

Hanna Muschg wurde 1939 in Bremen geboren und lebt heute in Kilchberg bei Zürich (Schweiz). Neben Geschichten und Versen für Kinder übersetzt sie auch Texte aus dem Amerikanischen. Sie wurde mit mehreren Literaturpreisen ausgezeichnet.

1 Die beiden Tiere nehmen sich vor, nicht mehr zu streiten, aber dann fangen sie doch immer wieder an. Woran liegt das?
2 Wie schaffen es Ente und Eule, den Streit endgültig beizulegen?
3 Lest die Geschichte mit verteilten Rollen.
4 Berichtet von Menschen, bei denen es wegen ihrer unterschiedlichen Art Meinungsverschiedenheiten gibt.

Mark Twain:
Tom und der Neue
S. 94

Mark Twain (1835–1910) war amerikanischer Schriftsteller, der seine eigene Jugend in dem kleinen Dorf Hannibal am Mississippi verbracht hat. In seinem späteren Leben ist er immer wieder dorthin zurückgekehrt, so zum Beispiel als Lotse auf einem Mississippi-Dampfer. Außer als Schriftsteller arbeitete er auch als Drucker, Goldgräber und Journalist, um nur einige seiner Berufe zu nennen. Zu seinen berühmtesten Büchern gehören *Tom Sawyers Abenteuer* und *Huckleberry Finns Abenteuer und Fahrten*.
Diese Geschichte stammt aus dem Buch *Tom Sawyers Abenteuer*. Sicherlich habt ihr schon von Tom Sawyer gehört, dem Jungen, der am Ufer des Mississippis bei seiner Tante Polly aufwächst.

1 „An diesem Abend kam Tom ziemlich spät nach Hause." Erzählt, wie es zu der Verspätung kam.
2 Wieso wühlt das feine Aussehen des fremden Jungen Tom in seinem Innersten auf?

3 Lest mit verteilten Rollen, wie sich der Streit zwischen den beiden langsam zu einer handfesten Prügelei entwickelt!
4 Wie endet die Auseinandersetzung?
5 Am Abend liegen die beiden „Kampfhähne" in ihren Betten. Da gehen noch eine Menge Gedanken durch ihre Köpfe. Versetze dich in Tom oder in den Neuen und schreibe seine Gedanken auf.

Schülerbericht:
Das traurige Erlebnis in der Schule
S. 96

1 Weshalb geht der Junge nicht mehr gerne zur Schule?
2 a) An wen könnte er sich mit seinem Kummer wenden?
b) Was würdest du ihm raten, um seine Situation zu ändern?
3 Viele Jugendliche legen sehr großen Wert auf Markenkleidung und geben dafür eine Menge Geld aus.
a) Was glaubt ihr, was für sie daran so wichtig ist?
b) Wie geht es euch damit?

Christa Zeuch:
Isabel spricht nicht mehr mit mir
S. 97

Christa Zeuch, 1942 in Berlin geboren, arbeitete in mehreren Berufen. Seit 1984 schreibt sie Gedichte, Erzählungen, Liedertexte und Romane. Sie hat auch schon Musik für Kinder komponiert. Geschichten, meint sie, sollte man nicht nur lesen, sondern nach Möglichkeit auch mit ihnen spielen oder dazu tanzen und singen.

1 Welche Gedanken quälen Moritz?
2 Moritz greift zum Telefon. Doch nach dem Telefonieren geht es ihm noch schlechter. Weshalb?
3 Moritz gelingt es, das Missverständnis zwischen Isabel und ihm aufzulösen. Wie schafft er das?
4 a) Missverständnisse zwischen Menschen tauchen sehr oft auf. Nennt einige Beispiele aus eurem Schulalltag, aus der Familie, aus der Freizeit.
b) Wie ist es euch gelungen, ein Missverständnis aus dem Weg zu räumen?

Renate Welsh:
Die Wand/Die Brücke
S. 99

Die österreichische Kinder- und Jugendbuchautorin Renate Welsh wurde 1937 in Wien geboren. In der Erzählung *Ülkü, das fremde Mädchen* beschreibt sie das Schicksal eines Gastarbeiterkindes. Der Roman *Johanna* wurde 1980 mit dem Deutschen Jugendliteraturpreis ausgezeichnet.

1 Worte lassen sich so anordnen, dass sie ein Bild ergeben. Dahinter verbirgt sich meist ein vom Dichter, der Dichterin beabsichtigter Sinn. Welche „Sinn-Bilder" erkennt ihr in diesen beiden Gedichten?

2 Kennt ihr noch andere solcher bildhaften (visuellen) Gedichte?

3 Auch ihr könnt mit Sicherheit solche Gedichte schreiben. Versucht es. Ihr werdet sehen, das geht ganz leicht und macht Spaß.

Hiltraud Olbrich:
Eins zu null für Bert
S. 100

Hiltraud Olbrich wurde 1937 in Herten geboren. Sie arbeitete zunächst als Religionspädagogin und ist seit 1991 als freiberufliche Schriftstellerin tätig. Sie schreibt Kinder- und Jugendbücher und arbeitet auch an Schulbüchern mit. Das Buch *Eins zu null für Bert* ist bislang in Deutschland, England und Holland erschienen und wurde kürzlich ins Chinesische übersetzt.

1 Bert kann am Nachmittag nicht mehr zum heiß geliebten Fußballtraining gehen. Warum?

2 a) Seinen Klassenkameraden gegenüber erfindet er eine Menge Ausreden. Welche?
b) Was hält ihn ab, den wirklichen Grund zu nennen?

3 Eines Nachmittags steht plötzlich die ganze Fußballmannschaft Bert gegenüber.
„Bedrohlich heben sich ihre Körper vom gelben Horizont ab. Dann bleiben sie stehen, bilden geschickt einen Halbkreis um Bert mit dem Kinderwagen: eine wütende, schweigende Mauer."
Stellt diese Situation in der Klasse in einem Standbild dar. Hinweise dazu findet ihr unten im Kasten.

4 a) Wie verläuft die Auseinandersetzung zwischen Bert und der Mannschaft?
b) Welche Rolle spielt der kleine Bruder dabei?

5 Wie passt die Überschrift zur Geschichte?

Rollenspiel: Wir bauen ein Standbild

1. Bestimmt einen Spielleiter oder eine Spielleiterin.
2. Schaut euch die Stelle in der Geschichte noch einmal genau an.
3. Stellt euch jetzt entsprechend auf: Bert und ihm gegenüber im Halbkreis die Mannschaft! (Mädchen, bitte auch mitspielen!)
   Achtet auf eure Körperhaltung und euren Gesichtsausdruck.
4. Jetzt „friert das Bild ein", d. h., keiner bewegt sich, keiner sagt etwas.
5. Der Spielleiter/die Spielleiterin geht nun leise herum und tippt jeden Mitspieler und jede Mitspielerin der Reihe nach ganz kurz an.
   Derjenige, der angetippt worden ist, sagt ganz laut, was er gerade denkt; z. B.:
   „Na, warte nur, du Lügner, dir werden wir's besorgen!"
6. Nun löst das Standbild wieder auf.
   Jeder sollte jetzt erzählen, wie es ihm in seiner Rolle ergangen ist.

Achim Bröger:
Dem werde ich's zeigen!
S. 103

Informationen über Achim Bröger findet ihr auf Seite 54.

1 Auseinandersetzungen entstehen manchmal aus dem „tiefsten Frieden", so auch der Streit zwischen den Geschwistern Christa und Leo.
   a) Was ist passiert?
   b) Wie endet der Streit?
2 Sicher kennt ihr eine ähnliche Situation wie die zwischen den Geschwistern.
   Was kommt euch daran bekannt vor?
3 Christa fühlt sich ungerecht von ihren Eltern behandelt. Warum?
4 Setzt euch im Kreis zusammen, wählt einen Diskussionsleiter oder eine Diskussionsleiterin und sprecht über die folgenden Meinungen:
   – Eltern stehen immer auf der Seite der Jüngeren!
   – Jungen dürfen sowieso mehr als Mädchen!
   – Eltern sollten sich nicht in die Streitigkeiten der Kinder einmischen!

e. o. plauen:
Friedensstifter
S. 107

e. o. plauen ist ein Pseudonym (Künstlername) für Erich Ohser (1903–1944). Seine Bildergeschichten *Vater und Sohn* sind in der ganzen Welt bei Alt und Jung bekannt und beliebt.

1 Betrachtet die einzelnen Bilder in Ruhe.
2 Überlegt euch zu jedem Bild, was die Personen sagen könnten. Schreibt die Dialoge auf.
3 Wer ist Friedensstifter?
4 Vergleicht die Bildergeschichte mit der Geschichte *Dem werde ich's zeigen!* von Achim Bröger.
   Was fällt euch auf?

Klaus W. Hoffmann:
Anderssein
S. 108

Klaus W. Hoffmann wurde 1947 in Dortmund geboren. Nach einer kaufmännischen Ausbildung und einem betriebswirtschaftlichen Studium lebt er seit 1981 als freiberuflicher Autor, Komponist und Liedermacher. Hoffmann schreibt Sachbücher, Bücher für Leseanfänger sowie Hörspiele und Lieder für Kinder. Seine bekanntesten Lieder wurden als Zeichentrickfilme vom Fernsehen für die „Sendung mit der Maus" verfilmt.

1 Inwiefern hat Anderssein mit den Farben dieses Gedichts zu tun?
2 Lest den Text mit verteilten Rollen.
3 Schreibt eine „gelbe" Strophe und verändert dann auch die letzte Strophe.

Irina Korschunow:
Gunnar spinnt
S. 109

Irina Korschunow, geboren und aufgewachsen in Stendal, studierte in München und Göttingen. Heute ist sie mit einem Naturwissenschaftler verheiratet und lebt in der Nähe von München. Sie arbeitet für Fernsehen, Funk und Presse und hat zahlreiche Kinderbücher geschrieben, von denen *Die Wawuschels mit den grünen Haaren* das bekannteste ist.

1. Der Streit zwischen Gunnar und Lars entwickelt sich in den Ferien. In welcher Situation fängt er an und in welcher erreicht er seinen Höhepunkt?
2. Wie legen die beiden Jungen den Streit bei?
3. Der Streit und seine Lösung finden als Dialog statt.
   a) Schreibt zunächst den Dialog heraus.
   b) Gestaltet aus dem Dialog heraus ein Rollenspiel.
4. Wie können Konflikte zwischen Freunden sonst noch entstehen? Was ist oft die Ursache dafür?

Josef Reding:
Friede
S. 110

Josef Reding wurde 1929 im Ruhrgebiet geboren und mit 15 Jahren als Soldat in den Zweiten Weltkrieg eingezogen. Der Krieg war dann schnell beendet, aber er geriet in amerikanische Gefangenschaft. Später hat er sich immer auf die Seite der sozial Schwachen gestellt, z. B. der Schwarzen in Amerika und der Arbeiter im Ruhrgebiet. Sie waren sein Thema in Tagebüchern, Fernsehspielen, Jugendbüchern, Erzählungen und Kurzgeschichten, für die er auch Preise erhielt.

1. „Frieden ist für mich …" Schreibe deine Gedanken dazu auf ein „Friedenskärtchen".
2. Gestalte das Friedenskärtchen mit einem Friedenssymbol.
3. Was ist Frieden für J. Reding? Betrachte dazu vor allem die letzten Zeilen seines Gedichts.
4. Kennst du das Wort *Frieden* in noch anderen Sprachen?

Mit Tieren leben

Knöpfchen
Willi Fährmann

„Um sechs Uhr wird gefüttert", sagte Vater. „Er hört auf den Namen Sultan."
Der Name gefiel uns nicht. Sultan, so hieß vielleicht ein großer Schlachterhund. Wer würde schon eine Hand voll Goldhamster Sultan nennen?
So einen Namen konnte nur Großmutter Meier finden. Sie hatte uns ihren
⁵ Hamster vererbt. Wir überlegten hin und her. Schließlich schlug mein kleiner Bruder Phillip den Namen „Knöpfchen" vor. „Er hat so lustige Knopfaugen", sagte er.
Lotte wollte ihn „Goldstück" nennen. Ich schwärmte für „Lilli".
„Großmutter Meier hat ihn bis zu ihrem Tod ‚Sultan' gerufen",
¹⁰ mischte sich Mutter ein. „Jetzt wollt ihr ihm einen anderen Namen geben?"
Vater kam in die Küche.
Wir fragten ihn: „Was sollen wir machen?"
Er gab uns einen guten Rat. „Wir setzen den Goldhamster mitten auf den Küchentisch. An der einen Seite ruft Phillip: ‚Knöpfchen, komm!' Du, Lotte,
¹⁵ darfst von der anderen Seite rufen: ‚Goldstück, komm her!' Mutter lockt ihn mit seinem alten Namen ‚Sultan'. Lena darf es mit ‚Lilli' versuchen. Dann werden wir ja sehen, wie er heißen will."
„Los", schrie Phillip. „Wir fangen gleich an."
Wir setzten uns um den Tisch. Mutter faltete die Decke zusammen.
²⁰ „Meinst du, er macht was?", fragte Lotte und lachte.
„Sicher ist sicher", antwortete Mutter.
Vater griff den Goldhamster. Er war nicht scheu. Großmutter Meier hatte ihn oft in ihren Schoß gesetzt, als sie noch lebte. Mitten auf den Tisch setzte Vater das Tier. Es schnupperte mit seiner schwarzen Lacknase in der Luft herum.
²⁵ „Lilli! Knöpfchen! Goldstück! Sultan!", schmeichelten wir.
„Komm doch, komm!"
Der Goldhamster reckte das Köpfchen, zeigte uns sein weißes Lätzchen und putzte mit der winzigen Pfote seinen Schnurrbart. Behäbig drehte er sich im Kreis. Ein paar Hamsterschritte trippelte er auf Mutter zu.
³⁰ Also doch Sultan, dachte ich.
Lotte machte traurige Augen. Das konnte der Hamster nicht gut sehen. Er drehte sich um und näherte sich Lotte. Wollte er Goldstück heißen?
„Bitte, Knöpfchen, komm zu mir", bettelte Phillip. Sonst war er nie so höflich.
Wirklich, der Hamster lief an uns allen vorbei. Von Sultan, Lilli, Goldstück
³⁵ wollte er nichts wissen. Er berührte mit seiner spitzen Schnauze unseren Phillip. Der stieß einen Jubelschrei aus. Entsetzt raste Knöpfchen davon. Fast wäre er vom Tisch gestürzt, doch Vater erwischte ihn. Er trug ihn in sein Gitterhaus zurück.
Uns gefiel der Name Knöpfchen schließlich auch. Um sechs durften wir den
⁴⁰ Goldhamster füttern. Er sollte es bei uns gut haben. Wir gaben ihm eine kleine Möhre, drei Haselnüsse und eine Hand voll Maiskörner. Er knabberte hastig.

Wir schauten zu. Die Möhre verschwand, die Nüsse kamen an die Reihe und dann machte sich der Kerl mit Heißhunger über die Maiskörner her.

„Knöpfchen erstickt!", schrie Phillip.

Da sahen wir es auch. Sein Hals war dick angeschwollen.

„Vater! Vater!", riefen wir. Vater kam mit langen Schritten aus dem Wohnzimmer.

„Der Goldhamster erstickt! Sieh mal, es ist ihm alles im Hals stecken geblieben."

Vater erschrak. Doch dann lachte er laut.

„Ihr seid Dummköpfe, Kinder. Habt ihr denn noch nie gehört, dass jeder Hamster Hamstertaschen hat?"

Er nahm Knöpfchen heraus und strich behutsam mit dem Finger über die dicken Beulen an seinem Hals. Das Futter kam wieder zum Vorschein, die Möhre, die Nüsse und der Mais.

„Knöpfchen verscharrt die Vorräte. Passt nur auf. Erst wenn er Hunger hat, frisst er davon."

„Das wollen wir sehen", riefen wir.

Knöpfchen besann sich nicht lange und stopfte bald wieder seine Taschen. Mit dem Vergraben seiner Schätze jedoch ließ er sich Zeit. Zu lange Zeit für uns. Phillip allein hockte schließlich noch vor dem Käfig. Uns anderen war es zu langweilig geworden, zuzusehen, wie Knöpfchen emsig hin und her tippelte, schnüffelte, ein Loch in die Spreu scharrte, es jedoch mit einem wachsamen Blick auf die großen Menschengesichter vor seinem Käfig nicht als Versteck benutzte.

Zu Phillip allein schien er Zutrauen zu haben. Jedenfalls kam der Junge später zu uns und sagte: „Er hat alles vergraben."

„Wie hat er das gemacht?", fragte Lotte.

„Er hat die Spreu bis auf den Grund weggekratzt. Mit seinen Pfoten hat er sich dann die Backen leergestrichen."

Lotte fuhr sich mit der Hand am Kinn vorbei und sagte: „Genau wie Vater es mit dem Finger gemacht hat?"

„Genau so."

An diesem Tag schauten wir wohl noch tausendmal in den Käfig. Das Laufrad, das er bei Großmutter Meier oft und lange rundum gedreht hatte, stand still. Der Hamster knabberte auch nicht an den Eisenstäben. Ganz tief hatte er sich in sein kleines Holzhaus zurückgezogen und den Eingang mit Wolle zugestopft.

„Es wird ihm doch nichts passiert sein?" Lena wollte es genau wissen.

Mit einem Bleistift pochte sie an das Holzhaus. Die Wolle bewegte sich ein wenig, aber Knöpfchen ließ sich nicht blicken.

„Hamster sind Nachttiere", erklärte Mutter.

„Nachttiere?" Phillip legte seine Stirn in Falten und seine Ohren rutschten einen Zentimeter höher. Das kann bei uns nur Phillip. Wenn er ganz aufmerksam zuhört, macht er das immer so.

„Hamster schlafen über Tag und werden in der Nacht munter."

„Genau wie Vater?", fragte Phillip.

„Du bist ein Schlingel." Mutter lachte und zog ihm das rechte Ohr noch einen halben Zentimeter höher.

Mutter hätte das lieber nicht erzählen sollen. Jedenfalls nicht, wenn sie wollte, dass Phillip von abends acht bis morgens sieben schlief. Damit wurde es nämlich in den folgenden Nächten nichts.

Einmal hörte ich mitten in der Nacht seine Matratze laut knarren, seine nackten Füße tappten über den Boden und die Küchentür quietschte. Ich versuchte, mich wach zu halten, riss die Augen weit auf, kniff mir schließlich in den Po, bin aber dann doch wieder eingeschlafen. Deshalb weiß ich nicht, wie lange Phillip in der Küche gewesen ist. Der Lärm der Küchentür machte mich wieder wach. „Phillip?", flüsterte ich.

„Ja?"

„Warum spukst du in der Wohnung herum?"

„Der Hamster hat nicht gefressen. Aber er will heraus!"

„Woher weißt du das?"

„Er knabbert an den Eisenstangen. Hörst du das nicht?"

Ich spitzte die Ohren. Tatsächlich hörte ich durch die geschlossene Tür hindurch ein leises Geräusch.

„Ich glaube, er will zu Großmutter Meier", sagte Phillip und verkroch sich unter seinem Oberbett.

„Ich vermisse sie auch. Sehr", murmelte ich und dachte an die schönen Geschichten, die sie uns erzählt hatte.

Knöpfchen kam nicht mehr dazu, seine Vorräte zu verzehren. Er wurde von Tag zu Tag stiller, hockte schließlich zusammengekauert in einer Ecke und rührte keinen Leckerbissen mehr an.

„Ihm fehlt Großmutter Meier", sagte Vater. „Es dauert seine Zeit, bis er sich eingelebt hat."

Knöpfchen gewöhnte sich nicht an uns. Sein Knabbern an den Eisenstangen wurde seltener und hörte schließlich ganz auf. Am dritten Morgen lag er kalt und steif in seinem Haus. Er war tot.

„Alte Bäume darf man nicht verpflanzen", sagte Vater.

Wir weinten ein bisschen. Mutter versprach uns einen neuen Goldhamster zu Weihnachten. Phillip aber schluchzte: „Ich will nie mehr, nie mehr einen Goldhamster haben."

Hinweise zum Text: Seite 133.

Warum will mein Tier nicht spielen?
Angelika Schultes

Mein neuer Goldhamster fürchtet sich vor mir, denn er frisst nicht aus der Hand. Auch nagt er ständig an den Gitterstäben und benützt keines seiner Spielgeräte (Laufrad, Wippe usw.). Außerdem zittert er, wenn er früh aus seinem Häuschen kommt. Was hat er bloß?

So oder ähnlich lauten viele Anfragen an tierärztliche Ratgeber, die dann zum Beispiel folgende Antworten geben:

Kein Hamster verhält sich wie der andere. Vielleicht erwartest du zu viel von ihm. Du darfst ihn nicht drängen. Deshalb würde ich ihn auch in Ruhe lassen. Kein Wunder, dass er zittert, wenn er zu „nachtschlafender" Zeit geweckt wird. Hamster sind nachtaktive Tiere. Sie wollen morgens in Ruhe gelassen werden. Ausgeschlafen hat er bestimmt am späten Nachmittag – aber wecke ihn nicht, wenn er noch nicht wach ist –, denn erst dann wird er seine Spielgeräte gerne benutzen und nicht mehr nur an den Gitterstäben nagen. Das tut er auch, wenn er sich sehr langweilt. Wenn du noch Angst hast, den Hamster frei herumlaufen zu lassen, dann musst du seine Bewegungsmöglichkeiten vergrößern. Verbinde doch zwei Käfige mit einem langen durchsichtigen Plastikrohr. In den einen Käfig stellst du das Futter, in den anderen sein Schlafhäuschen. So muss er viel hin- und herlaufen, bekommt genügend Bewegung und verkümmert nicht.

Und warum will mein Hund nicht spielen?

Nur glückliche und zufriedene Hunde spielen. Sie sind es, wenn das Leben für sie vergnüglich und genussvoll ist. Dazu gehören regelmäßige Mahlzeiten, möglichst lange und interessante Spaziergänge, geistige Anregung und Kontakte zu Menschen und anderen Hunden.

Zwischen der artgerechten Haltung des Hundes und seiner Gesundheit besteht nämlich ein Zusammenhang: Einsamkeit, Traurigkeit, Unruhe, Hunger oder Langeweile können einen Menschen wie auch einen Hund krank machen. Ob dein Hund zufrieden und entspannt ist, kannst du daran erkennen, dass seine Ohren beweglich sind, seine Augen leuchten, der Schwanz wedelt – und dass er manchmal versucht, dein Lächeln nachzuahmen.

Hinweise zum Text: Seite 133.

Auf den Hund gekommen
Loriot

Menschen fasst man so an!

Jetzt gehst du aber mit ihm 'runter!

Hinweise zu den Bildern: Seite 133.

... in Afrika ist das ganz anders
Simone Kosog/Flavien Ndonko

SZ-MAGAZIN: Herr Ndonko, Sie haben wohl keinen Hund?

FLAVIEN NDONKO: Niemand in Kamerun hat einen Hund. Bei uns leben die Hunde auf der Straße, ernähren sich von Abfällen, sie haben keinen Namen, es gibt keine verschiedenen Rassen. Man kann sagen: Hunde existieren bei uns nicht. Kein Mensch käme auf die Idee, ein Gespräch über Hunde zu führen.

SZ-MAGAZIN: Und jetzt haben Sie gleich eine ganze Studie geschrieben.

FLAVIEN NDONKO: Ich konnte nicht anders. Als ich zum ersten Mal nach Deutschland kam, um einen Freund zu besuchen, traute ich meinen Augen nicht, als ich sah, wie ein Hund in einem Auto an uns vorüberfuhr. Ich machte meinen Freund sofort darauf aufmerksam, aber der fand das völlig normal! Sein Kommentar: „Der wird wohl mit seinem Besitzer in den Urlaub fahren." Nach und nach sah ich immer mehr solche merkwürdigen Szenen. Hunde, die mit ihren Herrchen in den Alpen wandern, Hunde, die zum Friseur gebracht werden, Menschen, die ihre Hunde küssen. Es gibt Hunde in allen Größen, Farben, Formen, und für alle Rassen, die lustige Namen wie Pudel oder Boxer tragen, gibt es eigene Hundevereine. Ich stellte irritiert fest, dass ganz Deutschland voller Hunde ist, und fragte mich, was mit dieser Gesellschaft schief läuft.

SZ-MAGAZIN: Was ist so schlimm daran, mit Hunden zusammenzuleben? Vielleicht spielen Hunde in Deutschland einfach eine andere Rolle als in Kamerun.

FLAVIEN NDONKO: Hunde spielen in Deutschland eine zu große Rolle. Viele Menschen haben zu ihren Hunden eine innigere Beziehung als zu anderen Menschen. Im Rahmen meiner Studien habe ich zum Beispiel einen sehr netten Mann kennen gelernt, der seinen Hund Freddy überall mit hinnahm. Ich selbst habe die beiden nach Holland begleitet. Für diesen Mann war Freddy alles, obwohl er Familie hatte. Ich frage Sie: Wie kann ein Hund wichtiger als die eigene Familie sein?

SZ-MAGAZIN: Da haben Sie sich aber auch einen Extremfall ausgesucht.

FLAVIEN NDONKO: Das glaube ich nicht. Ich habe mit Hunderten von Hundebesitzern gesprochen und viele ähnliche Fälle gefunden. Im Übrigen reagieren fast alle Afrikaner bei ihrem ersten Deutschlandbesuch so wie ich: Sie sind schockiert über die Art, wie hier mit Hunden umgegangen wird.

SZ-MAGAZIN: Wie sind Sie denn eigentlich bei Ihrer Untersuchung vorgegangen?

FLAVIEN NDONKO: Der Anfang war schwierig. Ich habe die Leute angesprochen, sie gebeten, ihnen

einige Fragen zu ihren Hunden stellen zu dürfen. Aber die meisten waren sehr distanziert. Eine Dame schlug vor, ich solle doch besser zurück nach Afrika gehen und dort Hunger und Krieg untersuchen. Also musste ich einen anderen Weg finden. Über eine Mitwohnzentrale suchte ich mir ein Zimmer in Hamburg. Da die Deutschen nichts dem Zufall überlassen, war in der Kartei alles eingetragen: Wie groß das Haus ist, ob die Familie Kinder hat – und ob sie Hunde hat. Ich zog also zu einer Familie mit zwei Kindern und einem Deutschen Schäferhund: Boris.

SZ-Magazin: Haben Sie der Familie verraten, was Sie vorhaben?

Flavien Ndonko: Nein, ich wollte sie unverfälscht erleben. Die Leute sollten sich ganz natürlich verhalten. Ich bekam also mit, wie ein Hund ernährt wird, welche Regeln er zu befolgen hat, wie oft er spazieren gehen muss. Vor allem aber öffnete mir Boris die Türen zu anderen Hundehaltern. Jetzt stellten sich die Kontakte von allein ein.

SZ-Magazin: Sie sind mit Boris spazieren gegangen?

Flavien Ndonko: Genau. Sofort kamen andere Hundebesitzer auf mich zu und fragten, wie er heiße, wie alt er sei und gaben mir meinerseits Gelegenheit, Fragen zu stellen. Manche luden mich sogar in ihr Haus ein. Ich musste mir angucken, wie die Hunde leben, und bekam Kaffee und Kuchen serviert. Überrascht stellte ich fest, dass Hunde in Deutschland offenbar die Funktion haben, Kontakte zu knüpfen. Normalerweise haben die Deutschen damit Schwierigkeiten: Selbst wenn jemand nur eine Auskunft braucht, kann er nicht einfach einen anderen auf der Straße ansprechen; die meisten Passanten bleiben nicht einmal stehen. Begegnen sich aber zwei Hundebesitzer, unterhalten sie sich einfach über Tiere, erkundigen sich nach dem Befinden und nach einer Weile können sie auch über andere Themen sprechen.

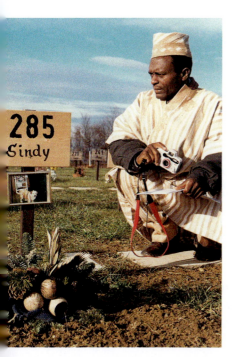

SZ-Magazin: Wie lernt man sich denn in Kamerun kennen?

Flavien Ndonko: Ganz einfach: Ich spreche jemanden an und wir unterhalten uns. Das ist ganz normal, dafür brauche ich keinen Grund. Nach einer Weile verabschieden wir uns und jeder geht seiner Wege. Ich glaube, dass in Deutschland manche Menschen sich nur deshalb einen Hund anschaffen, um mit anderen ins Gespräch zu kommen.

SZ-Magazin: Oder im Gegenteil: um nicht mit anderen sprechen zu müssen. Stattdessen erzählen sie ihrem Hund, was es Neues gibt.

Flavien Ndonko: Ja, natürlich, das gibt es auch …

Hinweise zum Text: Seite 134.

Tipps für den Tierfreund

nach Barbara Mühlich

Hast du dir schon einmal überlegt, warum du gerne ein Tier hättest? Oder warum du bereits eines hast? Vielleicht sagst du: „Damit immer jemand für mich da ist" oder „Damit ich einen Freund habe." „Man ist nie alleine" oder „Da kann ich tolle Beobachtungen machen und habe jemanden zu versorgen."
Spielkamerad, Ersatz-Freund, Streicheltier, Studienobjekt … Uff, ganz schön viel muss das Tier sein und können. Wer so viel von seinem Tier erwartet, wird schnell enttäuscht sein. Tiere machen auch Arbeit, Schmutz und ärgern dich auch mal.
Deshalb Regel Nummer 1:
Erwarte von deinem neuen Freund keine Wunder, dann bekommst du viel.

Tierliebe ist oft einseitig

Ein Tier kann dich also nicht immer rundum glücklich machen. Es kann nur so viel geben, wie ihm die Natur mitgegeben hat. Und das sind vor allem Instinkte – angeborene Verhaltensweisen, die das Tier nicht einfach „vergessen" kann.
Kaninchen zum Beispiel bleiben oft zeitlebens recht scheu. Das heißt nicht, dass sie dich nicht mögen oder „undankbar" sind. Kaninchen sind von Natur aus „Angsthasen". Trotzdem musst du sie gut pflegen. Das kommt dir vielleicht manchmal „ungerecht" vor. Doch wir Menschen sind nicht an Instinkte gebunden. Wir können uns dem Tier anpassen, d. h. auf seine Bedürfnisse eingehen. Das Tier kann das nicht.

Wissen ist Trumpf!

Liebe allein genügt nicht. Tierliebe ohne Wissen kann nie Liebe sein, denn kein Mensch hat es im „Gefühl", was ein Pferd oder ein Meerschweinchen zum Leben und Glücklichsein braucht.
Deshalb: Bevor du dir ein Tier anschaffst, solltest du über die Tierart Bescheid wissen. Dann weißt du auch, ob du dem Tier überhaupt alles bieten kannst, was es braucht.
Kaninchen mögen zum Beispiel gerne ein Dach über dem Kopf. Die wenigsten Käfige bieten jedoch einen Unterschlupf. Warum? Weil die Kaninchenbesitzer es einfach nicht besser wissen! Und wenn dein Goldhamster tagsüber nicht spielen will, macht er das nicht, um dich zu ärgern. Als nachtaktives Tier kann er einfach nicht anders. Das musst du wissen!

Tierfreunde brauchen kein eigenes Tier

Wer wirklich Tiere mag, schafft sich keines an, wenn er weiß, dass er gar nicht die Zeit dafür aufbringen kann. Eine prima Sache ist es, sich um Tiere von Freunden oder Nachbarn zu kümmern. Auch im Tierheim freut man sich über deine Mithilfe.

Freundschaft verpflichtet
Ich kannte ein Mädchen, das hatte sich eine Schildkröte gekauft. Nach zwei Wochen fand sie das Tier „stinklangweilig". Die Schildkröte wäre fast gestorben, weil sich keiner um sie gekümmert hat. Da ging das Mädchen in die Zoohandlung und wollte das Tier umtauschen gegen ein Meerschweinchen. Der Verkäufer meinte jedoch: „Ein Tier kannst du nicht umtauschen wie ein Paar Socken." Der Mann hatte recht. Tiere kannst du auch nicht in die Ecke stellen wie ein langweilig gewordenes Spielzeug. Tiere sind Lebewesen. Auch das kleinste! Deshalb: Wer sich ein Tier anschafft, muss folgende Fragen beantworten können:

- Wer pflegt das Tier, wenn ich ins Schullandheim oder in die Ferien fahre oder wenn ich krank bin?
- Was mache ich mit dem Tier, wenn ich das Elternhaus verlasse? (Hunde, Katzen und Kaninchen werden z. B. zehn Jahre alt und mehr!)
- Was mache ich, wenn das Tier nicht so ist, wie ich es mir erträumt habe? Bringe ich dann trotzdem Geduld auf, es gut zu pflegen?
- Kann ich auf schöne Dinge verzichten, z. B. auf Kino oder Freibad, weil der „Waldi" da nicht mitdarf?
- Habe ich auch noch in einem Jahr Lust, jeden Tag das Katzenklo (den Kaninchenstall ...) zu putzen?
- Mag ich mein Tier auch noch, wenn es alt und grau ist?
- Mag ich mein Tier auch dann noch, wenn es eine „eklige" Krankheit bekommt?

Auch Krankheit, Alter und Tod gehören dazu
Junge verspielte Tiere finden alle „süß". Da fällt Tierliebe nicht schwer. Zu einer richtigen Freundschaft gehört jedoch auch, sich in allen Lebenslagen beizustehen: bei Krankheit, im Alter und im Tod. Leidet dein Tier an einer schweren Krankheit oder an Altersschwäche, bist du ihm einen sanften Tod schuldig. Der Tierarzt kann das Tier schmerzlos einschläfern.

Tiere kosten Geld
Von der Liebe allein wird kein Tier satt. Das weiß jeder. Was viele jedoch nicht wissen: Selbst kleine Tiere kosten oft viel Geld! Wer seinen Vögeln oder Fischen ein anständiges Leben bieten will, braucht eine große Voliere bzw. ein großes Aquarium. Das ist teuer! Zwergkaninchen kosten nicht viel. Doch auch sie können krank werden und der Tierarzt ist teuer. Ein Hund braucht Impfungen, eine Haftpflichtversicherung und man muss Steuern für ihn zahlen. Allein das kostet etwa 400 Euro im Jahr.

Hinweise zum Text: Seite 134.

Rennschwein Rudi Rüssel

Uwe Timm

Bei einer Tombola gewann Zuppi den Hauptgewinn: ein Ferkel, dem sie den Namen Rudi Rüssel gab. Von nun an lebte das Schwein mit Zuppi, ihren beiden Geschwistern und Eltern in der Stadtwohnung, bis Hausbesitzer Buselmeier dies merkte und untersagte. Daraufhin wurde Rudi bei einem Bauern zur Pflege untergebracht. Zuppi besuchte ihn dort regelmäßig.

So verging der Sommer: Wir gingen zur Schule und machten nachmittags Schulaufgaben, Mutter ging zur Schule und korrigierte nachmittags Hefte, Vater kochte, studierte seine Hieroglyphen und schrieb hin und wieder an eine Universität oder an ein Museum, legte dann all die Sachen bei, die er
5 geschrieben hatte und die schon gedruckt worden waren.
Dann warteten wir, eine Woche, zwei Wochen, einen Monat auf die Antwort, und wenn wir Kinder es schon vergessen hatten, kam Vater mit einem Brief und sagte: „Es hat wieder nicht geklappt." Das war jedes Mal ein trauriger Tag, auf den wir Kinder uns andererseits auch freuten, denn jedes Mal, wenn eine Absa-
10 ge für Vater kam, machte Mutter eine große Schüssel Mousse au chocolat. Viermal machte sie das, bis der Winter gekommen war und Weihnachten vor der Tür stand. Mutter sagte, wir sollten uns etwas wünschen, was nicht so teuer sei. Damit meinte sie natürlich den Computer, den ich gern gehabt hätte. Na ja, also wünschte ich mir ein Paar Schlittschuhstiefel, Betti wünschte sich einen Ölmal-
15 kasten und Zuppi wollte ein Weihnachtsgeschenk haben, das nichts kostete: Rudi Rüssel sollte bei der Bescherung dabei sein.
Vater sagte: „Das ist doch ganz und gar unmöglich, was sagen die Leute, wenn sie hören, dass wir mit einem Schwein zusammen Weihnachten feiern?"
„Die Leute sind mir egal", sagte Mutter, „aber wir kriegen den Rudi doch nie
20 ungesehen ins Haus."
Aber Zuppi, die wirklich einen enormen Dickschädel hat, redete nur noch davon, wie man Rudi heimlich ins Haus bringen könne. Vater bot ihr an, ein neues gebrauchtes Fahrrad zu kaufen, das sie sich schon seit langem wünschte. Nein, sie wollte kein neues gebrauchtes Fahrrad haben, sie wünschte sich nur,
25 dass Rudi zur Bescherung da sei. „Bestimmt ist er traurig", sagte Zuppi.
„Unsinn", sagte Vater; „Schweine wissen doch gar nicht, was Weihnachten ist."
„Rudi ja, er wird das merken und sich allein fühlen. Wenn Rudi nicht zur Bescherung kommt, wünsch ich mir gar nichts." „Dann kriegst du eben nichts", sagte Vater böse. Eine Zeit lang war Vater fest entschlossen, Zuppi nichts zu
30 schenken. Er meinte, „sie muss einfach einmal sehen, wohin sie mit ihrem Dickkopf kommt." Aber je näher Heiligabend kam, desto öfter begannen Vater und Mutter, wenn Zuppi nicht dabei war, zu überlegen, wie man dieses Schwein vielleicht doch ins Haus schaffen könnte.

Am Heiligen Abend wollte Zuppi zu ihrer Freundin gehen, die in derselben Straße wohnte. Sie wollte nicht bei der Bescherung dabei sein, weil sie ja nichts bekommen würde. Vater und Mutter sagten: „Du musst wissen, was du tust", und ließen sie gehen. Als sie dann tatsächlich abzog, wurde Vater richtig wütend und sagte: „Man kann diesem Kind doch nicht seinen Dickkopf lassen und immer nur nachgeben."

Mutter meinte: „Es ist doch ganz gut, dass sie sich nicht irgendein teures Geschenk wünscht, sondern nur das Schwein bei sich haben will."
Vater und ich fuhren also zu dem Bauernhof und luden Rudi Rüssel ein. Bauer Voss stand staunend daneben und sagte immer wieder: „Was denn, was denn, das Schwein soll unter dem Weihnachtsbaum sitzen?"

Zu Hause angekommen, stieg ich aus, sah nach, ob Herr Buselmeier nicht in der Nähe war, dann gab ich ein Zeichen, Vater öffnete die Heckklappe des Autos und Rudi sprang heraus. Er war ja inzwischen groß geworden, aber immer noch gewandt und schnell. Wir liefen über die Straße, ins Haus, wo Mutter die Tür aufhielt, und hinein in die Wohnung.

„Meine Güte", sagte Vater, „was für eine Hektik! Und das alles wegen eines Schweins."

Rudi sauste durch die Wohnung und schnüffelte alles ab. Er lief ins Kinderzimmer, ganz klar, er suchte Zuppi.

„Er riecht ja sehr nach Stall", sagte Mutter.

„Ja", sagte Betti, „aber mehr nach Kuhmist."

„Wir stellen ihn erst Mal unter die Dusche", sagte Mutter.

Es war nicht einfach, Rudi in die Badewanne zu bekommen. Nicht weil er nicht wollte, sondern weil er so schwer war. Nur mit vereinten Kräften haben wir es geschafft. Er hat es sehr genossen, als wir ihn wie früher warm abduschten.

Nachdem ich ihn mit Mutters rotem Badehandtuch abgetrocknet hatte, band Betti ihm eine blaue Schleife um den Hals. Vater rief bei den Eltern von Zuppis Freundin an, sie solle jetzt zur Bescherung kommen. Die Kerzen wurden angezündet. Dann durften wir Kinder in das Zimmer, da saß Rudi mit seiner blauen Schleife unter dem Weihnachtsbaum. Rudi freute sich und Zuppi freute sich und wir freuten uns. Betti hatte ihren Ölmalkasten bekommen und ich ein kleines Tonbandgerät.

Wir sangen Weihnachtslieder und Betti begleitete uns auf dem Klavier. Da bog sich plötzlich der Weihnachtsbaum wie unter einem starken Wind hin und her. Ein lautes Rascheln und Schmatzen war zu hören. Als wir nachsahen, entdeckten wir Rudi, der die Likörkringel vom Tannenbaum fraß. Wir mussten ihn regelrecht vom Baum wegzerren. Als wir ihn ins Bad zu seinem Torfmulllager führten, rempelte er Tisch und Stühle an. Er war etwas beschwipst, legte sich im Bad auf sein Lager und schlief sofort ein.

Am nächsten Morgen, sehr früh, damit uns niemand sah, fuhren wir ihn zu Bauer Voss zurück.

Hinweise zum Text: Seite 134.

Ich will, dass er durchkommt
Hanna Hanisch

Antje schob ihr Fahrrad über den Hof und stellte es in den Schuppen. Der alte Herr Blunke aus dem Erdgeschoss klopfte gerade einen Besenstiel fest.
„Kein Radfahrwetter mehr", brummelte er, als Antje das Rad abschloss. „Heute Nacht hatten wir zwei Grad unter null."
5 Antje setzte sich auf einen zerkratzten und umgestülpten Plastikeimer und sah zu, wie Herr Blunke den Hof fegte. Langsam schob er das nasse, braune Laub zu einem Haufen zusammen. Da sah sie an der Mauer zum Nachbarhof etwas Dunkles liegen. Sie stand auf und betrachtete das merkwürdige Ding. Es war rundlich wie ein größerer Stein, aber es hatte graubraune Stacheln mit hellen
10 Spitzen. Antje erkannte eine spitze Nase und zwei kleine schwarze Augen, rund wie Perlen.
„Herr Blunke", rief Antje aufgeregt, „hier liegt ein Igel!"
Der alte Blunke kam zur Mauer geschlurft. „Was hat hier ein Igel zu suchen? Der gehört unter die Hecke zum Winterschlaf."
15 Antje berührte sacht die Rüsselnase.
„Jetzt müsste er sich einrollen", sagte Herr Blunke. „Wenn ihm einer an den Kragen will, rollt er sich zusammen."
Antje blickte in die schwarzen Perlaugen. „Ich will ihm ja gar nicht an den Kragen", sagte sie leise.
20 Herr Blunke stupste den Igel mit dem Stiel an. „Den hat es erwischt. Der ist erfroren. Kam ja auch zu plötzlich, dieser Frost heute Nacht!"
„Er hat sich bewegt", sagte Antje. „Sein Rücken hat sich gehoben. Er ist nicht tot."
„Mag sein", sagte Herr Blunke. „Aber wird er durch den Winter kommen? Er
25 hat nicht genug Fett auf dem Buckel."
In den schwarzen Augen schimmerten helle Punkte. „Ich nehme ihn mit ins Haus", sagte Antje. „Ich will, dass er durchkommt!"
Der alte Blunke lächelte. „Du kannst es ja versuchen. Ich habe auch einmal einen Igel durch den Winter gebracht. Als kleiner Junge. Eine Menge Schereien
30 hat er mir gemacht. Aber er hat es geschafft. Im Sommer ist er wieder gekommen und hat Wasser bei mir geschlappert, hinten am Gartenzaun. ‚Schniefnase' habe ich ihn genannt, weil er so schniefte."
Herr Blunke ging zurück in den Schuppen. Zwischen Gerümpel und Geräten fand er ein Holzbrett. Antje hockte noch immer vor dem Igel. Herr Blunke kam
35 und schob ihm das Brett unter den Bauch. Da lag er nun, wie auf einem Tablett.
„Bitte schön!", sagte Herr Blunke. „Hier hast du ihn. Gib dir Mühe, dass er dicker wird. Wasser braucht er, aber auch ein Häppchen Fleisch, ab und zu ein Ei, ein wenig Gemüse. Und halte ihn kalt! Sonst gibt er den ganzen Winter über keine Ruhe. Wenn du Glück hast, frisst er sich rund und schläft dann bis März."
40 Antje hielt den Anorak über das Brett mit dem Igel. So trug sie ihn ins Haus, vorsichtig, wie etwas sehr Kostbares.

Zwischen ihrem Bett und dem Bücherregal war eine Ecke frei. Hier versteckte sie den Igel, die Schultasche stellte sie davor. Die anderen merkten es schon nach einer Stunde. Papa, Mama und Detlef kamen ins Zimmer.

„Was ist hier los?", wollten sie wissen.

In der warmen Luft war Schniefnase munter geworden. Er trippelte durch das untere Brett vom Regal, warf Bücher um, schnüffelte am Papierkorb, kratzte an der Wand, wollte hochklettern.

Sie saßen alle vier auf Antjes Bett.

„Nein, wie drollig!", riefen sie. „Ein richtiger Igel! Was für ein lustiger Kerl!"

Papa und Detlef versuchten zu schätzen, wie viele Stacheln er wohl hatte. Tausend? Fünftausend? Oder zwanzigtausend?

Detlef hielt dem Igel seinen Finger vor die Nase. Der Igel schniefte und sabberte. Detlef wollte ihn umdrehen, aber der Vater hielt seine Hand fest.

„Dies ist kein Spielzeugtier, mein Junge!"

Der Igel trippelte hin und her, als suche er einen Weg nach draußen.

Plötzlich machte er einen Klecks auf den Fußboden. Die Mama stand auf. „Jetzt ist es genug, Antje. Bring ihn wieder raus!"

Antje erschrak. Rausbringen? Wohin denn? Wieder an die Mauer, wo der kleine Igel erfrieren würde, weil er nicht genug Fett auf dem Buckel hatte?

Sie musste es ihnen erklären: Sie wollte diesen Igel durch den Winter bringen. Allein würde er das nicht schaffen, weil er zu mager war und weil es schon Nachtfrost und Glatteis gab.

„Reg dich nicht auf", sagte Papa. „Du kannst es ja versuchen."

„Aber Ärger darf es nicht geben", sagte die Mama.

Es gab Ärger. Jeden Tag einen anderen. Detlef, der erst Spaß an dem Igel hatte, machte jetzt Theater wegen der Flöhe. Schniefnase hatte nämlich Flöhe. Antje badete ihn im Waschbecken, da schwammen die Flöhe tot auf dem Wasser. Aber Detlef zeterte, er würde sich nie mehr die Hände in diesem Becken waschen, die Flöhe seien bloß scheintot.

Antje kaufte Insektenpulver in der Drogerie.

„Du bist ja verrückt!", rief Detlef. „Sechs Mark hast du dafür bezahlt? Das ist ja dein halbes Taschengeld!"

Antje rührte Bananenbrei für Schniefnase, richtigen Babybrei. Schniefnase schmatzte und patschte mitten durch den Teller. Der Fußboden wurde klebrig. Antje rubbelte mit einem nassen Lappen. „Das hast du davon!", rief Detlef und ließ sie allein mit der Schmiererei.

Jeden Tag gab es Streit wegen der Heizung im Kinderzimmer: Antje drehte sie ab. Detlef drehte sie wieder an. Es musste doch kalt sein für Schniefnase! Warum begriff Detlef das nicht?

Wenn nur der Schmutz nicht gewesen wäre! Antje legte Zeitungen auf dem Fußboden aus, dreimal neu am Tag. Es stank trotzdem. Papa suchte die Samstagszeitung, aber Schniefnase hatte sie schon bekleckst. Mama schimpfte, weil Antje das teure Lavendelspray in der Wohnung versprüht hatte. Der Gestank von Schniefnase ging sowieso nicht weg davon.

Frau Peitzel aus dem dritten Stock beschwerte sich bei der Mama, Antje hätte die Mülltonne mit stinkigen Zeitungen verstopft.

Alle waren jetzt wütend. Auf Antje und auf Schniefnase. Papa wegen seiner Zeitungen, Mama wegen der Kratzer an den Wänden, und Detlef wollte zur Oma ziehen. Er könne das Rascheln und Schniefen in der Nacht nicht mehr hören.

Da brachte Antje Schniefnase in den Keller. Hier war es gemütlich. Hier konnte sie ihm zuschauen, wie er futterte und herumtrippelte. Er hatte keine Furcht mehr vor Antje. Er wurde dicker, seine Äuglein glänzten vergnügt.

Als Frau Peitzel im Treppenhaus erzählte, im Keller habe sich ein Gammelbruder versteckt, sie hätte ihn schnarchen hören, da wusste Antje keinen Rat mehr.

„Bring ihn in den Schuppen", sagte Herr Blunke. „Es kann nicht mehr lange dauern."

Und während Heinrich Blunke einen Christbaumständer grün lackierte, sank Schniefnase endlich hinüber in seinen Igelwinterschlaf, hinter dem alten Eimer versteckt, eingewickelt in Antjes kleines wollenes Halstuch.

Januar, Februar, März. Schnee bis zur Wade, der ganze Hof voll Matsch, Nebel durch alle Ritzen, dann wieder harter Frost.

Manchmal raschelte es hinter dem Eimer, wuschelte es im Wolltuch: Schniefnase. Er war noch da.

Ende März schien die Sonne einige Tage so warm, dass Antje Kniestrümpfe anziehen konnte, und am ersten April verkündete Herr Blunke: „Heute Morgen ist er mir vor die Füße gekrochen."

Schniefnase war nicht mehr zu halten. Er wollte nach draußen! Am fünften April setzten sie ihn unter die Hecke. Er schnüffelte die Frühlingsluft, schnupperte und lauschte. Er trippelte hin und her durch die welken Blätter vom Vorjahr. Er war wieder frei! Vier Tage lang brachte Antje ihm Wasser zur Hecke. Er süffelte das Näpfchen leer. In der Nacht darauf fiel noch einmal Schnee, nicht viel, nur eine Schicht, dünn wie ein Handtuch. Am anderen Morgen war das Wasser nicht ausgetrunken. Schniefnase lag unter der Hecke, ohne Bewegung, in den Perlaugen kein Glanz. Herr Blunke stützte sich auf seinen Besen und betrachtete ihn lange. „Er hat es nicht geschafft!", sagte er leise.

Antje schluckte. Sie wusste nicht, ob man wegen eines Igels weinte. Es gab so viele davon. Aber sie weinte.

„Hast du es gern gemacht?", fragte der alte Mann.

Antje nickte.

„Hast du Freude daran gehabt?"

Antje wischte mit dem Ärmel über ihr Gesicht. „Ich wollte doch, dass er durchkommt!"

„Du hast es versucht." Herr Blunke kratzte mit dem Besenstiel ein Loch unter der Hecke. Langsam und bedächtig schob er lockere Erde über die grauen Stacheln, über die Rüsselnase, über die Perlaugen.

Antje sah ihm zu ohne ein Wort. Aber sie weinte jetzt nicht mehr.

Hinweise zum Text: Seite 135.

Der gerettete Vogel

Schülerbeitrag

Vor drei Wochen, nach der Schule, ich saß über meinen Hausaufgaben, als das Telefon klingelte. Es war mein Vater, der mir sagte: „Lieber Thorsten, gehe bitte in die Waschküche, dort sitzt ein Vogel. Aber sei vorsichtig, dass er dir nicht entwischt, falls er noch lebt."

5 Ich ging hinunter, öffnete die Tür und tatsächlich flog ein Vogel im Raum umher. Er war ganz aufgeregt, als er mich sah. Schnell lief ich zum Telefon zurück, um meinem Vater zu berichten. Er sagte: „Zerkleinere die Körner, die auf der Fensterbank liegen, und warte, bis ich komme."

Im Laufe des Nachmittags schaute ich immer wieder nach, ob der Vogel noch
10 munter war. Am Abend erzählte mir mein Vater, wie er das Tier gefunden hatte. Er ging morgens aus dem Haus und sah im Garten am Boden einen Vogel unbeweglich sitzen. Er konnte den Piepmatz ohne Probleme aufheben und in die Waschküche tragen. Dort setzte er ihn auf einen warmen Platz, stellte Wasser und Körner dazu und ließ ihn alleine.

15 Wir schauten uns den Vogel genauer an und stellten fest, dass es ein Meisenweibchen war. Sie hatte sich wohl ihren Schlafplatz am Boden ausgewählt und war vom Frost überrascht worden. Die Wärme in der Waschküche hat den Vogel wiederbelebt. Am nächsten Tag ließ mein Vater ihn fliegen. Als er die Freiheit spürte, begann er gleich zu singen. Ab und zu sehen wir ihn mit seinen Art-
20 genossen umherfliegen.

Hinweise zum Text: Seite 135.

Cartoon
Jean Maurice Bosc

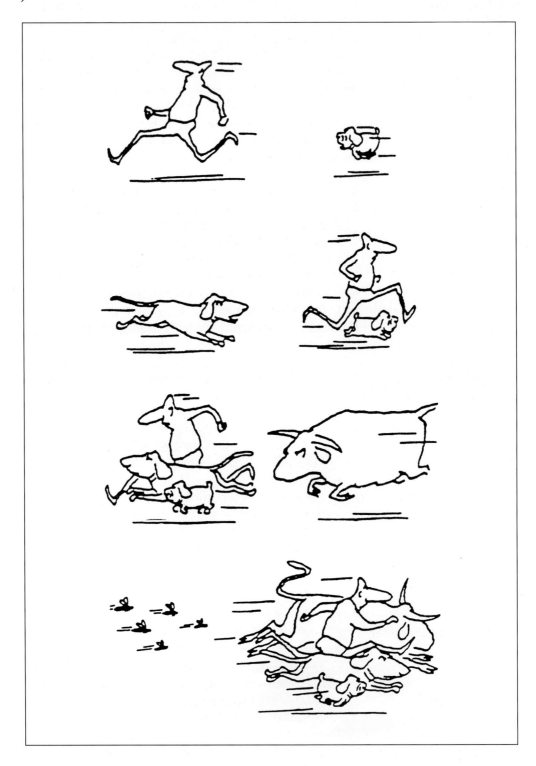

Hinweise zu den Bildern: Seite 135.

Mit Tieren leben

Willi Fährmann:
Knöpfchen
S. 117

Willi Fährmann, 1929 in Duisburg geboren, erlernte zunächst das Maurerhandwerk, bevor er später lange Zeit als Lehrer, Schulleiter und Schulrat tätig war.
Fährmann schreibt seit 1956 Kinder- und Jugendbücher, aber auch Romane und Gedichte für Erwachsene. In den letzten Jahren sind u. a. die Jugendbücher *Der weise Rabe, Der Mann im Feuer* und *Jakob und seine Freunde* erschienen. Viele seiner Bücher wurden in mehrere Sprachen übersetzt. Manche Titel wurden auch verfilmt, so z. B. *Der lange Weg des Lukas B.*

1. Wie kommt *Knöpfchen* zu seinem Namen?
2. Was erfahrt ihr im Text über die Lebens- und Essgewohnheiten des Goldhamsters?
   Schreibt dazu Stichpunkte auf.
3. Die Geschichte nimmt ein trauriges Ende.
   Welche Gründe gibt es für den Tod des Goldhamsters?
4. Informiert euch auch, aus welchen Ländern Goldhamster stammen.
5. Welche Erfahrungen habt ihr mit Goldhamstern?

Angelika Schultes:
Warum will mein Tier nicht spielen?
S. 120

1. Warum sind Goldhamster oder Hunde für kleine Kinder ungeeignet, Meerschweinchen und Kaninchen aber geeignet?
2. Hier werden Tipps zur artgerechten Haltung gegeben. Welche Tipps kannst du noch beisteuern?
3. Denke darüber nach, warum heute 3,5 Millionen kleine Heimtiere in deutschen Haushalten in Käfigen leben.
4. Informiert euch in Sachbüchern, Fachzeitschriften oder im Internet, was man über die Haltung von Hamstern und Hunden noch wissen muss.
5. Stellt eine Collage mit Bildern und Texten zu euren Haustieren zusammen.

Loriot:
Auf den Hund gekommen
S. 121

Er heißt eigentlich Bernhard Viktor („Vicco") Christoph-Karl von Bülow und wurde 1923 in Brandenburg geboren. Als Karikaturist arbeitete er seit 1950 zuerst bei Zeitschriften, dann als Verfasser erfolgreicher Bücher und beim Fernsehen. Hauptfigur seiner Karikaturen ist ein korrekt gekleidetes Männchen mit Knollennase, das auf jede nur erdenkliche Weise mit den Tücken des Alltags zu kämpfen hat.

1. Was ist das Besondere an Loriots Karikaturen?
2. Sucht andere typischen Situationen mit Hunden und versucht, diese auf Loriots Art zu zeichnen.

**Simone Kosog/
Flavien Ndonko:
… in Afrika ist alles
ganz anders**
S. 122

Dr. Flavien Ndonko ist ein Anthropologe aus Kamerun in Afrika. Ein Anthropologe erforscht den Menschen und seine Entwicklung. In Yaoundé, der Hauptstadt von Kamerun, plant er eine Ausstellung im Goethe-Institut über das Verhältnis der Deutschen zu ihren Hunden.

1 Beschreibe das Leben von Hunden in Deutschland und in Afrika.
2 a) Was kritisiert F. Ndonko am Verhältnis der Deutschen zu ihren Hunden?
b) Warum wohl haben die meisten Menschen in Kamerun kein Interesse an Hunden?
3 Viele Menschen in Deutschland haben einen Hund, andere wollen sich einen anschaffen: Was spricht für und was gegen die Haltung eines Hundes?

**Barbara Mühlich:
Tipps für den Tierfreund**
S. 124

Barbara Mühlich wurde 1958 in Stuttgart geboren. Sie ist Soziologin und beschäftigt sich mit Tierschutz und Umweltschutz und der Frage, was Menschen dazu beitragen können. Seit 1990 arbeitet sie als Redakteurin für die Zeitschriften „Tierfreund" und „Bimbo".

1 Warum hättest du gern ein Tier oder hast bereits eines?
2 a) Welche Tipps gibt der Text für den Umgang mit Haustieren?
b) Welche Hinweise haltet ihr für besonders wichtig?

**Uwe Timm:
Rennschwein Rudi Rüssel**
S. 126

Uwe Timm, 1940 in Hamburg geboren, erlernte zunächst das Kürschnerhandwerk, bevor er studierte und mehrere Jahre im Ausland tätig war. Heute lebt er in München. Uwe Timm hat sowohl Romane für Erwachsene als auch für Kinder und Jugendliche geschrieben. Für Rennschwein Rudi Rüssel hat er 1990 den Deutschen Jugendliteraturpreis erhalten.

1 Zuppi hat einen etwas ungewöhnlichen Wunsch zu Weihnachten. Welche Schwierigkeiten bringt er mit sich?
2 Wie verläuft das Weihnachtsfest in Zuppis Familie?
3 Erfindet andere Situationen, in denen Rudi Rüssel für Überraschungen in der Wohnung sorgen könnte! Schreibt dazu eine Fantasiegeschichte.

**Hanna Hanisch:
Ich will, dass er durchkommt**
S. 128

Hanna Hanisch, 1920 in Thüringen geboren, veröffentlichte bisher Kinder- und Jugendbücher, Erzählbände sowie Texte für das Schultheater. Besonders bekannt wurden ihre Drei-Minuten-Geschichten, in denen kurze Ereignisse zusammengefasst sind.

1 Antje findet einen Igel im Laub. Welche Beobachtungen macht sie dabei? Welche Rolle spielt Herr Blunke?
2 a) Was unternimmt Antje, um den Igel über den Winter zu bringen?
b) Wie reagiert ihre Familie darauf?
c) Sucht euch eine Situation aus dem Text aus und spielt sie. Lasst dabei auch Mitglieder der Familie zu Wort kommen!
3 Trotz aller Bemühungen Antjes hat der Igel nicht überlebt. Welche Gründe waren wohl ausschlaggebend?
4 Sucht in Tierbüchern und Tierzeitschriften nach weiteren Informationen über Igel. Stellt ein Merkblatt zusammen, was bei der Überwinterung von Igeln zu beachten ist.

**Schülerbeitrag:
Der gerettete Vogel**
S. 131

1 In dieser Geschichte spielt ein Vogel die Hauptrolle. Wie wurde er gerettet?
2 Sprecht über die Abfassung dieses Textes. Begründet, welche Stellen euch besonders gut, welche euch weniger gut gefallen.
3 Schreibt selbst einen Text zum Thema: „Wie ich einmal einem Tier helfen konnte".

**Jean Maurice Bosc:
Cartoon**
S. 132

Jean Maurice Bosc wurde 1924 als Sohn eines Weinbauern in Nîmes (Frankreich) geboren. Er brachte sich selbst das Zeichnen bei und hatte bald großen Erfolg: Seine Karikaturen (das sind witzige Darstellungen) wurden in vielen Ländern veröffentlicht. Bosc litt zunehmend unter Depressionen und beendete 1973 sein Leben.

1 Worin besteht der Witz dieser Bildfolge?
2 Mit welchen Geräuschen und Lauten könnt ihr die einzelnen Tiere darstellen? Versucht einmal, die Szenen nur mit Hilfe dieser Geräusche wiederzugeben.
3 Schreibt die Geschichte zu diesem Cartoon auf.
4 Zeichnet selbst einen Cartoon mit einer anderen lustigen Szene mit einem Tier. Denkt dabei an Erlebnisse im Zoo, auf dem Bauernhof oder mit eigenen Haustieren.

Rund um Räder und Rollen

Vom Laufrad zum Fahrrad

Bis zur Erfindung des Fahrrads war es ein langer Weg. Die Vorläufer heutiger Räder waren zweirädrige Holzgestelle, bei denen sich der Fahrer mit den Füßen vom Boden abstieß. Dieser zweirädrige Roller wurde schon 1790 in Frankreich erfunden, jedoch erst durch die Weiterentwicklung und konsequente Benutzung durch den badischen Forstmeister Freiherr Karl Friedrich Drais ab 1817 ein bekanntes Verkehrsmittel. Die nach ihrem Erfinder benannte „Draisine" war ganz aus Holz und wog über zwei Zentner. Die wesentliche Verbesserung war die von Drais entwickelte Lenkung des Vorderrads. Von seiner Umgebung verspottet legte Drais mit seinem Laufrad die Strecke von seiner Heimatstadt Karlsruhe bis zur französischen Grenze viermal so schnell zurück wie Fußgänger.

1839 entstand das erste Tretrad: Es hatte links und rechts des Vorderrades Trethebel, deren Auf- und Abbewegung über ein Gestänge auf die kreisförmige Bewegung des Hinterrades übertragen wurde. Dieses Rad hatte bereits eine Bremse. Das war auch nötig, denn auf ebener Strecke konnte man damit eine Durchschnittsgeschwindigkeit von 15 Stundenkilometern erreichen.

In Schottland wurde kurz darauf der erste Vollgummireifen entwickelt. Er war zwar deutlich leiser als die bis dahin über das Holzrad gespannten Stahlringe, jedoch auf den unbefestigten oder holprig gepflasterten Straßen kaum komfortabler. 1861 wurden die Pedale erfunden, die zunächst direkt am Vorderrad befestigt waren. Um mit einer Pedaldrehung eine möglichst weite Strecke zurücklegen zu können, wurden die Vorderräder immer größer und erreichten einen Durchmesser von bis zu zwei Metern. Sowohl beim Besteigen als auch Fahren eines solchen Hochrades kam es zu manchem Unfall. Die Kette als Kraftüberträger zwischen den Pedalen und dem Hinterrad wurde erstmals 1869 verwendet. Damit konnten beide Räder gleich groß sein. Mit dieser Erfindung wurden die Hochräder und die vielfältigen Laufradkonstruktionen abgelöst.

Die schlechten Wege jener Zeit machten das Fahren oft wenig angenehm. Die von J. B. Dunlop 1888 entwickelte Luftbereifung sorgte für mehr Bequemlichkeit. Weitere Verbesserungen folgten wenige Jahre später: die Rücktrittbremse und die Gangschaltung. In den Zwanzigerjahren des 20. Jahrhunderts wurde schließlich das Damenfahrrad mit niedrig gelegtem Rahmenrohr erfunden. Es ermöglichte auch Damen mit langen Röcken das Radfahren.

An der Grundform des Fahrrads wurden bis heute nur noch Details verändert. Ständig wurden bessere Räder, Schläuche, Bremsen, Schaltungen, Dynamos erfunden. Moderne Fahrräder werden so leicht, stabil und sicher wie möglich gebaut. Das Fahrrad ist heute das am meisten benutzte Verkehrsmittel der Welt. Inzwischen gibt es Spezialräder für jeden Bedarf: neben den einfachen Sporträdern und den superleichten und superschnellen Rennrädern die besonders robusten Tourenräder mit extra breiten Reifen oder die hervorragend gefederten Mountain-Bikes. Nicht alle diese Räder sind für den Straßenverkehr geeignet.

Hinweise zum Text: Seite 144.

Falschmünzer am Werk?
Hans Lehr

„Da stimmt etwas nicht!", flüsterten sich im Jahre 1885 viele Cannstatter Bürger zu und blickten sich bedeutsam an. In Familienkreisen, an Stammtischen und in den Läden der kleinen Stadt wurde geraunt und getuschelt und allmählich schloss sich von selbst die Bemerkung an: „Man müsste doch einmal der Polizei einen Wink geben; etwas muss geschehen; wir alle sind für die Ordnung und Sicherheit in unserer Stadt verantwortlich!"

Geheimnisvolle Dinge mussten in dem Hause Taubenheimstraße Nr. 13 getrieben werden. Diese Hausnummer schon! Der „Deutzer" wohnt dort, ein aus Deutz zugezogener, angeblich in Schwaben geborener Ingenieur. Er besaß eine schöne „herrschaftliche" Villa mit ausgedehntem Garten, der sich bis auf den Seelberg an den Kurpark zog. Oben stand ein einfaches Gartenhaus, so recht abgelegen und für undurchsichtige Zwecke geeignet. Sogar einen Gasanschluss hatte sich der Besitzer legen lassen. Wer in aller Welt konnte auf den Gedanken kommen, ein so abgelegenes Nebengebäude mit einer teuren Gaszuleitung versehen zu lassen? Dahinter musste doch etwas stecken –? Kein Zweifel: Schwerwiegendes sollte vor den Augen der Öffentlichkeit verborgen werden.

Der Besitzer war ein „Reingeschmeckter", ein merkwürdiger Mann, der seine Mitbürger an seinem Leben nicht teilnehmen ließ. Im Gegenteil: er kümmerte sich um nichts und schien von seinem schönen Haus, seinem großen Garten und seiner Arbeit völlig genug zu haben. Bestimmt war das eine Auswirkung seines schlechten Gewissens und der Mann traute sich nicht unter die Menschen. Eine „feste Stellung" hatte er natürlich nicht. Die Götter mochten wissen, woher er das Geld für den Ankauf des Besitztums hatte. Aber wozu redete man überhaupt so viel und ging wie die Katze um den heißen Brei herum? Man sollte es ruhig aussprechen, denn etwas anderes kam ja gar nicht in Frage. Unzweifelhaft hatte der Mann sich seinen Reichtum „selbst gemacht"; eine andere Erklärung als die, dass Falschmünzer am Werk waren, konnte es schlechterdings nicht geben.

Nicht ausbleiben konnte es, dass das Geraune und Getuschele der Polizei zu Ohren kam. Ihre Aufgabe war es, Verdächtigem nachzuspüren und die Bürgerschaft vor Schaden zu bewahren. Beamte trugen zusammen, was man sich zuflüsterte; darunter war aber nichts Greifbares. Man versuchte also, an das verdächtige Besitztum heranzukommen. Das war schwer, bitterschwer; der Verdächtige war bei der Auswahl des Geländes sehr vorsichtig gewesen. Vom Kurpark aus konnte man das merkwürdige Klopfen und Hämmern vernehmen; das war aber auch alles. Was tun? Dem Polizeikommissar wurde die Sache schließlich zu langweilig. Er beschloss, den Knoten zu durchhauen. Einen Besuch machen hieße vielleicht, die Leute zu warnen; das Richtige war und blieb das Ertappen auf frischer Tat.

Als nachts wieder einmal die Fenster des Gartenhauses gänzlich abgeblendet waren, Klopfen und Hämmern aber verrieten, dass die Übeltäter am Werk waren, verschafften der Kommissar und etliche Polizeibeamte sich mit schussbereiten Waffen in den Händen vom Kurpark aus Eingang in den Garten. Leise schlichen sie an das „Törle", eine einfache und schmale Tür im Mauerwerk. Wie erwartet, erwies sie sich bei sachtem Niederdrücken der Klinke als verschlossen. Einige Augenblicke überlegte der Kommissar noch; man musste auf mancherlei Überraschungen gefasst sein, vielleicht sogar auf einen Kampf. Dann schmetterte er sein bereits auf der Zunge angelangtes „Im Namen des Gesetzes, aufgemacht!" gegen die Tür und rüttelte energisch an der Klinke.

Sofort verstummten drinnen die Geräusche. Was würde nun kommen? Werden die Kerle sich verteidigen? Erregt lauschten der Kommissar und seine Leute.
Schritte näherten sich der Tür. Eine Männerstimme fragte, wer da und was los sei; der Frager wartete die Antwort nicht ab, sondern öffnete. Zwei Männer in metallstaub- und ölverschmutzten Arbeitsanzügen erschienen. Sofort drängte der Kommissar sie zur Seite und eilte in das Haus, gefolgt von zwei Beamten, indes zwei weitere Polizisten die Verbrecher in Schach hielten und sie veranlassten, den Vorausgeeilten zu folgen.

Nach kurzer Durchsuchung der Räume blieb der Kommissar verblüfft stehen. Nein, das war keine Falschmünzerwerkstätte. Die Zeichnungen behandelten einen merkwürdigen Apparat, und alles, was auf Tischen und Drehbänken lag, hing mit dem aufgebauten Modell zusammen, dessen Zweck vorläufig nicht zu enträtseln war.

Die Gefangenen erschienen im Hauptraum. Erst jetzt sah der Kommissar, dass er zwei Männer Ende der Vierzigerjahre vor sich hatte, deren Gesichtern man es auf den ersten Blick ansah, dass sie schon unendlich viel körperlich und geistig gearbeitet hatten und einem Ziel nachstrebten, das gewiss nicht auf der Ebene der Falschmünzerei lag. Sehr befangen erklärte er den Zweck der Anwesenheit der Polizei. Innerlich kochte er vor Ärger und Scham über die Blamage, zu der die Leuteschwätzereien ihm verholfen hatten.

Die beiden „Verbrecher" lächelten sich belustigt zu und zuckten die Schultern; sie waren daran gewöhnt, nicht verstanden zu werden. „Gottlieb Daimler", stellte der eine sich vor und „Wilhelm Maybach" der andere. Sie erzählten von ihren langjährigen Bemühungen um die Erfindung des schnelllaufenden leichten Verbrennungsmotors und erläuterten in großen Zügen das Modell und den Plan seiner ersten Verwendung in Verbindung mit einem Motorrad.

Er verstehe nichts davon, erwiderte der Kommissar ungläubig, und er könne die Bedeutung einer solchen Erfindung auch nicht einsehen; hätte man nicht Dampfwagen und Eisenbahn? Ob es wohl überhaupt Zweck hätte, so viel Geld, Mühe und Lebenszeit an diese Sache zu wagen, die sich nach seiner Meinung doch nie durchsetzen könne?

Daimler und Maybach schauten sich an und verstanden sich ohne Worte. Ihr ganzes Leben hatten sie gekämpft und sie wussten, dass sie weiterhin würden kämpfen müssen. Die Erfindung wird gelingen und dann wird der Erfolg sprechen, eindringlicher und überzeugender, als alle Worte vorher es vermöchten.

Voll Glauben und innerer Sicherheit antwortete Daimler:

„Herr Kommissar! Einst werden Sie sich dieser Stunde als einer der bedeutendsten Ihres Lebens erinnern; denn Sie sind einer der ersten Menschen, die den leichten schnelllaufenden Verbrennungsmotor, den ersten der Welt, gesehen haben. Ein neues Zeitalter wird beginnen, das des Motors. In einigen Jahren schon werden wir Tausende und in einigen Jahrzehnten viele Millionen von Motorfahrzeugen zum Fahren auf der Erde, auf dem Wasser, im Wasser und zum Fliegen haben. Diese Entwicklung wird allein möglich gemacht werden von diesem von mir unter Mitarbeit meines Freundes Maybach erfundenen Motor!"

Noch immer lächelte der Kommissar zweifelnd. Vielleicht hatte der Mann recht, vielleicht waren er und sein Freund auch Narren; ihm jedenfalls schien das Letztere das Wahrscheinlichere zu sein. Gesetzwidriges geschah hier nicht, also konnte er wieder gehen. Er entschuldigte sich höflich wegen des Eindringens.

„Wir werden bald wieder miteinander zu tun haben, Herr Kommissar!", antwortete Gottlieb Daimler trocken. „In Kürze will ich die erste Probefahrt unternehmen. Die Cannstatter werden etwas zu sehen bekommen und ich denke, dass es dann bei dem erwiesenen Interesse so hoch hergehen wird, dass Sie werden absperren müssen!"

Der Kommissar nickte und lächelte nachsichtig wie ein Arzt, der einem Kranken die Freude an einem eingebildeten Fortschritt nicht nehmen will. „Nun, wenn es so weit ist, werden wir wieder darüber reden", antwortete er leichthin.

Gottlieb Daimler und Wilhelm Maybach gingen nach der Verabschiedung gleich wieder an die Arbeit. Nichts störte sie mehr in der stillen Nacht. Sie sprachen nur wenig: Denn nur ein geringer Mangel war noch zu beheben, dann würde der erste schnelllaufende leichte Verbrennungsmotor der Welt gestaltet sein.

Und dieser erste Verbrennungsmotor der beiden Pioniere war Vater der Triebwerke, die heute nicht nur unsere Kraftwagen treiben, sondern er ermöglichte auch die Lösung des Problems des Menschenfluges. Wenn heute unsere Flugzeuge mit donnernden Motoren über Länder und Meere ihre unsichtbaren Straßen ziehen, dann danken wir das nicht zuletzt den Männern, die man einst sogar für „Falschmünzer" hielt.

Nachbau des ersten Autos mit dem Bild des Erfinders

Hinweise zum Text: Seite 144.

„Herrlich, so schnell zu laufen …!"

Sie ist 17 Jahre alt, Schülerin in Bayreuth und äußerst „speedy": Käthy Mayer hat sich als dreifache deutsche Meisterin in Inline-Speed-Scating einen Namen gemacht. Auch für die Europameisterschaft ist sie nominiert. Sie erzählt, wie sie zu ihrem Hobby kam:

"Als ich klein war, hätte ich mir einen solchen Erfolg niemals träumen lassen! Mit drei Jahren lief ich regelmäßig Schlittschuhe. Mit sechs begann ich mit dem Rollschuhlaufen.
Mein Übungsleiter hatte nämlich mein Talent erkannt und meine Eltern überredet. Achtjährig startete ich dann meinen ersten Wettkampf. In den Sommermonaten bin ich fast jedes Wochenende unterwegs. Dabei laufe ich nicht nur auf deutscher Ebene, sondern nehme auch in Belgien, der Schweiz oder in Italien an Wettkämpfen teil. Ich kenne einen großen Teil der Sportler und deren Eltern. Wir fühlen uns wie eine große Familie: Im Rennen kämpfen wir gegeneinander, aber danach freuen wir uns miteinander!

„Das Training ist hart. Aber: Ich bereue keine Minute …!"

Trainieren: ja, das muss ich viel! Früher reichten mir, um erfolgreich zu sein, zwei bis drei Trainingseinheiten (eine Einheit = 1 1/2 Stunden) in der Woche. Heute muss ich acht Einheiten trainieren, um vorne mitlaufen zu können. Aber ich verzichte gern mal auf eine Party, wenn sich der Erfolg zeigt! Seit fünf Jahren fahre ich jetzt schon für die deutsche Nationalmannschaft und hatte meinen größten Erfolg bei der Junioren-Europameisterschaft in Piombino (Italien), als ich Vize-Europameisterin über 5 000 Meter wurde. Also, ich bereue keine Minute, die ich für diesen Erfolg geschuftet habe! Meine Eltern, mein Trainer und mein Verein – ohne sie wäre ich nie so weit gekommen! Meine Eltern haben mich von klein auf ermutigt und zu Wettkämpfen gefahren. Auch heute noch leiden sie mit, wenn ich einen wichtigen Wettkampf laufe. Nur einmal haben sie heftig protestiert: als ich nach meinem bisher schwersten Sturz während einer Meisterschaft bereits nach einer Woche wieder auf den Skatern stand! Durch meinen Sturzhelm (Pflicht) war ich mit einer leichten Gehirnerschütterung und Hautabschürfungen noch einmal glimpflich davongekommen! Knie- und Ellenbogenschoner werden in der Wettkampfordnung übrigens nicht vorgeschrieben, da sie vielen als störend erscheinen. Bei jüngeren Läufern sind sie aber sehr zu empfehlen, da Stürze nicht immer zu vermeiden sind. Doch Angst darf man nicht haben! Schürfwunden sehen die meisten Skater immer nur als Markenzeichen ihres Sports …
Urkunden, Medaillen, Pokale – etwa 100 Stück – und sogar der bayerische Porzellanlöwe stehen bei uns zu Hause. Ich habe das richtige Hobby gewählt."

Kathrin Mayer

Hinweise zum Text: Seite 144.

Stoppen – fallen – gleiten!

Skaten kann jeder. Das ganze Jahr hindurch. Gesund ist es außerdem. Soll der Spaß auf den schnellen Rollen perfekt sein? Dann brauchst du nur zehn goldene Regeln zu beachten.

Schutzkleidung tragen!
Wichtigste Regel ist das Tragen der vollständigen Schutzkleidung! Der wichtigste Teil dabei ist der Helm. Hier musst du dir keinen neuen kaufen, du kannst auch deinen Fahrradhelm benutzen. Handgelenkschützer verhindern Verletzungen an Unterarmen und den Händen und puffern Stürze ab. Vor dem Überqueren von Hindernissen solltest du zusätzlich noch Knie- und Ellenbogenschoner überziehen. So ausgerüstet, kann es losgehen!

Halte die Augen offen!
Beim Skaten solltest du nicht nur auf die Natur um dich herum achten! Behalte vor allem andere Skater und sonstige Verkehrsteilnehmer gut im Auge! Blicke immer in Fahrtrichtung.

Immer rechts skaten!
Das kennst du bereits vom Fahrrad: Skate immer rechts! Fußgänger und andere Verkehrsteilnehmer müssen links überholt werden. Konzentriere dich dabei nicht nur auf dich selbst, sondern noch mehr auf andere Verkehrsteilnehmer. Wo du hinwillst, das weißt du! Wo andere hinwollen, kannst du nur erkennen, wenn du sie aufmerksam beobachtest.

Lerne zuerst, wie man stoppt!
Es klingt lächerlich, aber es ist wahr: Wichtiger als die richtige Fahrtechnik ist die Technik, zu stoppen! Nur wenn du kontrolliert anhalten kannst, macht dir das Fahren richtig Spaß. Der einfachste Stopp ist der Pflug. Wenn du Skifahren kannst, kennst du ihn bereits. Mit gegrätschten Beinen drückst du dabei die Knie zusammen und drückst kräftig auf die Außenkanten der Rollen.

Vorsicht vor feuchten Stellen!
Leider triffst du auf vielen Parkplätzen häufig auf Ölflecken. Umfahre sie! Deine Inline-Skates haben nur eine geringe Auflagefläche. Das ist zwar das Geheimnis ihrer Geschwindigkeit, aber auf glatten Flächen besteht daher auch erhöhte Sturzgefahr. Vermeide aus diesem Grund auch nasse Stellen.

Niemals auf der Autostraße!
Inline-Skates dürfen nicht auf der Straße benutzt werden. Fahre deshalb nur auf Bürgersteigen, Parkplätzen und speziellen Inline-Bahnen. Skaten auf Straßen ist nicht nur sehr gefährlich. Es kann dich auch ein Bußgeld kosten!

Fußgänger haben grundsätzlich Vorfahrt!
Inline-Skater sind eine ganz neue Erscheinung in unseren Städten. Lange noch nicht alle Verkehrsteilnehmer haben sich auf die neuen rollenden Verkehrspartner eingestellt. Gewähre deshalb Fußgängern immer Vorrang. Du vermeidest damit unnötige Probleme.

Sei pfleglich zu deinem Material!
Die meisten Inline-Skates sind zwar sehr robust gebaut, dennoch solltest du pfleglich damit umgehen. Die Kugellager solltest du etwa alle zwei Monate einmal aus den Rollen entfernen und mit ein wenig Benzin und einer Bürste säubern. Gib nach dem Waschen einen Tropfen Öl auf das Lager. So verhinderst du das Eindringen von Schmutz und Wasser. Beim Montieren der Rollen verlängerst du die Haltbarkeit, wenn du sie gelegentlich umdrehst.

Im Verein ist es am schönsten!
Im Inline-Skating gibt es bereits viele Sportarten. Aggressive, Speedskaten, Hockeyspielen, Skate-Cross und Downhill sind einige davon. Inline-Skaten macht überall Spaß. Aber im Verein kann man dir viele neue Tricks beibringen. Vielleicht hast du Lust, mit anderen in der Hockeymannschaft zu fighten? Frage nach einem Verein in deiner Nähe. Auskunft gibt der Deutsche Inline-Skate Verband e. V., Ernsthöfer Str. 15 e, D-64342 Seeheim-Jugenheim, Telefon: 0 62 57/96 22 36.

Belege einen Kurs!
In der Regel werden dir zwar die ersten Schritte auf den Inline-Skates nicht schwerfallen. Aber richtig Spaß macht dieser Sport erst, wenn man die richtige Technik beherrscht.
In vielen Städten werden von Sportfachhändlern und Vereinen bereits Kurse angeboten. Mit anderen gemeinsam zu lernen – das macht mehr Spaß und es lohnt sich für dich auf jeden Fall.

Hinweise zum Text: Seite 145.

Rund um Räder und Rollen

Vom Laufrad zum Fahrrad
S. 137

1 Dieser Text könnte in einem Lexikon stehen.
Er enthält viele Informationen.
Was ist neu für euch?
2 Ordnet die Entwicklungsstufen des Fahrrades
stichpunktartig den Jahreszahlen zu:
1790: zweirädriges Holzgestell ohne Lenker
1817: …
3 Versucht, die Abbildungen auf der Seite 136
den Entwicklungsstufen zuzuordnen.
4 Karl Drais gilt in Deutschland als der Erfinder
des Fahrrades. Was hat seine „Draisine" mit unseren
heutigen Fahrrädern gemeinsam, was unterscheidet sie?
5 Warum sind nicht alle modernen Räder für den Straßenverkehr geeignet?
6 Stellt gegenüber: Sportrad – Mountain-Bike. Ihr könnt
dazu auch Prospekte benutzen.

**Hans Lehr:
Falschmünzer am Werk?**
S. 138

Von Hans Lehr ist nur bekannt, dass er 1901 in Wiesbaden geboren wurde.

1 Wer waren Gottlieb Daimler und Wilhelm Maybach?
Sucht genauere Informationen in einem Lexikon.
2 Warum sind diese beiden Männer den Nachbarn
so verdächtig?
3 Wie hättest du dich als Polizeikommissar bei
so einer Anzeige verhalten?
4 Die Erfindung von Daimler und Maybach wird
von ihrer Umwelt belächelt.
Kennt ihr Erfinder, denen es ähnlich erging?
5 Wieso haben Daimler und Maybach sich trotz aller
Schwierigkeiten nicht von ihrer Arbeit abbringen lassen?

**„Herrlich, so schnell
zu laufen …!"**
S. 141

1 Dieser Text ist in einer Jugendzeitschrift erschienen.
Welche Informationen enthält er
a) über das Mädchen,
b) über den Sport?
2 Wodurch spricht euch dieser Text an?
(Beachtet: die Überschriften, das Foto, die Sprache …
Wer hat den Text geschrieben?)
3 Inline-Skating, Skater, Skates …
Sammelt Fachbegriffe, erklärt sie und stellt sie
zu einem Lexikon zusammen.

Stoppen – fallen – gleiten
S. 142

1 Skates sind nach der Straßenverkehrsordnung keine Fahrzeuge. Wo dürfen Skater deshalb fahren, wo nicht?
2 In welchen Bereichen und gegenüber welchen Personen müssen sich Skater besonders vorsichtig verhalten? Begründet.
3 Welche Teile der Skates musst du regelmäßig überprüfen und pflegen?
4 a) Entwerft in Gruppen ein Plakat, in dem ihr auf das richtige Verhalten im Verkehr aufmerksam macht.
b) Verfasst in Gruppen eine Pflegeanleitung, die der Hersteller den Skates beipacken kann.
c) Schreibe an den Verband, wenn du mehr über Inline-Skating wissen willst und gern in einem Verein mitmachen möchtest.
5 Vergleicht die Texte auf den Seiten 141 und 142/143: Welcher der beiden Texte motiviert mehr, sich mit Inline-Skating zu beschäftigen?

Einfach märchenhaft

Rumpelstilzchen

Jacob und Wilhelm Grimm

Es war einmal ein Müller, der war arm, aber er hatte eine schöne Tochter. Nun traf es sich, dass er mit dem König zu sprechen kam, und um sich ein Ansehen zu geben, sagte er zu ihm: „Ich habe eine Tochter, die kann Stroh zu Gold spinnen." Der König sprach zum Müller: „Das ist eine Kunst, die mir wohl gefällt, wenn deine Tochter so geschickt ist, wie du sagst, so bring sie morgen in mein Schloss, da will ich sie auf die Probe stellen." Als nun das Mädchen zu ihm gebracht ward, führte er es in eine Kammer, die ganz voll Stroh lag, gab ihr Rad und Haspel und sprach: „Jetzt mache dich an die Arbeit und wenn du diese Nacht durch bis morgen früh dieses Stroh nicht zu Gold versponnen hast, so musst du sterben." Darauf schloss er die Kammer selbst zu und sie blieb allein darin.

Da saß nun die arme Müllerstochter und wusste um ihr Leben keinen Rat: Sie verstand gar nichts davon, wie man Stroh zu Gold spinnen konnte, und ihre Angst ward immer größer, dass sie endlich zu weinen anfing. Da ging auf einmal die Türe auf und trat ein kleines Männchen herein und sprach: „Guten Abend, Jungfer Müllerin, warum weint sie so sehr?" „Ach", antwortete das Mädchen, „ich soll Stroh zu Gold spinnen und verstehe das nicht."

Sprach das Männchen: „Was gibst du mir, wenn ich dir's spinne?" „Mein Halsband", sagte das Mädchen. Das Männchen nahm das Halsband, setzte sich vor das Rädchen und schnurr, schnurr, schnurr, dreimal gezogen, war die Spule voll.

Dann steckte es eine andere auf und schnurr, schnurr, schnurr, dreimal gezogen, war auch die zweite voll: Und so ging's fort bis zum Morgen, da war alles Stroh versponnen und alle Spulen waren voll Gold. Bei Sonnenaufgang kam schon der König und als er das Gold erblickte, erstaunte er und freute sich, aber sein Herz ward nur noch goldgieriger. Er ließ die Müllerstochter in eine andere Kammer voll Stroh bringen, die noch viel größer war, und befahl ihr, das auch in einer Nacht zu spinnen, wenn ihr das Leben lieb wäre. Das Mädchen wusste sich nicht zu helfen und weinte, da ging abermals die Türe auf und das kleine Männlein erschien und sprach: „Was gibst du mir, wenn ich dir das Stroh zu Gold spinne?" „Meinen Ring von dem Finger", antwortete das Mädchen. Das Männchen nahm den Ring, fing wieder an zu schnurren mit dem Rade und hatte bis zum Morgen alles Stroh zu glänzendem Gold gesponnen. Der König freute sich über die Maßen bei dem Anblick, war aber noch immer nicht Goldes satt, sondern ließ die Müllerstochter in eine noch größere Kammer voll Stroh bringen und sprach: „Die musst du noch in dieser Nacht verspinnen: Gelingt dir's aber, so sollst du meine Gemahlin werden." „Wenn's auch eine Müllerstochter ist", dachte er, „eine reichere Frau finde ich in der ganzen Welt nicht." Als das Mädchen allein war, kam das Männlein zum dritten Mal wieder und sprach: „Was gibst du mir, wenn ich dir noch diesmal das Stroh spinne?" „Ich habe nichts mehr, das ich geben könnte", antwortete das Mädchen. „So versprich mir, wenn du Königin wirst, dein erstes Kind." „Wer weiß, wie das noch geht", dachte die Müllerstochter und wusste sich auch in der Not nicht anders zu helfen; sie versprach also dem Männchen, was es verlangte, und das Männchen spann dafür noch einmal das Stroh zu Gold. Und als am Morgen der König kam und alles fand, wie er gewünscht hatte, so hielt er Hochzeit mit ihr und die schöne Müllerstochter ward eine Königin.

Über ein Jahr brachte sie ein schönes Kind zur Welt und dachte gar nicht mehr an das Männchen: Da trat es plötzlich in ihre Kammer und sprach: „Nun gib mir, was du versprochen hast." Die Königin erschrak und bot dem Männchen alle Reichtümer des Königreichs an, wenn es ihr das Kind lassen wollte, aber das Männlein sprach: „Nein, etwas Lebendes ist mir lieber als alle Schätze der Welt." Da fing die Königin so an zu jammern und zu weinen, dass das Männchen Mitleid mit ihr hatte: „Drei Tage will ich dir Zeit lassen", sprach es, „wenn du bis dahin meinen Namen weißt, so sollst du dein Kind behalten."

Nun besann sich die Königin die ganze Nacht über auf alle Namen, die sie jemals gehört hatte, und schickte einen Boten über Land, der sollte sich erkundigen weit und breit, was es sonst noch für Namen gäbe. Als am anderen Tag das Männchen kam, fing sie an mit Kaspar, Melchior, Balzer und sagte alle Namen, die sie wusste, nach der Reihe her, aber bei jedem sprach das Männlein: „So heiß ich nicht." Den zweiten Tag ließ sie in der Nachbarschaft herumfragen, wie die Leute da genannt würden, und sagte dem Männlein die ungewöhnlichsten und seltsamsten Namen vor: „Heißt du vielleicht Rippenbiest oder Hammelwade oder Schnürbein?", aber es antwortete immer: „So heiß ich nicht." Den dritten Tag kam der Bote wieder zurück und erzählte: „Neue Namen habe ich keinen einzigen finden können, aber wie ich an einen hohen Berg um die Waldecke kam, wo Fuchs und Has sich gute Nacht sagen, so sah ich da ein kleines Haus, und vor dem Haus brannte ein Feuer und um das Feuer sprang ein gar zu lächerliches Männchen, hüpfte auf einem Bein und schrie:

‚Heut back ich, morgen brau ich,
übermorgen hol ich der Königin ihr Kind;
ach wie gut, dass niemand weiß,
dass ich Rumpelstilzchen heiß'!"

Da könnt ihr denken, wie die Königin froh war, als sie den Namen hörte, und als bald hernach das Männlein hereintrat und fragte: „Nun, Frau Königin, wie heiß ich?", fragte sie erst: „Heißest du Kunz?" „Nein." „Heißest du Heinz?" „Nein."

„Heißt du etwa Rumpelstilzchen?"

„Das hat dir der Teufel gesagt, das hat dir der Teufel gesagt", schrie das Männlein und stieß mit dem rechten Fuß vor Zorn so tief in die Erde, dass es bis an den Leib hineinfuhr, dann packte es in seiner Wut den linken Fuß mit beiden Händen und riss sich selbst mitten entzwei.

Hinweise zum Text: Seite 166.

Rumpelstilzchen

Rosemarie Künzler-Behncke

Nachdem der Müller damit geprahlt hatte, dass seine Tochter Stroh zu Gold spinnen konnte, führte der König das Mädchen in eine Kammer voller Stroh und sagte: „Wenn du bis morgen früh dieses Stroh nicht zu Gold versponnen hast, so musst du sterben." Dann schloss er die Kammer zu.

Die arme Müllerstochter fing vor Angst an zu weinen.

Da erschien ein kleines Männchen und sprach: „Was gibst du mir, wenn ich dir das Stroh zu Gold spinne?" Das Mädchen gab sein Halsband.

Das Männchen setzte sich vor das Spinnrad und schnurr! schnurr! schnurr! dreimal gezogen, war die Spule voll. Und schnurr! schnurr! schnurr! dreimal gezogen, war auch die zweite Spule voll. So ging's fort bis zum Morgen.

Da war alles Stroh zu Gold gesponnen.

Als der König das Gold erblickte, freute er sich. Gleich sperrte er die Müllerstochter in eine neue Kammer voll Stroh, die noch viel größer war. Er verlangte von ihr, auch dieses Stroh in einer Nacht zu Gold zu spinnen, wenn ihr das Leben lieb wäre. Wieder weinte die Müllerstochter, bis das kleine Männchen erschien. Diesmal schenkte sie ihm ihren Ring vom Finger. Schon fing das Männchen an zu schnurren mit dem Rad. Und am Morgen war alles Stroh zu Gold gesponnen.

Als der König das Gold erblickte, freute er sich mächtig, war aber immer noch nicht zufrieden. Er brachte die Müllerstochter in eine noch größere Strohkammer und sagte: „Wenn du mir bis morgen dieses Stroh zu Gold spinnst, sollst du meine Frau werden."

Als das Mädchen allein war, kam das Männchen zum dritten Mal. Es fragte: „Was gibst du mir, wenn ich dir helfe?"

Aber die Müllerstochter hatte nichts mehr zu verschenken.

„So versprich mir, wenn du Königin wirst, dein erstes Kind!" Da fiel es dem Mädchen wie Schuppen von den Augen.

„Du spinnst!", rief das Mädchen dem Männchen zu.

„Niemals werde ich diesen abscheulichen König heiraten! Niemals würde ich mein Kind hergeben!"

„Ich spinne nicht! Ich spinne nie mehr!", schrie das Männlein wütend. „Ich habe umsonst gesponnen!"

Das Männlein stieß mit dem rechten Fuß vor Zorn so tief in die Erde, dass die Kammertür aufsprang. Da lief die Müllerstochter in die weite Welt hinaus und war gerettet.

Hinweise zum Text: Seite 167.

Des Kaisers neue Kleider
Hans Christian Andersen

Vor vielen Jahren lebte einmal ein Kaiser, der so viel auf schöne neue Kleider hielt und sich so gern putzte und schmückte, dass er all sein Geld dafür ausgab. Er kümmerte sich nicht um seine Soldaten, machte sich nichts aus dem Theater und fuhr auch nicht in den Wald hinaus, außer um seine neuen Kleider zu zeigen. Er hatte einen Rock für jede Stunde des Tages und ebenso wie man von einem Kaiser sonst sagt, er sei im Schloss oder im Senat, sagte man hier: „Der Kaiser ist in der Garderobe."

In der großen Stadt, in der er wohnte, ging es immer sehr lustig zu. Jeden Tag kamen viele Fremde und eines Tages kamen auch zwei Betrüger; sie sagten, sie wären Weber und sie verstünden das feinste Tuch und die schönsten Muster zu weben. Es sei aber auch noch etwas Besonderes mit ihrer Weberei. Nur derjenige könne sie sehen, der klug sei und für sein Amt tauge – für alle andern aber, die Dummen und Untauglichen, bleibe das Zeug unsichtbar.

„Das wären ja prächtige Kleider!", dachte der Kaiser. „Wenn ich die anhätte, könnte ich schnell dahinterkommen, welche Männer in meinem Reich nicht für das Amt taugen, das sie innehaben. Auch wären die Klugen von den Dummen bald zu unterscheiden. Ja, das Zeug muss gleich für mich gewoben werden." Und er gab den beiden Betrügern viel Geld im Voraus und hieß sie an die Arbeit gehen.

Zwei Webstühle wurden aufgestellt und dahinter setzten sich die beiden und taten, als ob sie arbeiteten, sie webten aber nur leere Luft und hatten nicht einen Faden aufgespannt. Sie verlangten die feinste Seide und das prächtigste Gold, das steckten sie in ihre eigene Tasche und so arbeiteten sie an den leeren Stühlen bis tief in die Nacht hinein.

„Nun möchte ich doch wohl wissen, wie weit es mit dem Zeug ist!", dachte der Kaiser. Dabei war ihm recht beklommen zumute bei dem Gedanken, dass Dumme und Untaugliche es nicht sehen könnten. Nun glaubte er zwar, dass er für sich selbst nichts zu fürchten brauche; es war aber vielleicht doch besser, zuerst einen anderen hinzusenden, um zu erfahren, wie weit es mit der Sache stünde.

In der ganzen Stadt hatte sich die Geschichte von den beiden Webern und dem sonderbaren Zeug, das sie herstellten, herumgesprochen und alle waren neugierig zu sehen, wie dumm oder schlecht ihre Nachbarn seien.

„Ich will meinen alten, ehrlichen Minister zu den Webern senden", sagte der Kaiser, „er kann am besten beurteilen, wie sich das Zeug ausnimmt, denn er hat Verstand und keiner versteht sein Amt besser als er."

Nun ging der gute, alte Minister in den Saal hinein, in dem die beiden Betrüger saßen und leere Luft verwebten. Er riss die Augen auf, als er sah, dass hier gar nichts zu sehen war; aber das sagte er nicht.

Die beiden Betrüger baten ihn, so gut zu sein und näherzutreten, und fragten, ob es nicht ein schönes Muster und herrliche Farben wären. Dann zeigten sie auf den leeren Webstuhl und der arme, alte Minister fuhr fort, die Augen aufzu-

reißen, aber er konnte nichts sehen, denn es war nichts da. „Großer Gott!",
dachte er, „sollte ich also wirklich dumm sein oder für mein hohes Amt nicht
taugen? Das hätte ich niemals geglaubt und das darf kein Mensch erfahren!"
45 Als ihn die Betrüger nun fragten, warum er denn nichts dazu sage, antwortete
er: „Oh, es ist wunderbar! Dieses Muster und diese Farben! Ja, ich werde dem
Kaiser sagen, dass es mir sehr gefällt!" „Nun, das freut uns!", sagten die beiden
Weber und dann nannten sie die Farben mit Namen und erklärten das seltsame
Muster. Der alte Minister passte gut auf, damit er dem Kaiser dasselbe sagen
50 könne, und das tat er. Die Betrüger verlangten nun noch mehr Geld und Seide
und Gold zum Weben und wieder steckten sie alles in ihre eigene Tasche, auf
den Webstuhl kam kein Faden; aber sie fuhren fort, wie bisher an den leeren
Webstühlen zu arbeiten.
Der Kaiser sandte bald einen andern hohen Staatsmann hin, um zu erfahren,
55 wie es mit den Webern stünde und ob das Zeug bald fertig sei. Es erging ihm
wie dem Minister, er schaute und schaute, aber weil nichts zu sehen war außer
den beiden Webstühlen, konnte er nichts sehen. Nur die Weber fuchtelten mit
den Armen und traten mit den Beinen und webten ganz gewöhnliche Luft. „Ist
das nicht ein hübsches Zeug?", fragten sie den Staatsmann und zeigten und
60 erklärten das herrliche Muster, das gar nicht da war.
„Dumm bin ich gewiss nicht!", dachte der Mann, „vielleicht tauge ich aber für
mein hohes Amt nicht. Aber nur nichts merken lassen!" Und so lobte er das
Zeug, das er nicht sah, und tat, als freue er sich über die schönen Farben und
das herrliche Muster. „Ja, es ist reizend!", sagte er zum Kaiser.
65 Alle Leute in der Stadt sprachen von nichts als dem prächtigen Zeug.
Nun wollte der Kaiser aber endlich selbst die Arbeit sehen, während das Zeug
noch am Webstuhl war. Deshalb ging er mit einer ganzen Schar auserlesener
Männer zu den beiden listigen Betrügern hin, die nun aus Leibeskräften webten, aber ohne jeden Faden.
70 Die zwei gutmütigen Beamten, die schon früher dort gewesen waren, standen
auch dabei. „Ja, ist es nicht allerliebst!", sagten sie. „Sehen Eure Majestät die

Farben und diese Muster!", und sie zeigten auf die leeren Webstühle, weil sie glaubten, dass die andern das Zeug sicherlich sehen konnten.

Ja, das war fürchterlich: Der Kaiser konnte bei dem besten Willen nichts sehen, rein gar nichts! „Bin ich denn dumm", dachte er, „oder tauge ich am Ende nicht zum Kaiser?" Es war ihm schrecklich zumute.

„Oh, es ist sehr schön!", sagte der Kaiser. „Ich sehe alles; es hat meinen allerhöchsten Beifall!" Und er nickte zufrieden und betrachtete die leeren Webstühle. Das ganze Gefolge, das er mit sich hatte, schaute und schaute und es sah doch keiner mehr als der andere, nämlich gar nichts; doch sie sagten wie der Kaiser: „Oh, es ist sehr schön!", und rieten ihm Kleider aus diesem neuen, prächtigen Zeug das erste Mal bei der großen Prozession, die bevorstand, zu tragen. „Ach, wie schön! Ganz reizend!", ging es von Mund zu Mund. Der Kaiser steckte jedem der Betrüger einen Orden ins Knopfloch und verlieh ihnen den Titel „Kaiserliche Hofweber".

Die ganze Nacht vor dem Morgen, an dem die Prozession stattfinden sollte, waren die beiden Betrüger auf und hatten mehr als sechzehn Lichter angezündet. Die Leute konnten sehen, wie stark beschäftigt sie waren. Sie taten, als ob sie das Zeug vom Webstuhl nähmen, sie schnitten in der Luft mit großen Scheren, sie nähten mit Nadeln ohne Faden und sagten zuletzt: „Seht, nun sind die Kleider fertig!"

Der Kaiser kam am Morgen mit seinen vornehmsten Hofleuten selbst in den großen Saal und die beiden Betrüger hoben den einen Arm in die Höhe, als ob sie etwas hielten, und sagten: „Seht, hier ist die Hose und hier der Rock, da der Mantel! – Sie sind so leicht wie Spinngewebe, als trüge man nichts am Leibe, aber gerade das ist das Schöne daran."

„Ja!", sagten alle Höflinge, aber sie konnten doch nichts sehen, weil nichts da war.

„Wollen Ihre Kaiserliche Majestät nun allergnädigst belieben die Kleider abzulegen!", sagten die Betrüger, „dann werden wir Ihnen die neuen hier vor dem großen Spiegel anziehen!"

Der Kaiser legte alle seine Kleider ab, und die Betrüger gebärdeten sich so, als würden sie ihm jedes Stück der neuen Kleider anziehen; sie fassten ihn um die Taille und banden scheinbar etwas fest, das war die Schleppe, rückten hier eine Falte, schlossen dort eine Schnalle und strichen und glätteten durch die Luft, und der Kaiser wendete und drehte sich vor dem Spiegel.

„Wie gut sie sitzen!", sagten alle, „welches Muster, welche Farben! Das ist ein kostbares Gewand!"

Den Kaiser aber begann zu frieren, denn er hatte ja nichts am Leibe; aber er wendete sich noch einmal vor dem Spiegel, als betrachte er so recht seine neuen Kleider. Die Kammerherren bückten sich, als wollten sie die Schleppe aufheben, und wagten nicht, sich anmerken zu lassen, dass sie nur Luft in den Händen hielten.

So ging denn der Kaiser in der Prozession unter dem prächtigen Thronhimmel und alle Menschen auf der Straße und an den Fenstern sagten: „Ach, wie un-

vergleichlich des Kaisers neue Kleider sind! Wie lang die Schleppe ist! Wie wunderbar alles sitzt!" Keiner wollte sich anmerken lassen, dass er nichts sah als den nackten Kaiser unter seinem Baldachin, denn sonst hätte er ja nicht für sein Amt getaugt oder wäre sehr dumm gewesen. Noch nie war eines von des
120 Kaisers Kleidern so bewundert worden wie das, das es gar nicht gab.
„Aber er hat ja gar nichts an!", rief da ein kleines Kind.
„Hört die Stimme der Unschuld!", sagte der Vater und einer flüsterte es dem anderen zu, was das Kind gesagt hatte.
„Aber er hat ja wirklich nichts an!", rief zuletzt das ganze Volk.
125 Der Kaiser, der in seiner Nacktheit schon erbärmlich fror, hörte den Ruf und es schien ihm nun selbst, als hätte er nichts an. „Ich muss aber noch aushalten", dachte er, „die ganze Prozession hindurch!" Und dann hielt er sich noch stolzer und die Kammerherren gingen und trugen die Schleppe, die gar nicht da war. Die beiden Betrüger aber waren längst über alle Berge.

Hinweise zum Text: Seite 167.

Von einem klugen Alten

Märchen aus Litauen

Ein König hatte einen sehr schönen Vogel. Zum Unglück flog er aus seinem Garten, ein Alter aber fing ihn ein. Er wollte ihn zum König bringen, aber er wusste nicht den Weg zu ihm. Da lief ihm ein Mann in die Quere. Den bat der Alte, ihm den Weg zu zeigen.

5 Der Mann antwortete: „Wenn du mir die Hälfte der Belohnung gibst, die du von dem König für den Fang des Vogels erhältst, so will ich dich hinführen."

Was sollte er tun? Er ging auf den Vorschlag ein. Sie kamen zu dem Schloss des Königs. Da stand ein Soldat am Tor und ließ ihn nicht hinein. „Wenn du mir die Hälfte der Belohnung gibst, die du für den Vogel empfängst, so will ich dich 10 durchlassen", sagte der Soldat.

„Ich habe schon dem Mann da die Hälfte der Belohnung für seine Führung versprochen", erwiderte der Alte.

„Nun, dann die Hälfte von dem, was dir bleibt", entgegnete der Soldat.

Der Alte ging darauf ein und er gelangte in das Schloss.

15 Da stand wieder ein Soldat und ließ ihn nicht hinein. Er sagte: „Wenn du mir die Hälfte der Belohnung für den Vogel gibst, werde ich dich hineinlassen."

„Ich habe schon die Hälfte der Belohnung dem Mann da für seine Führung versprochen."

„Nun, dann die Hälfte von dem, was dir bleibt", entgegnete der Soldat.

20 „Davon habe ich schon die Hälfte dem Soldaten am Tor für den Einlass versprochen."

„So gib mir das, was dir übrig bleibt." Der Alte ging darauf ein.

Sie traten bei dem König ein. Der Mann wartete draußen an der Tür.

Der König freute sich sehr, als er seinen lieben Freund, den Vogel, sah und fragte: „Was willst du dafür, dass du mir den Vogel gefangen hast?"

Der Alte dachte nach: „Wenn ich einen Groschen erhalte, bekommt der Mann, der mich führte, die Hälfte, der erste Soldat ein Viertel, der zweite den Rest, und für mich bleibt nichts. Wenn ich hundert Rubel erhalte, so ist es genau dasselbe. Wie viel ich auch erhalte, immer bleibt für mich nichts." Als er sich das so überlegt hatte, sagte er zum König: „Ich will hundert Rutenhiebe."

Der König fragte: „Willst du wirklich hundert Rutenhiebe?"

„Wirklich, wirklich", entgegnete der Alte, „ich habe die Hälfte dem Mann versprochen, der mich hierher führte." Der König ließ ihn rufen.

Der ging voller Freude zum König und dachte, wer weiß wie viel Geld zu empfangen. Aber er hatte sich geirrt. Der König hieß ihn auf die Bank legen und die Diener verabreichten ihm fünfzig Rutenhiebe auf seine Rückseite. Die gaben es ihm aber so, dass er nicht einmal mehr die Hosen zuknöpfen konnte.

Darauf sagte der König: „Nun Alter, leg du dich auch hin!"

„Nein, erlauchter König, die Hälfte der anderen Hälfte habe ich dem Soldaten versprochen, der mich zu Euch einließ."

Da ließ der König auch den Soldaten rufen und ihm fünfundzwanzig Rutenhiebe verabreichen.

Wieder forderte der König den Alten auf, sich hinzulegen. Der aber erwiderte: „Das letzte Viertel habe ich dem zweiten Soldaten versprochen, weil er mich einließ."

Der König ließ den zweiten Soldaten rufen und auch er erhielt sein Teil.

Jetzt aber bekam der Alte sogar ein großes Geschenk: nicht für den Vogel, sondern für seine Klugheit.

Hinweise zum Text: Seite 167.

Federfrau und Morgenstern
Indianermärchen

Eines Nachts – es war zur Zeit des Blumenmondes, wo die Heckenrosen blühen und hohes Gras die Prärie bedeckt – beschlossen ein Mädchen namens Federfrau und ihre jüngere Schwester, draußen vor dem Wigwam zu schlafen. Als die Federfrau kurz vor dem Morgengrauen erwachte, da sah sie im Osten
5 den Morgenstern aufgehen. Und er war so schön, dass sie den Blick nicht mehr davon abwenden konnte.

„Wach auf! Und sieh hinüber zum Morgenstern", rief sie ihrer Schwester zu. „Wie ich ihn liebe, diesen Stern! Er ist der hellste und schönste von allen!"
Ihre Schwester lachte und scherzte: „Du würdest wohl am liebsten einen Stern
10 heiraten?"
„Ja", antwortete Federfrau leise. „Den Morgenstern, den würde ich nehmen."
Ein paar Tage später war Federfrau auf dem Weg zum Fluss, um Wasser zu holen, als sie unterwegs auf dem Pfad einen Fremden traf. Er war hochgewachsen und von aufrechter Gestalt und nie hatte sie einen schöneren Mann gesehen. Er
15 trug Kleider aus weichen, gegerbten Häuten, die nach Kiefern und Süßgras rochen. Eine gelbe Feder steckte in seinem Haar und in der Hand hielt er einen Wacholderzweig, in dem ein Spinnennetz hing.
„Ich bin Morgenstern", sagte er. „Vor einigen Nächten sah ich dich im hohen Gras liegen und hörte deine Liebesworte. Nun bitte ich dich, dein Lager zu ver-
20 lassen, um in die Himmelswelt zu kommen und dort mit mir zu leben."
Federfrau zitterte, als sie diese Worte vernahm. Sie sagte: „Lass mich zuerst zu meiner Mutter und meinem Vater gehen, damit ich mich von ihnen verabschieden kann. Dann werde ich mit dir kommen."

Doch Morgenstern entgegnete: „Du musst gleich jetzt mitkommen oder gar nicht." Und er nahm die gelbe Feder und befestigte sie in ihrem Haar. Darauf reichte er ihr den Wacholderzweig und sagte: „Nimm ihn und schließ die Augen. Die Spinnenleiter wird dich zu meinem Heim bringen."

Also nahm Federfrau den Wacholderzweig und schloss die Augen. Und als sie die Augen wieder aufmachte, da war sie am Himmel. Vor ihr ragte ein großer Wigwam auf.

„Willkommen in meinem Heim!", sprach Morgenstern. „Es ist der Wigwam meines Vaters, der Sonne, und meiner Mutter, des Mondes."

Nun war Vater Sonne gerade unterwegs auf seiner Reise, doch die freundliche Mutter Mond war da. Sie hieß die neue Braut ihres Sohnes willkommen und bot ihr zu essen und zu trinken an. Dann schenkte sie ihr ein Kleid aus weichem Wildleder, ein Armband aus Elchzähnen und einen Mantel aus Elchhäuten, der geschmückt war mit geheimnisvollen Malereien.

Die Tage vergingen und Federfrau war glücklich in der Himmelswelt. Mutter Mond zeigte ihr die Fülle der Blumen, Gemüsepflanzen und Beeren, die dort wuchsen, und unterrichtete sie im Gebrauch von Kräutern und geheimen Heilmitteln. Sie gab ihr auch einen hölzernen, im Feuer gehärteten Grabstock und zeigte ihr, wie man damit die vielen wilden Wurzeln ausgrub, die essbar waren.

Aber Mutter Mond warnte Federfrau, es gäbe eine einzige Pflanze, die sie niemals ausgraben dürfe. Das war die Riesenrübe, die in der Nähe vom Wigwam des Spinnenmannes wuchs. Er war es, der die Leitern wob, auf denen die Sternenleute zwischen Himmel und Erde verkehrten. „Die Riesenrübe ist heilig", bekam Federfrau viele Male von Mutter Mond erklärt. „Wenn du sie anrührst, wird ein Unglück geschehen."

Die Zeit verstrich, Morgenstern und Federfrau bekamen einen Sohn, den sie Sternenjunge nannten, und es schien, als sei ihr Glück vollkommen.

Doch eines Tages, als Federfrau mit ihrem Grabstock unterwegs war, um Wildgemüse zu sammeln, da kam sie zufällig an der Riesenrübe vorbei. Und sie sagte sich: „Ach, wenn ich doch bloß wüsste, was unter der Riesenrübe verborgen ist." Federfrau umrundete das Gewächs, bückte sich und betrachtete es genau. Schließlich legte sie ihr Kind auf der Erde ab und begann, unter der Riesenrübe zu graben. Sie grub und grub, aber die Riesenrübe rührte sich nicht. Doch sie gab nicht auf, bis schließlich ihr Grabstock darunter stecken blieb. Als sie den Kopf hob, sah sie zwei Kraniche, die über sie hinwegflogen.

„Kommt, ihr mächtigen Kraniche!", rief sie zu ihnen empor. „Kommt und helft mir, die Riesenrübe aus der Erde zu ziehen!"

Die Vögel kreisten dreimal über ihr, bevor sie landeten. Nun packten sie die Rübe mit ihren langen, scharfen Schnäbeln und zerrten sie vor und zurück, vor und zurück. Dann sangen sie ein Zauberlied und zerrten weiter, bis die Rübe schließlich mit einem dumpfen Geräusch aus dem Boden gerollt kam.

Dort, wo sie gestanden hatte, war nun ein Loch.

Federfrau kniete sich nieder und schaute hinein. Und was sah sie? Sie sah das Lager der Schwarzfuß-Indianer, zu deren Stamm sie gehört hatte. Rauch stieg aus den Wigwams auf. Kinder lachten. Junge Männer machten Spiele. Und die Frauen arbeiteten – sie gerbten Häute, sie bauten Wigwams, sie sammelten Beeren auf den Hügeln, sie holten Wasser vom Fluss.

Da bekam Federfrau großes Heimweh nach der grünen Prärie und ihren Stammesangehörigen. Langsam erhob sie sich, nahm ihr kleines Kind hoch und drückte es fest an sich. Und als sie sich umdrehte, um wieder heimzugehen, standen Tränen in ihren Augen.

Sobald Morgenstern sie sah, wusste er, was geschehen war. Er sagte: „Du hast die Riesenrübe ausgegraben!" Sonst sagte er nichts. Kein einziges Wort.

Als Mutter Mond davon hörte, wurde sie traurig. Vater Sonne jedoch wurde zornig, als er es erfuhr.

Er sagte: „Federfrau hat meinen Befehl missachtet! Nun muss sie zurückkehren zur Erde. Sie hat ihre eigenen Leute gesehen, jetzt kann sie nicht mehr glücklich sein hier oben bei uns."

Also brachte Morgenstern seine Frau und seinen kleinen Sohn zum Spinnenmann und bat ihn, eine Leiter zu weben, auf der die beiden hinuntersteigen konnten zur Erde. Dann gab Morgenstern seiner Gemahlin Federfrau einen Grabstock in die Hand. Zuletzt wickelte er eine Elchhaut um sie und um Sternenjunge.

„Schließ die Augen, Federfrau!", befahl er. „Und nun lebt wohl, ihr beiden."

Eines Abends, zur Zeit der Beerenreife, kamen Federfrau und Sternenjunge wieder hinab auf die Erde. Als ihre Stammesleute auf der Prärie zum Himmel schauten, da sahen sie eine leuchtend helle Sternschnuppe fallen. Sie rannten zu der Stelle, wo sie gelandet war, und fanden dort ein seltsames Bündel vor. Und wie sie das Bündel öffneten, da entdeckten sie eine junge Frau und einen Säugling darin. Und augenblicklich wurde ihnen klar, dass es das Mädchen sein musste, das viele Monde zuvor Wasser holen gegangen und nie mehr zurückgekehrt war.

Von dieser Zeit an lebte Federfrau mit ihrem Sohn Sternenjunge im Wigwam ihrer Eltern. Und das ganze Wissen, das sie von der Himmelswelt mitgebracht hatte, teilte sie mit den Schwarzfuß-Indianern. Sie brachte ihnen die Geheimnisse der Heilpflanzen bei. Sie zeigte ihnen, wie man einen Grabstock herstellt. Und wie man die wilde Rübe, die wilde Zwiebel und andere essbare Pflanzen erkennen kann.

Aber niemals vergaß Federfrau die Himmelswelt. Oft kletterte sie an klaren Tagen, wenn die Sonne schien, auf einen hohen Hügel. Und von dort aus starrte sie zum Himmel empor und dachte an ihren Gatten, den großen, prächtigen Morgenstern.

Hinweise zum Text: Seite 167/168.

Die Geschichte vom bösen Hänsel, der bösen Gretel und der Hexe
Paul Maar

Es waren einmal ein Hund und ein Löwe, die sich gegenseitig Geschichten erzählten. Eines Tages war der Löwe mit dem Erzählen dran und fing an:
Es war einmal eine alte Hexe, die hatte ihr ganzes Leben lang gearbeitet, hatte gezaubert vom frühen Morgen bis zum späten Abend, hatte gehext und Zaubersprüche aufgesagt jeden Tag und war nun in das Alter gekommen, wo ihre Zauberkraft nachließ und ihre Kräfte langsam schwanden.

Sie wurde aber nicht böse und giftig darüber wie manche andere Hexen, wenn sie so alt werden, sondern sagte sich: „Mit meiner Zauberkraft geht es zu Ende. Da will ich mir eine andere Beschäftigung suchen, damit ich nicht faulenzen muss und auf trübe Gedanken komme. Ich werde mein Haus zum schönsten Hexenhaus weit und breit machen!"

Und schon am nächsten Tag begann sie, ihr Häuschen aufs Wunderlichste zu schmücken. Auf die Dachziegel legte sie Lebkuchen, die Wände verkleidete sie mit Brot und Kuchen, verziert mit Mandeln und Nüssen, ihre Glasfenster hängte sie aus und hängte neue ein, ganz aus weißem Zucker.

Das dauerte viele Wochen; jeden Tag musste die alte Frau in der Küche stehen und backen. Aber sie arbeitete unermüdlich und endlich war das Häuschen fertig. Da war die alte Hexe stolz auf ihr Haus! Jeden Abend saß sie auf der Bank neben der Haustür, betrachtete die bunten Mauern, hexte mit ihrer versiegenden Zauberkraft mühsam noch einen roten Zuckerguss auf einen Kuchen oder verzierte einen Lebkuchen mit einer Nuss, wischte Staub und rieb die Zuckerscheiben glänzend.

Und wenn irgendein Tier an ihrem Häuschen vorbeikam, staunend stehen blieb und schließlich sagte: „So ein schönes Haus habe ich noch nie gesehen", wurde sie grün vor Stolz. Eines Tages stand die Hexe gerade vor ihrem Backofen und wollte einen Lebkuchen backen, weil der Wind in der Nacht einen vom Dach geweht hatte. Da war ihr, als knuspere draußen jemand an ihrem Haus und breche ganze Stücke ab. Ängstlich rief sie: „Knusper, knusper, kneuschen. Wer knuspert an meinem Häuschen?"

Von draußen antwortete ein dünnes Stimmchen: „Der Wind, der Wind, das himmlische Kind!"

„Da bin ich beruhigt", seufzte die Hexe erleichtert. „Es ist nur der Wind, der da draußen lärmt. Und ich hatte schon Angst, jemand wollte mein Häuschen zerstören." Wie sie das gerade sagte, zersprang ihre schönste Fensterscheibe, an der sie drei Wochen gearbeitet hatte, ein Mädchen griff nach den Splittern und aß sie auf! Mühsam humpelte die Hexe nach draußen, um zu sehen, wer der Störenfried sei.

Vor dem Haus standen zwei Kinder, das Mädchen und außerdem ein Junge, rissen Dachziegel herunter, um sie aufzuessen, zerbrachen die Wand und zersplitterten die weißen Zuckerfenster.

Da war die Hexe traurig und wütend zugleich. „Wer seid ihr?", fragte sie. „Und warum zerstört ihr mein liebes Haus, an dem ich so lange gearbeitet habe?"
Die Kinder antworteten, sie hießen Hänsel und Gretel und hätten aus Hunger von dem Haus gegessen.

45 „Warum habt ihr aber gelogen und gesagt, ihr wäret der Wind?", forschte die Alte weiter. „Hättet ihr an meine Tür geklopft und um Essen gebeten, so hätte ich es euch nicht verwehrt!"
Da blickten die beiden Kinder beschämt zu Boden. Aber weil sie der alten Hexe trotz allem leid taten, sagte sie: „Kommt nur herein und bleibt bei mir, es ge-
50 schieht euch kein Leid!"
Und sie fasste beide an der Hand und führte sie in ihr Häuschen. Da ward gutes Essen aufgetragen, Milch und Pfannkuchen mit Zucker und Äpfel und Nüsse. Hernach wurden zwei schöne Bettlein weiß gedeckt und Hänsel und Gretel legten sich hinein und meinten, sie wären im Himmel. Als sie so friedlich schlie-
55 fen, betrachtete die Hexe sie und sagte: „Sie waren sehr böse zu mir, haben gelogen und mein schönes Häuschen zerstört. Aber vielleicht sind sie nicht ganz verderbt. Ich will sie dabehalten, ihnen zu essen geben und versuchen, sie zu bessern."
Am nächsten Morgen gab sie den beiden eine leichte Arbeit zu tun und rührte
60 dann einen Teig an, denn sie wollte den Schaden an ihrem Haus wieder ausbessern. Aber Hänsel, der naschhaft war und dem die süßen Lebkuchen auf dem Dach besser schienen als das Frühstück auf dem Tisch, ging hinaus und begann leise vom Haus zu essen. Als das die alte Hexe merkte, wurde sie sehr zornig. „Ich habe dich nicht bestraft für deine Lügen und deine bösen Taten, sondern
65 dir und deiner Schwester sogar zu essen und ein Bett zum Schlafen gegeben!", schalt sie. „Und du ungezogenes Kind lohnst es mir, indem du den Schaden an meinem Haus noch ärger machst!" Und zur Strafe und damit er nicht noch mehr Unheil anrichten konnte, sperrte sie ihn in einen Stall neben dem Haus.
Damit er es aber gut hatte in seinem Gefängnis
70 und nicht zu hungern brauchte, fragte sie ihn oft durch das Gitter: „Bist du auch satt, bekommst du genügend zu essen? Streck deinen Finger heraus!"
Hänsel hatte sehr viel zu essen bekommen,
75 aber da er sehr gefräßig war, täuschte er die alte Frau, die schon nicht mehr richtig sehen konnte, durch eine List, um noch mehr zu erhalten: Er streckte ein abgenagtes Knöchlein durch das Gitter und sagte mit kläglicher Stim-
80 me: „Meine Schwester gibt mir zu wenig Mahlzeiten, ich bin schon ganz mager."
Die Alte betastete das Knöchlein und sagte: „Fürwahr, er ist ganz mager. Gretel, er muss mehr zu essen bekommen!"

85 Die Gretel aber, die ein faules Mädchen war, maulte und sagte, sie könne nicht kochen. „Dann musst du eben backen!", rief die Hexe und heizte den Backofen an, um für Hänsel eigens ein großes Brot zu backen. Als sie aber das Feuer angeschürt hatte und gerade nachsehen wollte, ob recht eingeheizt sei, da gab ihr die arglistige Gretel von hinten einen Stoß, dass die Hexe weit hineinfuhr,
90 machte die eiserne Tür zu, schob den Riegel vor und die arme Alte musste elendiglich verbrennen.

Dann befreite das böse Mädchen ihren Hänsel aus dem Stall, wo er seine Strafe absitzen sollte, und sie durchwühlten gemeinsam das ganze Hexenhaus. In einer Ecke hatte die Hexe eine Kiste mit Perlen und Edelsteinen stehen, die ein
95 Erbstück von ihrem Vater war, einem großen Hexenmeister. Die raubten die beiden Kinder, stopften sich die Taschen voll mit Schmuck und Geschmeide und liefen schnell aus dem Wald.

„Und weißt du, was sie hinterher den Leuten erzählten?", fragte der Löwe den Hund.
100 „Was denn?", fragte der mit großen Augen.

„Sie haben doch wahrhaftig behauptet, die Hexe hätte sie aufessen wollen! Diese bösen Kinder!"

„Ich muss sagen", entgegnete der Hund, „ich habe die Geschichte nicht so erzählt bekommen. Da hörte sich die Geschichte ganz anders an, obwohl eigent-
105 lich das Gleiche geschah!"

„Aha!", machte der Löwe. „Da sieht man wieder: Die Leute glauben viel lieber die Unwahrheit als die Wahrheit und erzählen dann ohne schlechtes Gewissen die Lügengeschichten weiter! Denn die Geschichte hat sich so zugetragen, wie ich sie dir mitgeteilt habe, das weiß ich von jener Hexe, die sie mir erzählt hat."
110 „Wenn das so ist", überlegte der Hund, „dann möchte ich gerne einmal Rotkäppchen von einem Wolf erzählt bekommen!"

Hinweise zum Text: Seite 168.

Hexenkummer
Axel Hacke

Es waren einmal ein Mann und eine Frau, die wohnten mit ihren drei Kindern in einem wunderschönen Reihenhaus irgendwo in den alten Bundesländern. Die beiden älteren Kinder waren fünf beziehungsweise sechs Jahre alt und sie hießen zufällig Hänsel und Gretel oder auch Max und Anne. Das dritte Kind lassen wir mal beiseite, das tut hier nichts zur Sache.

Hänsel und Gretel stritten sich unentwegt. Schon morgens beim Anziehen brüllte Gretel: „Mein Kleid ist geblümter als deine Hose!"

Hänsel, der Kleinere, stürzte wutschnaubend auf sie zu und verprügelte sie. Auf dem Weg zum Frühstück rief er: „Ich geh aber schneller die Treppe runter als du!" Da stürzte Gretel wutschnaubend hinter ihm her und verprügelte ihn.

Hänsel heulte entsetzlich und sagte beim Mittagessen: „Meine Nudeln sind aber weicher als deine, blöde Kuh!"

Gretel erwiderte: „Was man sagt, das ist man selber!" Dann stürzten sie beide wutschnaubend um den Tisch herum, trafen sich auf halber Strecke und verprügelten sich gegenseitig.

Die Eltern waren so verzweifelt, dass sie beschlossen, die beiden Kinder in einem Wald auszusetzen. Sie hatten sich immer ein harmonisches Familienleben gewünscht und hielten den Streit nicht mehr aus.

Die Kinder bekamen Wind von dem Plan und sammelten Kieselsteine, um den Rückweg zu markieren. Aber sie verrieten sich schon auf dem Weg in den Wald, weil sie lauthals stritten, wer die größeren Steine hätte. Außerdem wussten die Eltern sowieso längst von diesem Plan; schließlich hatten sie den beiden selbst das Märchen von Hänsel und Gretel schätzungsweise fünftausendmal vorgelesen. Also sammelten sie die Kiesel wieder ein, nachdem sie die Kinder ausgesetzt hatten.

So liefen Hänsel und Gretel zunächst orientierungslos durch den Wald, bis sie zum Haus der alten Hexe kamen, das aus Brot gebaut war und ein Dach aus Kuchen sowie Fenster aus Zucker hatte. Da brachen die Kinder sofort zwei Fenster heraus, und Gretel sagte: „Mein Fenster ist süßer als deiheins!"

Hänsel antwortete: „Neihein!"

Das irritierte die Hexe, aber sie beschloss trotzdem, Hänsel zu mästen, zu braten und zu fressen. Sie sperrte ihn in einen Käfig und ließ ihn jeden Tag den Finger rausstrecken, um zu prüfen, ob er schon fett genug war. Gretel rief dann jedes Mal: „Mein Finger ist aber dünner als seiner!"

Die Hexe, ohnehin cholerisch veranlagt, brüllte: „Dann iss den Teller leer und quatsch nicht dauernd beim Essen!" Hänsel versuchte, seiner Schwester durch die Gitterstäbe eine Ohrfeige zu geben. „Und du räum endlich den Käfig auf!", schrie die Hexe.

Sie war nach kurzer Zeit völlig entnervt. „Vertragt ihr euch denn nie?", fragte sie Gretel, und die antwortete: „Wussten Sie denn nicht, dass Geschwister sich immer streiten?"

„Nein, ich war ein Einzelkind", murmelte die Hexe verlegen.

Hänsel rief: „Ätsch, ich wohne in einem Käfig und du nihicht!"

Da nahm die Hexe die beiden an den Händen, zerrte sie durch den ganzen
Wald, klingelte dann an dem wunderschönen Reihenhaus und sagte: „Nehmen
Sie bloß ihre Blagen zurück, das hält ja keine Sau aus mit denen."

Die Eltern aber schlossen Hänsel und Gretel überglücklich in die Arme, denn
sie waren mittlerweile in eine schwere Krise gekommen und hatten erkennen
müssen, dass das Leben erst ab drei Kindern wirklich einen Sinn hat.

Hinweise zum Text: Seite 168.

Die Geschichte vom kleinen und

Franz Fühmann

Es war einmal ein langer, langer Satz, darin kamen schrecklich viel „unds" vor, und weil der Satz so lang war, konnten die Wörter gar nicht richtig aufeinander aufpassen, und so lief ein und aus dem Satz heraus und legte sich in die Sonne und ließ sich bescheinen. In dem Satz nämlich stand es zwischen lauter finste-
5 ren Worten, drum hatte es Sehnsucht nach der Sonne, aber als es so dalag, schlief es ein und als es wieder aufwachte, war der Satz längst weitergegangen, und das arme kleine und stand mutterseelenallein in der Welt. Allein, das war noch schlimmer als zwischen Dunkel und Finsternis.

Das kleine und begann zu weinen. „Was fang ich ganz allein auf der Welt an,
10 ich kleines und!", schluchzte es.

Da kam ein einsames großes H auf seinen zwei Beinen einhergestelzt.

„Ich bin auch so allein wie du", sagte das große H, „komm, gehn wir zusammen!"

15 „Nein, ich will nicht", sagte das kleine und, „da müsste ich ja immerzu bellen."

„Na dann eben nicht", sagte das große H und wollte um die nächste Ecke biegen, aber die Ecke hielt es fest.

20 „Bleib bei mir", sagte die Ecke, und das große H blieb.

Das kleine und ruhte sich im Schatten der neu entstandenen Hecke aus. Ein Weilchen lag es besänftigt im Blätterrauschen, dann begannen wieder die Tränen zu rinnen. „Ich bin so schrecklich allein!", schluchzte es.

Da kam ein einsames großes M auf seinen zwei Beinen dahergewackelt.

25 „Ich bin auch allein wie du", sagte das große M, „komm, gehn wir zusammen!"

„Ich will nicht", sagte das kleine und, „da müsste ich ja immerzu quatschen."

„Na dann eben nicht", sagte das M und wollte durch das Eck der Hecke, doch die verleibte es sich ein und da wurde das schönste Heckmeck draus.

Da musste das kleine und lachen und solange es lachte, war es auch fröhlich.

30 Doch als es zu lachen aufhörte, war es wieder traurig und mochte das Heckmeck gar nicht leiden. Es lief davon.

„Ich bin so allein, so allein, so allein!", schluchzte es den Weg entlang.

Da kam ein klitzekleines r auf seinem Einbein dahergesprungen.

„Ich bin auch so allein wie du, kleines und", sagte das kleine r, „komm, gehn
35 wir zusammen!"

„Nein", sagte das kleine und, „da würde ich ja fortrollen, das passt mir nicht."

„Na dann nicht", sagte das kleine r und sprang auf seinem Einbein dem kleinen und den Weg voran.

Da hielt es die nächste Ecke fest.

40 „Bleib bei mir, kleines r und stell dich an meine Spitze", sagte die Ecke, dann bist du nicht mehr allein und wirst auch groß und stattlich werden."

„Das will ich!" sagte das kleine r stolz und da wurde es ein großes R und zog auf den zwei Füßen, die es nun hatte, mit der Hecke als Recke in die Welt, um Heldentaten zu vollbringen.

45 Und das kleine und war noch immer allein. Es schluchzte und schluchzte. Wer kam da die Straße herunter? Links ein Mann, rechts eine Maus, die waren auf dem Weg zum nächsten Hafen.

„Komm zu uns, kleines und", piepste die Maus, „wir nehmen dich in unsere Mitte und fahren über den Ozean!"

50 „Ich will nicht", sagte das kleine und, „dann geht doch das arme Schiff mit uns unter."

„Dann eben nicht", sagte der Mann und die beiden verschwanden.

„Ich bin so allein", heulte das kleine und.

Und wer kam da die Straße herunter? Links der kleine Herr Kurz, rechts der
55 kurze Herr Klein, die gingen in einen Möbelladen.

„Komm zu uns, kleines und", sagte der kleine Herr Kurz, „wir nehmen dich in unsere Mitte!"

„Ich will nicht", sagte das kleine und, „wenn wir dann wütend wären, würden wir die ganze Welt zusammenschlagen."

60 „Na dann eben nicht", sagte der kurze Herr Klein und sie gingen weiter.

Doch wer kam jetzt den Weg herunter? Links Frau Faul, rechts Herr Gefräßig. Frau Faul wollte den Mund aufmachen, das kleine und einzuladen, aber war viel zu faul dazu, und Herr Gefräßig machte den Mund nur auf, um das kleine und mit Vokal und Konsonanten zu verschlingen.

65 „Nein, mit euch beiden gehe ich nie!", rief das kleine und und lief schnell davon. Frau Faul war viel zu faul, ihm nachzulaufen, und Herr Gefräßig war dazu viel zu dick. So konnte das kleine und dem Verderben entrinnen.

„Ach, wer soll kommen, mir endlich zu helfen?", schluchzte es.

Da kam auch schon das Wer daher.

70 „Du hast mich gerufen, also muss ich kommen", sagte das Wer, wir wollen miteinander gehen!"

„O ja, liebes Wer!", rief das kleine und, „aus uns beiden wird wirklich etwas Schönes!" Und da schloss das große Wer das kleine und in seine Arme und da wurde ein Wunder aus den beiden, und wenn zwei sich umarmen, die sich mögen, wird das immer wieder ein Wunder sein.

Das ist die Geschichte vom kleinen und.

Hinweise zum Text: Seite 169.

Einfach märchenhaft

Märchen gibt es nicht nur bei uns. Überall auf der Erde wurden und werden sie erzählt und man findet verwandte Märchenmotive in den verschiedensten Ländern. Ursprünglich waren Märchen keine Geschichten für Kinder, sondern für Erwachsene. Sie wurden von Generation zu Generation weitergegeben und dabei immer wieder verändert. Solche uralten Märchen nennt man Volksmärchen, im Unterschied zu Kunstmärchen, die in späteren Zeiten von einer bestimmten Person ausgedacht worden sind. Fast alle Volksmärchen haben bestimmte, für sie typische Merkmale: Die Orte, an denen sie spielen, werden nur so allgemein benannt, dass sie fast überall liegen könnten (in einem Schloss, in einem Wald usw.). Die Personen, die auftreten, werden ebenfalls nur allgemein bezeichnet und könnten fast überall leben (ein alter König, eine schöne Prinzessin, ein armer Schneider usw.). Magische Wesen treten auf, um den Hauptpersonen zu helfen oder ihnen zu schaden. Auch bestimmte magische Zahlen kehren in Märchen immer wieder (die Drei, die Sieben, die Zwölf). Auffallend bei Märchen ist zudem die veraltete Sprache ohne Fremdwörter und oft haben sie auch einen typischen Anfang („Es war einmal …") und einen typischen Schluss („Und wenn sie nicht gestorben sind …").

Jacob u. Wilhelm Grimm: Rumpelstilzchen
S. 147

Dieses Märchen und andere haben die beiden Brüder jedoch nicht selbst erfunden, sondern sie haben sich diese jahrhundertealten Geschichten von märchenkundigen Frauen erzählen lassen, sie aufgeschrieben und veröffentlicht. So entstand die umfangreichste Sammlung von deutschen Volksmärchen und Sagen. Die Brüder Grimm lebten und arbeiteten ihr ganzes Leben zusammen. Sie wurden in Hanau geboren (Jacob 1785, Wilhelm 1786), waren später beide Professoren für Sprachforschung in Göttingen und dann in Berlin, wo Wilhelm 1859 und Jacob 1863 starb.

1 „Im Märchen ist die Welt noch in Ordnung, da wird das Gute belohnt und das Böse bestraft", hört man oft sagen. Wie ist das in diesem Märchen?

2 Die Autorin Irmela Brender sagte einmal: „Das Rumpelstilzchen hat mir immer leid getan." Warum wohl?

3 a) Das Rumpelstilzchen weist einige von den typischen Märchenmerkmalen auf. Findet sie heraus und tragt sie in eine Tabelle nach folgendem Muster ein.

Typische Märchen-Merkmale

Märchen	Ort(e)	Personen	magische Wesen	magische Zahlen	Anfang	Schluss
Rumpelstilzchen	Schloss/ Wald	armer Müller …	…	…	…	…

b) Wählt ein anderes Grimm'sches Märchen aus, das ihr kennt, sucht seine typischen Märchenmerkmale heraus und tragt sie auch in die Tabelle ein.

Rosemarie Künzler-Behnke:
Rumpelstilzchen
S. 149

Rosemarie Künzler-Behncke wurde 1926 in Dessau geboren. Sie lebt als Schriftstellerin in München und schreibt vor allem für Kinder und Jugendliche. Sie hat Gedichte, Geschichten und Kinderbücher veröffentlicht.

1 Vergleicht die vorliegende Fassung vom Rumpelstilzchen mit dem Grimm'schen Märchen. Was wurde verändert?
2 Welche Fassung findet ihr besser?
Begründet eure Meinung.

Hans Christian Andersen:
Des Kaisers neue Kleider
S. 150

Der dänische Dichter wurde 1805 als Sohn eines armen Schuhmachers geboren. Er konnte erst die Schule besuchen, nachdem reiche Leute das Schulgeld für ihn bezahlten. Als er seine ersten Märchen geschrieben hatte, riet ihm der Kritiker einer Kopenhagener Zeitung, seine Zeit nicht mit „solch kindischem Treiben" wie Märchenerzählen zu vergeuden. Nachdem er dann zwei seiner Märchen anonym, d. h. ohne Namensnennung, veröffentlichte, fand er großen Beifall. Seitdem war er als Märchendichter in Dänemark wie im Ausland anerkannt. Als er 1875 starb, hinterließ er 168 Märchen, die in über 80 Sprachen übersetzt wurden.

1 Welche Eigenschaften der Menschen werden in Andersens Märchen dargestellt?
(Überlege, warum der Kaiser den Stoff für sich weben ließ und wie die Untergebenen reagierten.)
2 Wieso brachte ausgerechnet ein Kind den Betrug ans Licht?
3 Stellt euch vor: Am Abend des Prozessionstages erzählt der alte Minister seiner Frau, die gerade von einer längeren Reise zurückgekehrt ist, was passiert ist. Spielt das Gespräch vor.

Märchen aus Litauen:
Von einem klugen Alten
S. 154

1 Ihr kennt mittlerweile schon viele Merkmale von Märchen. Welche tauchen in diesem litauischen Märchen auf?
2 Welche Rolle spielt der König in diesem Märchen?
3 Welche Lehre könnte man aus der Klugheit des alten Mannes ziehen?
4 Könnte auch der König eine Lehre aus diesem Märchen ziehen?

Indianermärchen:
Federfrau und
Morgenstern
S. 156

1 Gliedert das Märchen in sinnvolle Erzählabschnitte und notiert euch zu jedem Abschnitt ein Wort oder einen Satz. Erzählt nun anhand dieser Notizen das ganze Märchen.

167

2 Sucht euch eine oder mehrere Szenen aus dem Märchen aus und spielt sie (z. B. die beiden Schwestern vor dem Zelt; Federfrau und Morgenstern begegnen sich zum ersten Mal; Federfrau wird von Mutter Mond empfangen usw.).
3 Wie könnte man die Szenen musikalisch untermalen?

Paul Maar:
Die Geschichte vom bösen Hänsel, der bösen Gretel und der guten Hexe
S. 159

Paul Maar wurde 1937 in Schweinfurt geboren und lebt heute als Geschichtenerzähler, Verseerfinder und Bildermaler in Bamberg. Er ist einer der erfolgreichsten Kinder- und Jugendbuchautoren und wurde für seine Bücher vielfach ausgezeichnet. Seine wohl bekanntesten „Buchkinder" sind Lippel und natürlich das Sams.

1 Welche Eigenschaften haben die Kinder, welche hat die Hexe? Vergleicht mit dem Grimm'schen Märchen, das ihr sicher alle kennt.
2 Im letzten Satz überlegt der Hund, wie „Rotkäppchen" wohl von einem Wolf erzählt werden würde.
Probiert es einmal aus und gestaltet mit euren Werken eine kleine Wandzeitung in der Klasse oder im Schulgebäude.
3 In der Welt der alten Märchen ist fast immer klar, wer am Ende siegt oder verliert, weil er/sie gut oder böse ist. Stellt diese Märchenwelt einmal auf den Kopf und erzählt ein Märchen vom guten Rumpelstilzchen und der bösen Müllerstochter.
4 Ihr könnt auch ein anderes Grimmsches Märchen umschreiben, z. B. die Geschichte vom faulen Schneewittchen und der guten Stiefmutter.
Lest eure Märchen in der Klasse vor.

Axel Hacke:
Hexenkummer
S. 162

Axel Hacke wurde 1956 in Braunschweig geboren. Er studierte Politische Wissenschaften und besuchte die Deutsche Journalistenschule in München. Heute arbeitet Hacke als Zeitungsredakteur und Buchautor. Für seine journalistische Arbeit erhielt er eine Reihe von Preisen.

1 Handelt es sich hier um ein Märchen?
Sucht nach vorhandenen Merkmalen.
2 Die Geschichte stammt aus der heutigen Zeit.
Woran erkennt ihr das?
3 Welches familiäre Problem beschreibt der Autor?
4 Lasst den letzten Absatz weg und schreibt einen Schluss, der euch gefällt!

**Franz Fühmann:
Die Geschichte
vom kleinen und**
S. 164

Franz Fühmann wurde 1922 in Rochlitz im Riesengebirge geboren und starb 1984 in Ostberlin. Er schrieb als Schriftsteller Bücher sowohl für Erwachsene als auch für Kinder und Jugendliche.

1. Was ist an dieser Geschichte „märchenhaft"?
2. Das „und" findet Buchstaben und Buchstaben- oder Wortgruppen, mit denen es zusammen eine neue Bedeutung erhält. Sucht weitere Beispiele, mit denen man diese Geschichte fortführen könnte.
3. Das „und" lehnt aus bestimmten Gründen die Neulinge ab, die dann andere Partner finden. Versucht das mit euren gefundenen Beispielen.
4. Erfindet eine solche Geschichte völlig neu, indem ihr einfach das „und" ersetzt durch „als" oder „aus".

Die Märchenschatzkiste

1. Schreibt zehn Zahlen zwischen 1 und 6 untereinander auf. Schaut dann in der Schatzkiste unten nach, welche Begriffe dort verschlüsselt ruhen.
Eure 1. Zahl gibt die entsprechende Nummer in der 1. Zeile an. Schreibt den Begriff gleich heraus.
Eure 2. Zahl müsst ihr in der 2. Zeile suchen und so fort.
Beispiel: Wenn die 1. Zahl eine 3 ist, so steht in der 1. Zeile unter der Nummer 3 der Begriff „LKW-Fahrer".
2. Am Schluss habt ihr zehn verschiedene Begriffe erhalten, die ihr durch eine märchenhafte Geschichte miteinander verbinden könnt.
3. Wenn ihr alle 60 466 176 Möglichkeiten ausprobiert und immer noch nicht genug habt, dann füllt doch einfach die Märchenschatzkiste mit neuen Begriffen.

Zeile	1	2	3	4	5	6
1	Mädchen	Dachdecker	LKW-Fahrer	Briefträger	alte Frau	Baby
2	lila	weiß	rot	schwarz	grün	blau
3	Weg	Autobahn	Wald	Zirkus	Bahnhof	Marktplatz
4	schüchtern	fremd	einsam	genügsam	mutig	ängstlich
5	verloren	verirrt	vergessen	verwirrt	verliebt	verlassen
6	Tankstelle	Museum	Zoo	Kirchturm	Kaufhaus	Rathaus
7	Elefant	Dackel	Kamel	Zebra	Maikäfer	Ringelnatter
8	Rollschuhe	Blockflöte	Wanduhr	Mülleimer	Briefkasten	Christbaum
9	klein	riesig	geheimnisvoll	leer	staubig	heiß
10	der Fremde	die Seherin	der Greis	der Stumme	der Dunkelhäutige	die Unbekannte

Einfach schwankhaft

Wie Till Eulenspiegel in Bamberg um Geld aß
Hermann Bote

Als Eulenspiegel von Nürnberg kam, verdiente er mit List einmal Geld in Bamberg. Er war sehr hungrig und kam in einer Wirtin Haus, die hieß Frau Küngine. Sie war eine fröhliche Wirtin und hieß ihn willkommen, denn sie sah an seinen Kleidern, dass er ein seltsamer Gast war.

Als man morgens essen wollte, fragte ihn die Wirtin, wie er es halten möchte: Ob er ein vollständiges Frühstück einnehmen oder nur eine Kleinigkeit essen wolle. Eulenspiegel antwortete, er sei ein armer Gesell und bitte sie, ihm etwas um Gottes Lohn zu essen zu geben. Die Wirtin sprach: „Freund, an den Fleisch- und Brotbänken gibt man mir nichts umsonst, ich muss Geld dafür zahlen. Darum muss ich für das Essen auch Geld bekommen."

Eulenspiegel sagte: „Ach, Frau, es dient auch mir wohl, um Geld zu essen. Um was oder um wie viel soll ich hier essen und trinken?" Die Frau sprach: „An der Herren Tisch um 24 Pfennige, an dem Tisch daneben um 18 Pfennige und mit meinem Gesinde um 12 Pfennige." Darauf antwortete Eulenspiegel: „Frau, das meiste Geld dient mir am allerbesten!" Und er setzte sich an die Herrentafel und aß sich sogleich satt.

Als er fertig war und gut gegessen und getrunken hatte, sagte er zur Wirtin, sie möge ihn abfertigen; er müsse wandern, denn er habe nicht viel Reisegeld. Die Frau sprach: „Lieber Gast, gebt mir das Essensgeld, 24 Pfennige, und geht, wohin Ihr wollt, Gott geleite Euch!"

„Nein", sprach Eulenspiegel, „Ihr sollt mir 24 Pfennige geben, wie Ihr gesagt habt. Denn Ihr spracht, an der Tafel esse man das Mahl um 24 Pfennige. Das habe ich so verstanden, dass ich damit Geld verdienen sollte, und es wurde mir schwer genug. Ich aß, dass mir der Schweiß ausbrach, und als ob es Leib und Leben gegolten hätte. Mehr hätte ich nicht essen können. Darum gebt mir meinen sauer verdienten Lohn."

„Freund", sprach die Wirtin, „das ist wahr: Ihr habt wohl für drei Mann gegessen. Aber dass ich Euch dafür noch lohnen soll, das reimt sich nicht zusammen. Doch ist es mir nicht um diese Mahlzeit zu tun, Ihr mögt damit hinweggehen. Ich gebe Euch aber nicht noch Geld dazu, denn das wäre verloren; doch begehre ich auch kein Geld von Euch. Kommt mir aber nicht wieder her! Denn sollte ich meine Gäste das Jahr über so speisen und nicht mehr Geld einnehmen als von Euch, so würde ich auf solche Weise Haus und Hof verlieren."

Da schied Eulenspiegel von dannen und erntete nicht viel Dank.

Hinweise zum Text: Seite 178.

Der Hodscha Nasreddin

Volksgut aus der Türkei

Einmal ging Nasreddin mit einem Korb in einen fremden Garten und füllte ihn mit dem besten Gemüse. Plötzlich kam der Gärtner mit einem Stock in der Hand gelaufen und schrie ihn an: „Heda, Kerl! Was machst du in meinem Garten?"

5 Nasreddin hatte das Kommen des Gärtners nicht bemerkt. Er sprang erschrocken auf und stammelte: „Ich bin gänzlich unschuldig, lieber Mann! Ich schlenderte ganz harmlos auf der Straße dahin – plötzlich erfasste mich ein heftiger Windstoß und warf mich über den Zaun hier herein!"

„Das mag glauben, wer will!", erwiderte der Gärtner zornig. „Aber selbst wenn
10 es so gewesen wäre – warum reißt du dann das Gemüse aus?"

„Ich? Gemüse ausreißen?", tat der Hodscha ganz verwundert. „Nie und nimmer! Der Sturm war bloß so heftig, dass ich mich eben irgendwo anhalten musste! Es ging um Tod und Leben, lieber Mann! Ach, wie habe ich mich da – mit schwindenden Kräften! – in deine Krautköpfe gekrallt!"

15 „Selbst wenn ich dir auch diesen Unsinn glaube", zischte der Gärtner wütend, „erklärt das nicht, wie das Gemüse in deinen Korb kommt!"

Nachdenklich schüttelte Nasreddin Hodscha den Kopf und sagte: „Ja, lieber Freund, das weiß ich selber nicht! Ich war eben dabei, für dieses Wunder eine Erklärung zu suchen, da bist du gekommen und hast mich beim Denken ge-
20 stört. So wurde die Welt durch einen vorlauten Gärtner um eine Erfahrung ärmer. Zur Strafe wirst du mir wohl diese armseligen Krautköpfe schenken müssen!"

Nasreddin blickte den verdutzten Gärtner vorwurfsvoll an, drohte ihm mit dem Finger – und machte sich schmunzelnd auf den Weg.

Hinweise zum Text: Seite 178.

Die Schildbürger bauen sich ein Rathaus
Volksgut

Die Schildbürger wollten ein Rathaus bauen, denn bisher war in Schilda, ihrer guten Stadt, noch keines gewesen. Sie legten den Finger ein jeder an seine kluge Nase und endlich meinte einer, sie müssten wohl Holz dazu haben. Ein anderer kam auf den Gedanken, dass es aus dem Walde geholt werden müsse. Und ein
5 Dritter sagte: „So lasst uns über den Hügel ziehen; dort habe ich viele Bäume gesehen und also muss dort ein Wald sein." Sie zogen miteinander über den Hügel und hätten beinahe vergessen, ihre Äxte mitzunehmen, wenn nicht ein ganz Kluger im letzten Augenblick daran gedacht hätte.
Im Walde angekommen, schlugen sie nun die Bäume nach Herzenslust, dass
10 die Splitter flogen. Danach hieben sie die Zweige ab und machten die Stämme glatt und rund. Als sie damit fertig waren, hoben ihrer vier oder sechs je einen Stamm auf ihre Schultern und schleppten ihn unter vielem Stöhnen den Hügel hinauf und auf der Schildaer Seite hinunter. Als die Letzten ihren Stamm auf die Höhe geschleppt hatten und sich ein wenig verschnaufen wollten, glitt der run-
15 de Stamm ab und rollte lustig und allein hügelab. Da staunten die guten Schildbürger. Und einer sagte: „Hätten wir das nur gleich gewusst, wie viel Schweiß hätten wir uns sparen können." – „Liebe Mitbürger", sagte der Schultheiß, denn er war der Klügste unter ihnen, „liebe Mitbürger, lasst uns die Stämme wieder auf die Höhe tragen, damit keiner sagen könne, wir hätten es töricht angestellt."
20 Das leuchtete allen ein. Sie schleppten alle Stämme noch einmal bergan und ließen sie dann unter großem Jubel allein talab rollen.
Als alles Bauholz zurechtgezimmert war, holten die Schildbürger Steine, Sand und Kalk herzu und führten das Mauerwerk auf. Sie bauten das Rathaus dreieckig, damit es anders aussehe als gewöhnliche Häuser. Auch bauten sie ein
25 hohes Tor hinein, denn sie gedachten ihr Heu auf dem Boden des Rathauses

aufzustapeln. Endlich war alles fertig und der Rat, an der Spitze der Schultheiß, marschierte stolz und voller Würde durch das hohe Heutor in das neue Rathaus hinein. Die übrigen Bürger und die Frauen und Kinder standen feierlich dabei und hatten die Kappen vom Kopfe gezogen.

30 Aber o weh! Es war völlig finster im Rathaus drinnen, denn die Schildbürger hatten vergessen, Fenster in die Wände einzulassen. Sie kamen aber gar nicht auf den Einfall, dass es daran liegen könnte, sondern rannten heraus und liefen wieder hinein und wieder heraus und wunderten sich. Rundherum war heller Sonnenschein, nur in ihrem neuen Rathause war es dunkel wie in einem Sack.

35 Am anderen Tage war Ratssitzung und jeder musste sich ein Licht mitbringen, damit er sich zurechtfinden könne und sehen, was Kluges gesprochen ward. Einer sagte: „Wir müssen das Rathaus abbrechen und noch einmal aufbauen, denn wir haben es irgendwo falsch gemacht." – „Nein", sagte ein anderer, „ich weiß es besser. Lasst uns den Sonnenschein vom Markte hineintragen in das
40 Haus, wie man doch auch Wasser in einem Eimer aus dem Bache holt." – „Das wollen wir tun!", riefen alle, liefen auf den Markt, fingen den Sonnenschein in Bütten und Eimern und Säcken ein und trugen ihn sorgsam in das Rathaus und liefen hin und her und trugen, solange noch die Sonne auf den Marktplatz niederschien.

45 Am anderen Morgen aber war das Rathaus drinnen so dunkel wie vorher. „Wir müssen noch mehr Sonnenschein hineintragen!", riefen die Schildbürger einander zu und begannen von Neuem und hielten ihre Eimer und Säcke in die hellste Sonne. Einer hatte sogar eine Mausefalle mitgebracht, weil er es ganz schlau anfangen wollte.

50 Da kam ein Fremder vorüber. Der fragte verwundert, was sie denn anstellten. Die Schildbürger erzählten ihm ihr Leid. Der Fremde lächelte und befahl ihnen, auf das Dach zu steigen und die Ziegel abzudecken. Dann würde es himmelhell in dem Rathaus werden. Die Schildbürger waren froh, als sie das hörten, und beschenkten den Fremden reichlich. Dann stiegen sie auf das Rathausdach und
55 hoben die Ziegel eilig herab. Und richtig: da ward es himmelhell im ganzen Hause, wie es der Fremde gesagt hatte.

Nun konnte sich der Rat versammeln, sooft er wollte, denn es war ein trockener Sommer und der Himmel über dem offenen Rathaus immer blau und ohne Wolken. Bald aber war es Herbst. Und dann kam der Winter mit Kälte und
60 Schnee und Eis. Da mussten die Schildbürger wohl oder übel aufs Dach ihres Rathauses steigen und mit verklammten Fingern die Ziegel wieder auflegen. Als es nun wieder dunkel im Hause war, sah einer, wie Licht durch eine Mauerritze schien. „Jetzt hab ich's heraus!", rief er, „liebe Mitbürger, wir haben die Fenster einzubauen vergessen."
65 Da brachen die Schildbürger eilig Fensteröffnungen in die Mauern. Aber jeder Ratsherr wollte sein eigenes Fenster haben, sodass fast nichts von der festen Mauer übrig blieb.

Hinweise zum Text: Seite 179.

Seltsamer Spazierritt
Johann Peter Hebel

Ein Mann reitet auf seinem Esel nach Haus und lässt seinen Buben zu Fuß nebenherlaufen. Kommt ein Wanderer und sagt: „Das ist nicht recht, Vater, dass Ihr reitet und lasst Euern Sohn laufen; Ihr habt stärkere Glieder." Da stieg der Vater vom Esel herab und ließ den Sohn reiten. Kommt wieder ein Wandersmann und sagt: „Das ist nicht recht, Bursche, dass du reitest und lässest deinen Vater zu Fuß gehen. Du hast jüngere Beine." Da saßen beide auf und ritten eine Strecke. Kommt ein dritter Wandersmann und sagt: „Was ist das für ein Unverstand: Zwei Kerle auf einem schwachen Tiere; sollte man nicht einen Stock nehmen und euch beide hinabjagen?" Da stiegen beide ab und gingen selbdritt zu Fuß, rechts und links der Vater und Sohn und in der Mitte der Esel. Kommt ein vierter Wandersmann und sagt: „Ihr seid drei kuriose Gesellen. Ist's nicht genug, wenn zwei zu Fuß gehen? Geht's nicht leichter, wenn einer von euch reitet?" Da band der Vater dem Esel die vorderen Beine zusammen und der Sohn band ihm die hinteren Beine zusammen, zogen einen starken Baumpfahl durch, der an der Straße stand, und trugen den Esel auf der Achsel heim.

So weit kann's kommen, wenn man es allen Leuten will recht machen.

Hinweise zum Text: Seite 179.

Die Reise ins Paradies
Unbekannter Verfasser

Ein armer Student musste sich im Mittelalter oft von Universität zu Universität durchschlagen. Auf seiner Wanderschaft war er dabei meist auf das Wohlwollen von Adeligen und Bauern angewiesen, von denen er sich kleine Gaben für seinen Lebensunterhalt erbettelte. Nicht selten nutzten diese fahrenden Studenten aber auch die Dummheit und den Aberglauben der Leute aus, um sich etwas zu ergattern. Diese Geschichte ist in mehreren Versionen von verschiedenen Autoren überliefert.

Ein armer Student, der wenig Geld in der Tasche hatte und übrigens seine Füße lieber unter einen vollen Tisch als die Nase in seine Bücher steckte, kam eines Tages in einem rheinischen Dorf vor das Haus eines reichen Bauern. Dieser war nicht daheim, sondern in das Holz gefahren, aber seine Frau stand am Garten
5 zaun und hing Wäsche auf. Wer er sei und wo er herkomme, fragte sie den Studenten. „Ich bin", antwortete er durch die Tür hereintretend, „ein armer Schüler und komme aus Paris." „Wie?", sagte sie und setzte ihren Korb auf die Erde, „Ihr kommt aus dem Paradies?" „Geraden Weges, liebe Frau", sprach der Student, der merkte, wen er vor sich hatte, und blickte mit bescheidenem Ernst
10 zu Boden. „Lieber, guter Freund", sagte die Bäuerin und zog ihn am Ärmel mit sich fort, „kommt mit mir in die Stube, ich muss noch einiges von Euch wissen. Ich habe nämlich", fuhr sie fort, nachdem sie ihn auf der Ofenbank hatte niedersitzen lassen, „schon einmal einen Mann gehabt, der Hans geheißen hat und mir vor drei Jahren fortgestorben ist. Ach, du mein lieber Hans! Gott tröste dei
15 ne liebe Seele! Ich weiß, dass er im Paradies ist, denn er war immer ein frommer Mensch. Habt Ihr ihn denn nicht gesehen dort, oder kennt Ihr ihn nicht, lieber Herr?" „Wie heißt er denn mit seinem Zunamen?", fragte der Student und begann sich zu besinnen. „Hans Gutschaf hat man ihn geheißen", sagte sie; „er schielt ein wenig." „Aber freilich", rief der Student vergnügt und schlug sich
20 auf die Knie, „jetzt kenn ich ihn gleich, da ist ja unser scheeler Hennes!" „Ei, lieber Junge", jubelte die Frau, „wie geht's meinem guten Hennes?" „Schlecht genug", sagte der Student mit umflorten Augen und blickte auf seine Fäuste nieder, „er hat ja weder Geld noch Kleider mitgebracht, der arme Kerl. Er wäre hungers verblichen, wenn sich nicht ein paar gute Gesellen seiner angenommen
25 hätten; denen holt er Wein und Brot, wenn sie zusammensitzen wollen, und schenkt ihnen ein."
Da begann die Bäuerin sehr zu weinen. „Ach du mein Hennes", schluchzte sie, „bei mir hast du keinen Mangel gelitten, und nun frierst und hungerst du in jener Welt! Hätt ich es doch gewusst, ich hätte dich wohl versorgt mit Kleidern
30 und mit Geld, denn es ist ja mit Gottes Gnade alles noch da. Hätte ich nur einen Boten, ich wollte dir alles schicken und keinen geringen Zehrpfennig dazu."
„Fasst Euch, liebe Frau", sagte der Student bewegt, „wenn es nur an einem Boten fehlt, so kann Euch geholfen werden, denn ich will Euch selber den Ge-

fallen tun und es ihm hinbringen, ich muss demnächst ohnehin wieder ins Paradies und ein paar Kameraden Geld
bringen." Da ward die Bäuerin froh, tischte dem Studenten zu essen und zu trinken auf und hieß ihn
zulangen, sie wolle unterdes, wie sie sagte, Kleider und Wäsche für Hennes zusammensu-
chen. Damit ging sie hinauf in die
Kammer an den großen Schrank,
nahm zwei Paar Hosen heraus und
den guten gefütterten Rock, dazu etliche
Hemden und Sacktücher, band eine
Hand voll Gold- und Silbergulden,
in ein weißes Tüchlein geknotet,
dazu, brachte das Bündel dem
Studenten herunter und schenkte ihm noch ein paar Groschen, damit er alles
brav ausrichte. Der wischte sich den Mund, schnallte sich seine Bürde auf den
Rücken, dankte der Frau von Herzen, zugleich im Namen des scheelen Hennes,
wie er scherzte, schwenkte den Hut und zog davon. Nicht lange danach kam
der Bauer aus dem Holz gefahren. „Wunder haben sich begeben", rief die Frau
und sprang ihm an das Hoftor entgegen, „Wunder, lieber Hauswirt, denn es war
ein Mann hier, der geradenwegs aus dem Paradiese kam und kannte meinen se-
ligen Hennes wohl. Aber es geht ihm schlecht, hat er gesagt, er leide großen
Mangel dort; darum habe ich ihm seine Kleider geschickt und seine Hemden
und eine Hand voll Gold- und Silbergulden dazu, denn er geht nun wieder hin."
„In die Hölle geht er", schrie der Bauer, „und dazu will ich ihm helfen", zerrte
seinen besten Hengst aus dem Stall, saß auf und sprengte hinter dem Boten her.
Aber der war auf seiner Hut. Als er den Bauern hinter sich die Straße heraufga-
loppieren hörte, warf er sein Bündel in einen Busch am Graben, nahm eine
Schippe, die der Straßenwärter dort hatte liegen lassen, zur Hand und stellte
sich fleißig. Ob er nicht einen jungen Kerl mit einem Bündel auf dem Rücken
gesehen habe, fragte der Bauer, den Gaul zügelnd. „Eben war einer hier", sagte
der Student, „aber wie er Euch kommen sah, ist er über den Graben gesprun-
gen und in den Busch gerannt." „Halte mir den Häuter", sagte der Bauer,
„gleich werde ich ihn haben", sprang aus dem Sattel und rannte in den Busch.
„Ich halte ihn schon", sagte der Student, nachdem er sein Bündel wieder an
sich genommen hatte und aufgesessen war, „ganz fest halte ich ihn", drückte
dem Gaul die Fersen in die Weichen und stob davon. Ob er den Studenten
noch eingeholt habe, fragte die Bäuerin ihren Mann, als er nach einigen Stunden ohne seinen Hengst zurückkehrte. „Natürlich", sagte der Bauer und hieb
seinen Hut an einen Haken, „natürlich habe ich ihn eingeholt; und weil ich
doch wollte, dass er schneller hinkomme, so hab ich ihm den Gaul dazu gegeben."

Hinweise zum Text: Seite 179.

Einfach schwankhaft

Seit jeher erzählt man sich gerne Geschichten, die von Menschen und Tieren in ungewöhnlichen Situationen handeln. Viele dieser Erzählungen sind zum Schmunzeln, dennoch verbirgt sich oft dahinter ein ernst zu nehmender Kern, eine Lebensweisheit oder Lehre. Geschichten dieser Art werden in vielen Ländern erzählt: In SCHELMENGESCHICHTEN sind die vermeintlichen Dummen in Wirklichkeit ganz schön einfallsreich und können andere in arge Verlegenheit bringen. Texte, die bereits einmal in einem Jahreskalender standen, nennt man KALENDERGESCHICHTEN. Es gibt aber auch Bücher, in denen einige dieser Texte später zusammengestellt wurden.

Hermann Bote:
Wie Till Eulenspiegel in Bamberg um Geld aß
S. 171

Der Braunschweiger Zollschreiber Hermann Bote (um 1467 bis um 1529) schrieb das Volksbuch vom Eulenspiegel, das 1510/11 in Straßburg erschien.
Till Eulenspiegel hat aller Wahrscheinlichkeit nach wirklich gelebt. Er soll in Kneitlingen im Braunschweiger Land geboren und 1350 in Mölln bei Lübeck gestorben sein.
Die Streiche von Till Eulenspiegel sind zunächst mündlich weitererzählt und später aufgeschrieben worden, weil sie den Menschen immer wieder großen Spaß gemacht haben. Eulenspiegel verstand es besonders, die Menschen ganz wörtlich zu nehmen und sie dadurch hereinzulegen.

1 Wie könnte die Geschichte ausgehen? Erzähle weiter, bevor du die „Lösung" in Spiegelschrift liest.
2 Zeichne ein Bild einer Szene, die dir besonders gefällt.
3 Sucht andere Geschichten von Till Eulenspiegel und erzählt sie euch in der Klasse.

Volksgut aus der Türkei:
Der Hodscha Nasreddin
S. 172

Zu allen Zeiten hat es Schelme – oft auch Narren genannt – gegeben, die auf spaßige Weise andere Leute hereingelegt haben. Einer von ihnen war z. B. Eulenspiegel, von dem ihr sicher die eine oder andere Schelmengeschichte kennt. In der Türkei lebte vor zirka 600 Jahren ebenfalls ein berühmter Schelm; er hieß Hodscha Nasreddin und lieferte viele lustige Streiche, die später aufgeschrieben wurden.

1 Lest den Text mit verteilten Rollen.
2 Welche Ausreden gebraucht Nasreddin, um den Diebstahl zu erklären?
3 Obwohl der Gärtner diese Ausreden nicht glaubt, lässt er Nasreddin ungestraft weiterziehen. Sucht nach möglichen Gründen.
4 Worin liegt die eigentliche List Nasreddins?
5 Sucht Ähnlichkeiten zu Till Eulenspiegel.

**Volksgut:
Die Schildbürger bauen sich ein Rathaus**
S. 173

Die Schildbürger (Bürger aus der Stadt Schilda) haben vor zirka 400 Jahren gelebt. Die Geschichten, die sich um sie ranken, werden *Schildbürgerstreiche* genannt. Darin werden die Einfältigkeit und Gutgläubigkeit der Schildbürger, aber auch ihr Einfallsreichtum beschrieben. Ob sich die Schildbürgerstreiche tatsächlich zugetragen haben, wissen wir nicht. Moderne Dichter, z. B. Erich Kästner oder Otfried Preußler, haben viele dieser Geschichten neu erzählt. Auch in unserer Zeit ist immer wieder einmal von einem Schildbürgerstreich die Rede.

1 a) Die Schildbürger bauen ein Rathaus.
    Welchen entscheidenden Fehler machen sie dabei?
    b) Was stellen sie alles an, um den Fehler zu beheben?
2 Mit welchen besonderen Eigenschaften könnt ihr die Schildbürger kennzeichnen?
3 Die vorliegende Geschichte nennt man einen Schildbürgerstreich. Wer spielt hier eigentlich wem einen Streich?

**Johann Peter Hebel:
Seltsamer Spazierritt**
S. 175

Johann Peter Hebel (1760–1826) übte den Beruf des Theologen und Lehrers aus. Er leitete mehrere Jahre ein Gymnasium in Karlsruhe, bevor er in der evangelischen Kirche eine leitende Stellung übernahm.
Sein bekanntestes Werk heißt *Schatzkästlein des rheinischen Hausfreundes*. Darin sammelte er selbst aufgeschriebene Geschichten, Schwänke und Anekdoten, die zunächst als Kalendergeschichten veröffentlicht waren.

1 a) Wie reagieren der Vater und der Sohn auf die Äußerungen der Wanderer?
    b) Hättet ihr euch auch so verhalten?
2 Wie beurteilt ihr das Vorgehen der Wanderer?
3 Am Schluss tragen der Vater und der Sohn den Esel. Warum tun sie das?
4 Man kann es nicht allen recht machen, aber man versucht es doch immer wieder. Berichtet von einer solchen Situation aus eigener Erfahrung.

**Unbekannter Verfasser:
Die Reise ins Paradies**
S. 176

1 Der Text enthält viele Begriffe, die wir heute kaum mehr verwenden. Schreibe sie heraus und versuche, sie durch heute geläufige Begriffe zu ersetzen.
2 Spielt die Szene mit dem Studenten und der Bäuerin aus dem Stegreif nach.
3 Der Student trifft in der nächsten Stadt einen anderen Schüler und erzählt ihm sein Erlebnis: Du bist der Student, dein Nachbar ist dein Kollege.
4 Auf wessen Kosten lacht man bei dieser Geschichte?

Das Jahr vergeht

Zu Neujahr
Wilhelm Busch

Will das Glück nach seinem Sinn
Dir was Gutes schenken,
Sage Dank und nimm es hin
Ohne viel Bedenken!

Jede Gabe sei begrüßt,
Doch vor allen Dingen:
Das, worum du dich bemühst,
Möge dir gelingen!

Der Januar
Erich Kästner

Das Jahr ist klein und liegt noch in der Wiege.
Der Weihnachtsmann ging heim in seinen Wald.
Doch riecht es noch nach Krapfen auf der Stiege.
Das Jahr ist klein und liegt noch in der Wiege.
Man steht am Fenster und wird langsam alt.

Die Amseln frieren. Und die Krähen darben.
Und auch der Mensch hat seine liebe Not.
Die leeren Felder sehnen sich nach Garben.
Die Welt ist schwarz und weiß und ohne Farben.
Und wär so gerne gelb und blau und rot.

Umringt von Kindern wie der Rattenfänger,
tanzt auf dem Eise stolz der Januar.
Der Bussard zieht die Kreise eng und enger.
Es heißt, die Tage würden wieder länger.
Man merkt es nicht. Und es ist trotzdem wahr.

Die Wolken bringen Schnee aus fremden Ländern.
Und niemand hält sie auf und fordert Zoll.
Silvester hörte man's auf allen Sendern,
dass sich auch unterm Himmel manches ändern
und, außer uns, viel besser werden soll.

Das Jahr ist klein und liegt noch in der Wiege.
Und ist doch hunderttausend Jahre alt.
Es träumt von Frieden. Oder träumt's vom Kriege?
Das Jahr ist klein und liegt noch in der Wiege.
Und stirbt in einem Jahr. Und das ist bald.

Hinweise zu den Texten: Seite 192.

Frische Fahrt
Joseph von Eichendorff

Laue Luft kommt blau geflossen,
Frühling, Frühling soll es sein!
Waldwärts Hörnerklang geschossen,
Mutger Augen lichter Schein,
Und das Wirren bunt und bunter
Wird ein magisch wilder Fluss,
In die schöne Welt hinunter
Lockt dich dieses Stromes Gruß.

Und ich mag mich nicht bewahren!
Weit von euch treibt mich der Wind,
Auf dem Strome will ich fahren,
Von dem Glanze selig blind!
Tausend Stimmen lockend schlagen,
Hoch Aurora flammend weht,
Fahre zu! ich mag nicht fragen,
Wo die Fahrt zu Ende geht.

Früahling
Hermann Wächter

Mitm earschta Sonnastrahl
kommt die schöaschte Zeit,
ond i spür mit oinem Mal,
im Herza so a Fraid.

Iatz gang i naus in onsre Wälder,
naus in die Natur,
wandr über weite Felder,
über Berg ond Flur.

Vogelgsang, d' Natur erwacht,
Welt wia bisch du schöa,
guck bloß, wia dös Gräsle sacht
streckt sein Kopf in d' Höha!

Ond aus de Knoschpa spitzlat raus
dia Roasa mit de Doara,
kommat aus uiram Knoschpahaus,
es ischt meah Früahling woara!

Frühlingslied
Ludwig Heinrich Christoph Hölty

Die Luft ist blau, das Tal ist grün,
Die kleinen Maienglocken blühn,
Und Schlüsselblumen drunter;
Der Wiesengrund
Ist schon so bunt,
Und malt sich täglich bunter.

Drum komme, wem der Mai gefällt,
Und freue sich der schönen Welt
Und Gottes Vatergüte,
Die solche Pracht
Hervorgebracht,
Den Baum und seine Blüte.

Lenz
Mascha Kaléko

Nachdenkliches Gedicht

Die Heckenrose greift nicht zum Kalender,
Um festzustellen, wann der Lenz beginnt.
Die Schwalben finden heim in ihre Länder,
Ihr „Reiseführer" ist der Maienwind.

Der kleinste Käfer rüstet sich im Grase
Und weiß auch ohne Weckeruhr Bescheid.
Die Frösche kommen pünktlich in Ekstase,
Und auch die Schmetterlinge sind bereit.

Im Stalle blöken neugeborne Schafe,
Und junge Entlein tummeln sich im Bach.
Die Welt erwacht aus ihrem Winterschlafe
Ganz ohne Kompass oder Almanach.

– Ein Badehöschen flattert von der Stange.
Es riecht nach Maitrank, Bohnerwachs und Zimt:
Die Kaffeegärten rüsten zum Empfange.
Der Lenz beginnt. – Es dauert ziemlich lange,
Bis ihn das Menschenherz zur Kenntnis nimmt
Und Blüten treibt… (sofern das Datum stimmt).

Hinweise zu den Texten: Seite 192–194.

Löwenzahn

Peter Huchel

Fliegen im Juni auf weißer Bahn
Flimmernde Monde vom Löwenzahn,
liegst du versunken im Wiesenschaum,
löschend der Monde flockenden Flaum.

Wenn du sie hauchend im Winde drehst,
Kugel auf Kugel sich weiß zerbläst,
Lampen, die stäubend im Sommer stehn,
wo die Dochte noch wolliger wehn.

Leise segelt das Löwenzahnlicht
Über dein weißes Wiesengesicht,
segelt wie eine Wimper blass
in das zottig wogende Gras.

Monde um Monde wehten ins Jahr,
wehten wie Schnee auf Wange und Haar.
Zeitlose Stunde, die mich verließ,
da sich der Löwenzahn weiß zerblies.

Löwenzahnsamen schweben über eine große Wiese

Heidebilder
Detlev von Liliencron

Die Mittagssonne brütet auf der Heide,
Im Süden droht ein schwarzer Ring.
Verdurstet hängt das magere Getreide,
Behaglich treibt ein Schmetterling.

Ermattet ruhn der Hirt und seine Schafe,
Die Ente träumt im Binsenkraut.
Die Ringelnatter sonnt in trägem Schlafe
Unregbar ihre Tigerhaut.

Im Zickzack zuckt ein Blitz, und Wasserfluten
Entstürzen gierig dunklem Zelt.
Es jauchzt der Sturm und peitscht mit seinen Ruten
Erlösend meine Heidewelt.

Sommerabend auf der Gartenbank
Leopold Kammerer

„Ach, Sommersonna, hör mein' Dank,
sogar der Abend is no warm.
Grad schee is' auf der Gartenbank
Mit dir, mei Weiberl, Arm in Arm."

„Des moan i aa", sagt da drauf sie,
„und horch, wia fein de Amsel singt!
Hörst d' Abendglocken-Melodie?
Und was de Nacht für G'räuscherl bringt?

Da bellt doch wo a Hund – wau-wau – ,
und horch, was i so lustig find
i glaub, de Frösch vom ganzen Gau
quaken an unserm Weiher hint."

Da sagt er: „Naa, i hör's genau,
des san gwiss ned de Froscherl.
Wer zu vui quakt, mei liabe Frau,
des is dei herzigs Goscherl."

Hinweise zu den Texten: Seite 194–196.

Herbstbild

Friedrich Hebbel

Dies ist ein Herbsttag, wie ich keinen sah!
Die Luft ist still, als atmete man kaum,
Und dennoch fallen raschelnd, fern und nah,
Die schönsten Früchte ab von jedem Baum.

O stört sie nicht, die Feier der Natur!
Dies ist die Lese, die sie selber hält,
Denn heute löst sich von den Zweigen nur,
Was vor dem milden Strahl der Sonne fällt.

Drachen

Georg Britting

Die Drachen steigen wieder
Und schwanken mit den Schwänzen
Und brummen stumme Lieder
Zu ihren Geistertänzen.

Von wo der knallende Wind herweht?
Von Bauerngärten schwer!
Jeder Garten prallfäustig voll Blumen steht,
Die Felder sind lustig leer.

Der hohe Himmel ist ausgeräumt,
Wasserblau, ohne Regenunmut.
Eine einzige weiße Wolke schäumt,
Goldhufig, wie ein Ross gebäumt,
Glanzstrudlig durch die Luftflut.

Der Herbst steht auf der Leiter
Peter Hacks

Der Herbst steht auf der Leiter
Und malt die Blätter an,
Ein lustiger Waldarbeiter,
Ein froher Malersmann.

Er kleckst und pinselt fleißig
Auf jedes Blattgewächs,
Und kommt ein frecher Zeisig,
Schwupp, kriegt der auch 'nen Klecks.

Die Tanne spricht zum Herbste:
Das ist ja fürchterlich,
Die andern Bäume färbste,
Was färbste nicht mal mich?

Die Blätter fallen munter
Und finden sich so schön.
Sie werden immer bunter.
Am Ende fall'n sie runter.

Herbstwind
Günter Ullmann

Erst spielt der Wind nur Fußball
mit Vaters bestem Hut,
dann schüttelt er die Bäume,
die Blätter riechen gut,

und lässt die Drachen leben
und wringt die Wolken aus.
Der Herbstwind lässt uns beben,
wir gehen nicht nach Haus.

Hinweise zu den Texten: 196/197.

Wenn es Winter wird
Christian Morgenstern

Der See hat eine Haut bekommen,
sodass man fast darauf gehen kann,
und kommt ein großer Fisch geschwommen,
so stößt er mit der Nase dran.

Und nimmst du einen Kieselstein,
und wirfst ihn drauf, so macht es klirr
und titscher – titscher – titscher – dirr ...
Heißa, du lustiger Kieselstein!

Er zwitschert wie ein Vögelein
und tut als wie ein Schwälblein fliegen,
doch endlich bleibt mein Kieselstein
ganz weit, ganz weit auf dem See draußen liegen.

Da kommen die Fische haufenweis
und schaun durch das klare Fenster von Eis
und denken, der Stein wär etwas zum Essen,
doch sosehr sie die Nase ans Eis auch pressen,
das Eis ist zu dick, das Eis ist zu alt,
sie machen sich nur die Nasen kalt.

Aber bald, aber bald
werden wir selbst auf eigenen Sohlen
hinausgehen können und den Stein wieder holen.

Winter
Wolfgang Borchert

Jetzt hat der rote Briefkasten
eine weiße Mütze auf,
schief und verwegen.
Mancher hat bei Glatteis
plötzlich gelegen,
der sonst so standhaft war.

Aber der Schnee hat leis
und wunderbar
geblinkt auf den Tannenbäumen.
Was wohl jetzt die Schmetterlinge träumen?

Die Vögel warten im Winter vor dem Fenster

Bertolt Brecht

Ich bin der Sperling.
Kinder, ich bin am Ende.
Und ich rief euch immer im vergangenen Jahr,
wenn der Rabe wieder im Salatbeet war.
Bitte um eine kleine Spende.

Sperling, komm nach vorn.
Sperling, hier ist dein Korn.
Und besten Dank für die Arbeit!

Ich bin der Buntspecht.
Kinder, ich bin am Ende.
Und ich hämmerte die ganze Sommerzeit,
all das Ungeziefer schaffte ich beiseit'.
Bitte um eine kleine Spende.

Buntspecht, komm nach vurn.
Buntspecht, hier ist dein Wurm.
Und besten Dank für die Arbeit!

Ich bin die Amsel.
Kinder, ich bin am Ende.
Und ich war es, die den ganzen Sommer lang
früh im Dämmergrau in Nachbars Garten sang.
Bitte um eine kleine Spende.

Amsel, komm nach vorn.
Amsel, hier ist dein Korn.
Und besten Dank für die Arbeit!

Hinweise zu den Texten: Seite 197/198.

Gesänge aus „Heilige Nacht" *(Auszug)*
Ludwig Thoma

Im Wald is so staat,
Alle Weg san vawaht,
Alle Weg san vaschniebn,
Is koa Steigl net bliebn.

Hörst d'as z'weitest im Wald,
Wann da Schnee oba fallt,
Wann si's Astl o'biagt,
Wann a Vogel auffliagt.

Aba heunt kunnts scho sei,
Es waar nomal so fei,
Es waar nomal so staad,
Dass si gar nix rührn tat.

Kimmt die heilige Nacht.
Und da Wald is aufgwacht,
Schaugn de Has'n und Reh,
Schaugn de Hirsch übern Schnee.

Hamm se neamad net gfragt,
Hot's eahr neamad net gsagt,
Und kennan's do bald,
D' Muatta Gottes im Wald.

Es mag net finsta wer'n,
Es bleibt so hell,
Es rucken Mond und Stern
Net von da Stell.

Sie hamm wia Liachta brennt,
So still und klar,
Als waar dös Firmament
A Hochaltar.

Und's is so wunderfei',
Wia's oba klingt!
Dös muass da Herrgott sei,
Der 's Hochamt singt.

Und ko ma koa Bettstatt,
Und ko ma koa Wiagn,
Und ko ma koa Lei'tuach
Fürs Christkindl kriagn?

A Wiagn passat freili,
Da lieget's recht warm.
Woher solln s' as nehma?
De Leut san so arm!

Drum legn s' as in d' Kripp'n,
Drum legn s' as aufs Heu,
An Ochs und an Esel,
De stengan dabei.

Dös is für de Arma
A tröstliche G'schicht.
Sinscht hätt's insa Herrgott
Scho anderst ei'gricht'.

Weihnachten
Joseph von Eichendorff

Markt und Straßen stehn verlassen,
Still erleuchtet jedes Haus,
Sinnend geh ich durch die Gassen,
Alles sieht so festlich aus.

An den Fenstern haben Frauen
Buntes Spielzeug fromm geschmückt,
Tausend Kindlein stehn und schauen,
Sind so wunderstill beglückt.

Und ich wandre aus den Mauern
Bis hinaus ins freie Feld,
Hehres Glänzen, heilges Schauern!
Wie so weit und still die Welt!

Sterne hoch die Kreise schlingen,
Aus des Schnees Einsamkeit
Steigt's wie wunderbares Singen –
O du gnadenreiche Zeit!

Schenken
Joachim Ringelnatz

Schenke groß oder klein,
Aber immer gediegen.
Wenn die Bedachten
Die Gaben wiegen,
Sei dein Gewissen rein.

Schenke herzlich und frei.
Schenke dabei,
Was in dir wohnt
An Meinung, Geschmack und Humor,
So dass die eigene Freude zuvor
Dich reichlich belohnt.

Schenke mit Geist ohne List.
Sei eingedenk,
Dass dein Geschenk
Du selber bist.

Gebet
Eduard Mörike

Herr! schicke, was du willt,
ein Liebes oder Leides;
ich bin vergnügt, dass beides
aus deinen Händen quillt.

Wollest mit Freuden
und wollest mit Leiden
mich nicht überschütten!
Doch in der Mitten
liegt holdes Bescheiden.

Hinweise zu den Texten: Seite 198/199.

Das Jahr vergeht

Wilhelm Busch:
Zu Neujahr
S. 180

Wilhelm Busch wurde 1832 in Wiedensahl geboren und starb 1908 in Mechtshausen/Harz. Er war Zeichner, Maler und Dichter. Einen Großteil seiner Verserzählungen hat er selbst illustriert. Hinter seinen lustigen Reimen verbirgt sich oft ein tiefsinniger Humor. Berühmt wurde er durch seine Bildergeschichten, z. B. *Hans Huckebein, Die fromme Helene, Fipps der Affe* und vor allem durch die Geschichte von *Max und Moritz*.

1 Zu Neujahr wünschen sich die Menschen Gesundheit, Glück und noch vieles andere mehr …
Welchen Rat gibt euch der Dichter?
2 Was könnte dir das Glück Gutes schenken?
3 Was sollte dir im neuen Jahr vor allem gelingen?
4 Schreibe das Gedicht ab und schreibe deine Wünsche (für deine Eltern, Geschwister …) darum herum.

Erich Kästner:
Der Januar
S. 181

Kästner wurde 1899 in Dresden geboren. Nach der Schule wollte er erst Lehrer werden, zog dann aber nach Berlin und wurde Journalist und Schriftsteller. Er veröffentlichte Gedichtbände, Hörspiele und Romane. Rasch wurde er ein angesehener Schriftsteller für erwachsene Leser ebenso wie für Kinder und Jugendliche. Die Nationalsozialisten verbrannten seine Bücher, verhafteten ihn zweimal und erteilten ihm Schreibverbot. Nach dem Krieg zog Kästner nach München, wo er weitere Bücher schrieb, allerdings nur noch für Kinder. Er starb 1974.
Seine bekanntesten Kinder- und Jugendromane sind *Emil und die Detektive, Pünktchen und Anton* und *Das fliegende Klassenzimmer*.

1 a) Wie erlebt Erich Kästner den Januar?
b) Was stimmt ihn nachdenklich?
2 Was erlebst du im Januar? Was magst du, was magst du vielleicht nicht so gerne?

Joseph von Eichendorff:
Frische Fahrt
S. 182

Joseph von Eichendorff wurde 1788 in Oberschlesien geboren und starb 1857 in Neiße/Schlesien. Er sammelte Volkslieder und Märchen und schrieb viele Geschichten, die zu den bekanntesten in der deutschen Literatur zählen. Seine Themen sind vor allem Natur, Sehnsucht, Wander- und Lebensfreude.

1 Eichendorff beschreibt den Frühling in seinem Gedicht mit sehr anschaulichen Bildern.
Suche sie heraus und male dazu eine kleine Bilderserie.
2 Was gefällt *dir* besonders am Frühling?
3 Trage das Gedicht so vor, dass durch deine Betonung auch die Stimmung zum Ausdruck kommt.

Hermann Wächter: Früahling
S. 182

Hermann Wächter wurde 1937 in Augsburg geboren. Er schloss zunächst eine kaufmännische Ausbildung ab, folgte dann aber seinen Neigungen und ließ sich zum Schauspieler ausbilden. Als Sprecher der schwäbischen Mundart machte er sich in Rundfunk und Fernsehen einen Namen. Wächter veröffentlichte mehrere Büchlein mit mundartlichen Gedichten und Erzählungen.

1 Das Gedicht ist in schwäbischer Mundart niedergeschrieben. Auch wenn diese dir völlig fremd sein sollte, wirst du durch genaues Lesen den Sinn verstehen.
2 Übertrage das Gedicht in deine Mundart und lies es dann laut vor.
3 Welche Stimmung vermittelt das Gedicht?

Ludwig Heinrich Christoph Hölty: Frühlingslied
S. 183

Hölty wurde 1748 in Mariensee bei Hannover als Sohn eines Predigers geboren. In Göttingen studierte er Theologie und neuere Sprachen und lebte anschließend dort als Übersetzer und Privatlehrer. Er war neben G. A. Bürger einer der ersten deutschen Balladendichter. 1775 begab er sich zu einer erfolglosen Tbc-Behandlung nach Hannover und starb dort 1776.

1 Der Dichter beschreibt hier in der 1. Strophe sehr anschaulich den Frühling. Male ein Bild, das dazu passt.
2 Schreibt den Text groß auf einen bunten Karton und verteilt an der Wand eure Bilder darum herum.
3 Auch du kannst deine Beobachtungen über den Frühling in einen Text fassen. Dazu ein paar Tipps, die dir das erleichtern können:
a) Schreibe das Wort „Frühling" auf ein großes Blatt Papier in die Mitte.
b) Alles, was dir jetzt dazu in den Sinn kommt, alles, was du beobachtet, gehört, gerochen, gefühlt hast, schreibe jetzt um das Kernwort herum auf.
c) Auf diese Weise entsteht eine Wortsammlung (Cluster), die es dir erleichtert, nun deine Gedanken, Beobachtungen und Gefühle in einem eigenen Gedicht über den Frühling aufzuschreiben.

4 Einige Gedanken des Dichters kann man auch so ausdrücken:

grün
das Tal
die Maiglocken blühn
die Wiese wird bunt
Frühling

Versuche, selbst ein „Elfchen" zu schreiben, nämlich:
1. Zeile: ein Wort (Farbe oder Eigenschaft)
2. Zeile: zwei Wörter (Nomen und Begleiter)
3. Zeile: drei Wörter (mit Tätigkeit)
4. Zeile: vier Wörter (Feststellung; kann auch mit „ich" beginnen)
5. Zeile: ein Wort (Abschluss: Gefühl, Stimmung, Feststellung).

Verwende dazu weitere Gedanken aus dem Gedicht von Hölty und vor allem die Gedanken aus deiner eigenen Sammlung.

Mascha Kaléko:
Lenz
S. 183

Mascha Kaléko wurde 1907 in Polen geboren. Nach dem Ersten Weltkrieg kam sie nach Berlin und wurde Mitarbeiterin verschiedener Zeitungen. Als Jüdin musste sie 1938 Deutschland verlassen, lebte in den USA und zeitweise in Jerusalem (Israel). 1975 starb sie in Zürich (Schweiz). Ihr Werk besteht aus Gedichten.

1 In der Sprache der Dichter steht „Lenz" für Frühling. Welche Bilder vom Frühling findest du im Text?
2 Am Ende des Gedichts taucht ein Bild auf: „Ein Menschenherz, das Blüten treibt". Was stellst du dir darunter vor?
3 Nachdenkliches Gedicht überschreibt M. Kaléko ihr Frühlingsgedicht. Was sie wohl damit ausdrücken will?
4 Was die Dichterin in Worten beschreibt, hat der Komponist Antonio Vivaldi in Musik ausgedrückt. Hört euch *Die vier Jahreszeiten: Der Frühling* an. Malt dazu ein Frühlingsbild.

Peter Huchel:
Löwenzahn
S. 184

Peter Huchel wurde 1903 in Berlin geboren. Er arbeitete unter anderem als Sendeleiter des Rundfunks in Ostberlin und als Chefredakteur einer Zeitschrift. 1971 verließ er die DDR und lebte in der Bundesrepublik Deutschland, wo er 1981 in Staufen/Breisgau starb. Huchel schrieb zahlreiche Gedichte und auch Hörspiele.

1 Stell dir vor, du liegst in der beschriebenen Löwenzahnwiese. Schließe die Augen, mache dir ein Bild von dieser Situation und male es.
2 Verwende Bilder und Gedanken des Gedichts und schreibe ein Elfchen.

Unbekannter Verfasser: Löwenzahnsamen
S. 184

Löwenzahnsamen gehört zu den visuellen (das Sehen betreffenden) Gedichten. Dabei werden die Buchstaben oder Wörter so angeordnet, dass sie ein Bild ergeben.

1 Was will der Verfasser mit der Anordnung des Textes erreichen?
2 Könnte man den Text auch noch anders anordnen? Versuche es am PC.
3 Welchen Zusammenhang siehst du zwischen den Löwenzahnsamen und dem abgebildeten roten Luftballon?

Detlev von Liliencron: Heidebilder
S. 185

Detlev von Liliencron wurde 1844 in Kiel als Sohn eines Zollverwalters geboren. Er war zuerst Offizier, danach übte er in Amerika verschiedene Berufe aus, z. B. Sprachlehrer, Pianist, Stallmeister. Nach seiner Rückkehr war er u. a. Gesanglehrer in Hamburg und Kirchspielvogt in Kellinghusen, danach lebte er als freier Schriftsteller in München, Berlin und Altona. Er starb 1909 in Alt-Rahlstedt bei Hamburg.

1 Du kannst dieses Gedicht mit seinen Gedanken und Bildern auch anders ausdrücken. Schreibe das Wort „Heidebilder" untereinander und verfasse Verse, die jeweils mit dem gleichen Anfangsbuchstaben beginnen. Dein Gedicht muss sich nicht reimen und du musst dich auch nicht an die Reihenfolge des Ausgangsgedichtes halten, z. B.
Heiß brütet die Sonne auf der Heide
E …
I …
D …
E …

Leopold Kammerer: Sommerabend auf der Gartenbank
S. 185

Leopold Kammerer wurde 1925 in München geboren. Nach dem Krieg studierte er in seiner Heimatstadt Zahnmedizin. Neben seiner Arbeit als Zahnarzt schrieb er viele Gedichtbände in bayerischer Mundart und in Schriftdeutsch. Er wurde Münchner Turmschreiber und Ehrenbürger von Bad Feilnbach am Wendelstein.

1 Übt den Vortrag des Gedichts und begleitet ihn mit entsprechenden Geräuschen.
2 Spielt die im Gedicht angesprochene Szene nach.
3 Begleitet euren Vortrag mit einem Schattenspiel.

Friedrich Hebbel: Herbstbild
S. 186

Friedrich Hebbel (1813–1863) ist in einem kleinen Ort in Schleswig-Holstein in großer Armut aufgewachsen. Schon als kleiner Junge musste er seinem Vater, einem Maurer, auf dem Bau zur Hand gehen. Doch fremde Hilfe ermöglichte ihm Schulbildung und ein Studium. In Wien lebte er bis zu seinem Tode als anerkannter Schriftsteller von Theaterstücken und Gedichten.

1 Der Herbsttag, von dem der Dichter erzählt, muss ein ganz besonderer gewesen sein. Wie wird das deutlich?
2 Bilder vom Herbst findet man auch in Kalendern, Zeitschriften und Zeitungen. Bringe sie mit und klebe sie zu einer Collage zusammen.
3 Wenn du einen Fotoapparat hast, gehe damit auf Herbstbild-Suche.
4 Gestaltet mit euren Bildern eine Ausstellung zum Thema „Herbst".

Georg Britting: Drachen
S. 186

Georg Britting wurde 1891 in Regensburg geboren. Schwer verwundet kehrte er aus dem Ersten Weltkrieg zurück und lebte ab 1921 als Schriftsteller in München, wo er auch 1964 starb. Er verfasste vor allem Erzählungen und Gedichte. Oft schrieb er über das bedrohte Leben in der Natur.

1 Britting verwendet bei seiner Beschreibung des Herbstes zahlreiche Wörter, die für dich seltsam klingen mögen. Schreibe sie heraus und versuche, sie zu erklären.
2 Schreibe ein Elfchen über das Drachensteigen (S. 194).
3 Du kannst entweder Bilder aus dem Gedicht malen oder einen besonders schönen Fantasiedrachen aus farbigem Ton- und Transparentpapier basteln und ihn an ein Fenster eures Klassenzimmers kleben.

Peter Hacks: Der Herbst steht auf der Leiter
S. 187

Peter Hacks, geboren 1928 in Breslau, Germanist und Theaterwissenschaftler. Er arbeitete als Dramaturg u. a. am Deutschen Theater in Ostberlin.

1 Peter Hacks „malt" hier geradezu Bilder in Worten vom Herbst. Du kannst sie sicherlich in echte Bilder umsetzen. Male oder zeichne eine Bilderfolge, wobei du auch eigene Herbstbilder einbringen kannst.

2 Viele Herbstgedichte haben eher eine traurige Stimmung. Wie sieht die bei diesem Gedicht aus? Begründe deine Meinung.
3 Das Gedicht eignet sich gut, um den Vortrag durch ein Schattenspiel zu untermalen. Besprecht euch in der Gruppe, wie ihr es spielerisch umsetzen könnt.

Günter Ullmann:
Herbstwind
S. 187

Günther Ullmann wurde 1946 in Greiz geboren. Er schreibt Gedichte und ist Maler. Als Bürger der DDR konnte er trotz Abitur aus politischen Gründen nicht studieren und verdiente sich seinen Lebensunterhalt zunächst auf dem Bau. Seit 1990 ist er als Sachbearbeiter für Kultur tätig.

1 Der Herbstwind wirkt in dem Gedicht sehr lebendig. Wie kommt das?
2 *„Der Herbstwind lässt uns beben."*
Was ist damit wohl gemeint?
3 Der Herbstwind kann noch viel mehr. Da fällt euch bestimmt etwas ein.
a) Stellt es pantomimisch dar.
b) Lasst eure Mitschülerinnen und Mitschüler raten.
4 Sucht schöne Blätter in allen Größen und Farben, presst und trocknet sie. Gestaltet aus ihnen Tiere oder Fantasiegestalten, die ihr auf ein Blatt aufklebt.

Christian Morgenstern:
Wenn es Winter wird
S. 188

Christian Morgenstern wurde 1871 in München geboren und starb 1914 in Meran (Südtirol). Er war freier Schriftsteller. Bekannt wurde er durch seine Gedichte, die vielfach witzig, aber auch wunderlich waren.

1 Lies das Gedicht laut.
2 Informiere dich, wie Fische in zugefrorenen Gewässern den Winter überleben.
3 Woran merkst du, dass es Winter wird?

Wolfgang Borchert:
Winter
S. 188

Wolfgang Borchert wurde 1921 in Hamburg geboren. Er war Buchhändler, Schauspieler und wurde im Zweiten Weltkrieg Soldat. An den Folgen des Krieges starb er mit 26 Jahren, einen Tag vor der Erstaufführung seines Schauspiels *Draußen vor der Tür*, in dem er schonungslos die Schrecken des Krieges anklagte. In seinen Gedichten, Erzählungen und Kurzgeschichten schrieb er gegen das Elend und die Trostlosigkeit des Krieges.

1 Wandere in deiner Vorstellung durch die Winterlandschaft, die das Gedicht beschreibt. Was erlebst du?

2 Wieso denkt der Dichter mitten im Winter an Schmetterlinge?
3 In welcher körperlichen Form überleben die Schmetterlinge den Winter? Wovon könnten sie während dieser Zeit wohl träumen?

**Bertolt Brecht:
Die Vögel warten im Winter vor dem Fenster**
S. 189

Bertolt Brecht (1898–1956) gehört zu den Schriftstellern, die während der Hitlerzeit wegen ihrer politischen Überzeugung Deutschland verlassen mussten und im Ausland lebten. Nach dem Krieg kehrte er nach Berlin (Ost) zurück und leitete dort ein berühmtes Theater, das „Berliner Ensemble". Mit seinen eigenen Bühnenstücken erzielte er große Wirkung. Brecht wollte mit seinen Stücken die Zuschauer auf soziale Ungerechtigkeit aufmerksam machen und sie zum Nachdenken über Mittel und Wege der Veränderung bringen. Er schrieb auch Tausende von Gedichten, darunter solche, die er Kindern widmete.

1 Lest das Gedicht mit verteilten Rollen vor.
2 a) Sperling, Buntspecht und Amsel sind „am Ende".
Was ist ihr gemeinsames Anliegen?
b) Wie begründen sie jeweils ihre Bitte?
3 Die Kinder haben Achtung vor den Vögeln.
Wodurch kommt das in dem Gedicht zum Ausdruck?
4 Auch am Ende des letzten Verses heißt es:
Und besten Dank für die Arbeit! Wie denkt ihr darüber?
5 a) Tragt zusammen, was ihr über die drei Vögel wisst.
Wie denkt der Mensch über ihren Nutzen?
b) Stellt das Bild der Tiere, wie es das Gedicht vermittelt, dem allgemeinen Urteil gegenüber.
c) Brecht will uns zum Nachdenken auffordern.
Worüber wohl?
6 Versucht einmal, das Gedicht um weitere Strophen zu ergänzen (mit anderen Tieren oder auch Pflanzen oder Bäumen).

**Ludwig Thoma:
Gesänge aus „Heilige Nacht"**
S. 190

Ludwig Thoma (1867–1921), in Oberammergau geboren, ist einer der berühmtesten oberbayerischen Dichter, der weit über die Grenzen Bayerns hinaus bekannt wurde. Als Rechtsanwalt in Dachau und am Tegernsee stellte er sich auf die Seite der Armen und Hilflosen. Viele seiner Gedichte und Theaterstücke sind im oberbayerischen Dialekt geschrieben.

1 Übersetze den Text in deinen Dialekt oder ins Hochdeutsche.

2 Der Text enthält einige Aussagen über die Weihnachtsgeschichte. Schlagt im *Neuen Testament* unter *Lukas 2, Vers 1–20* nach und erzählt die Weihnachtsgeschichte in der Klasse.

3 Gestaltet einige Szenen aus der Weihnachtsgeschichte und spielt sie nach. (Vielleicht seid ihr so gut, dass ihr eure Schulweihnachtsfeier mitgestalten könnt.)

**Joseph von Eichendorff:
Weihnachten**
S. 191

Angaben zum Autor findest du auf S. 192.

1 Würde der Dichter heute leben, hätte er sicherlich manches anders ausgedrückt. Versuche dich an einer „modernen" Fassung, indem du Formulierungen findest, die dir gefallen.

2 Übt einen stimmungsvollen Vortrag des Gedichtes und untermalt ihn mit passender Musik.

**Joachim Ringelnatz:
Schenken**
S. 191

Joachim Ringelnatz (1871–1934) hieß eigentlich Hans Böttger. Bekannt wurde er durch seine Gedichte, die er gelegentlich auch selbst in der Öffentlichkeit vortrug.

1 Ringelnatz hat seine Mitmenschen offensichtlich gut beobachtet. Welche Ratschläge gibt er für das Schenken?

2 Wie suchst du Geschenke für andere aus?

3 Erinnere dich an:
– ein Geschenk, über das du dich sehr gefreut hast.
– ein Geschenk, mit dem du jemandem eine große Freude bereitet hast.
Was war das jeweils Besondere an dem Geschenk?

**Eduard Mörike:
Gebet**
S. 191

Eduard Mörike, 1804 in Ludwigsburg (Württemberg) geboren, wurde mit 30 Jahren Pfarrer in einem schwäbischen Dorf. Er überließ aber das Predigen gern seinem Vikar und streifte lieber durch die Natur und formte in seinem Kopf Gedichte. Mörike war gesundheitlich anfällig und schied deshalb bereits mit 40 Jahren aus dem Pfarramt aus. Mit einem bescheidenen Ruhegeld lebte er ab 1851 als Literaturlehrer in Stuttgart, wo er 1875 starb.

1 Was macht dieses Gedicht zum Gebet?

2 Worum bittet der Dichter?

3 Welcher Gedanke in diesem Gebet ist dir vertraut, welcher fremd?

199

Umweltschutz geht alle an

Karikatur von Horst Haitzinger

Wie ich die Zukunft sehe

Wenn die Menschen mit der Umweltverschmutzung so weitermachen und niemand etwas dagegen unternimmt, werden die Kinder im Jahre 2010 auf Abfallbergen spielen. Die Wälder werden verschmutzt und voller Dreck sein. Es werden neue unheilbare Krankheiten erscheinen. Die Meere werden das Land überfluten und alles wird untergehen. Aber hoffentlich können wir das noch verhindern. Und die Welt wird nicht untergehen.

David Schrapp

1 Dieser Text wurde von einem Kind in eurem Alter geschrieben. Was haltet ihr von seinen Aussagen?

2 Wie siehst du die Zukunft? Schreibe deine Gedanken dazu auf.

Zur Umweltverschmutzung wurde schon sehr viel geschrieben. Die entsprechenden Texte wollen über das Problem informieren und Anregungen geben, wie wir zur Erhaltung unserer natürlichen Umwelt beitragen können.
Meistens handelt es sich dabei um **Sachtexte**. Oft ist es nicht leicht, solche Texte zu verstehen. Sie enthalten viele **Fachbegriffe** oder **Fremdwörter**, sind manchmal sehr lang und haben eine Fülle von **Informationen**.
Doch keine Angst! Sachtexte zu lesen und zu verstehen kannst du lernen.
Die folgenden Texte mit ihren Arbeitsaufträgen helfen dir dabei.

Sachtexte lesen und verstehen

1 Wovon handelt der folgende Text?
a) Die Überschrift gibt dir einen ersten Hinweis.
Versuche, die Überschrift als Frage zu formulieren: Welches …
b) Auch Bilder können etwas über den Inhalt verraten.
c) Du hast jetzt schon eine Vorstellung, wovon der Text handelt.
Bevor du liest, überlege: Was fällt dir zu diesem Thema ein?

Die Benjes-Hecke schafft viele Lebensräume

Schnittgut von Bäumen und Sträuchern wird wiederverwertet – Die Natur sät selbst

F ü r s t e n z e l l (as). Was ist denn eine „Benjes-Hecke?" werden sich bei der Ortsgruppe des Naturschutzes einige der freiwilligen Mithelfer zuerst gefragt haben, als sie zweiter Vorstand Roland Menzel zu deren Anlegung ins Biotop Siglmühle einlud. Des Rätsels Lösung war bald gefunden: Aus einer
5 Zeile aus abgeschnittenen Zweigen und Sträuchern schafft die Natur selbst eine Hecke aus Strauch- und Buschwerk.
Die Erfinder bzw. Initiatoren dieser Hecke sind Hermann und Heinrich Benjes, Ökogärtner und Naturfreunde aus Niedersachsen. Sie hatten herausgefunden, dass eine solche längere Zeile überflüssigen Schnittgutes, wie es beim Säubern
10 von Gärten, Obstbaumkulturen und Schneiden von Hecken anfällt, ökologisch wahre Wunder wirken kann.

Damals …

Ohne großen Aufwand, vor allem finanzieller Art, schafft die Natur allein aus diesem „Abfall" im Laufe mehrerer Jahre eine Hecke, zuerst eine so genannte Krauthecke, später dann eine richtige Hecke aus Strauch-und Buschwerk.

Schon im ersten Winter erfüllt dieses Gestrüpp eine Funktion. Es wird Unterstand für Hase, Igel und sonstiges Kleingetier, das in den heutigen, oft restlos ausgeräumten Landschaften kaum mehr Unterschlupf finden kann. Rehe oder auch Schafe richten nicht viel an, da sie das wirre Gestrüpp meiden. So können in dem Zweig- und Astwerk langsam Pflanzen heranwachsen, die nie gesät wurden. Schnell stellen sich auch die Vögel ein, in erster Linie die Bodenhüter.

Die Besiedlung dieser Art von Hecke stellt sich fast explosionsartig ein, beginnend bei Käfern, Insekten bis zu allen Arten von Vögeln. Eine Art Kettenreaktion der Natur ist die Folge, schreibt dazu Hermann Benjes in seinem Buch „Die Vernetzung von Lebensräumen mit Feldhecken". Mit ihrem Kot sorgen vor allem die Vögel für das Heranbringen weiterer Samen. So wuchert und wächst es bald überall. Vom ursprünglichen Material, den Ästen und Zweigen, wird in einigen Jahren nichts mehr zu sehen sein. Es wird langsam Totholz und von den Käfern, Würmern und Asseln zu Erde aufgearbeitet.

Die spätere Feldhecke hat aber auch die Aufgabe die Vernetzung der einzelnen Lebensräume zu erwirken und besonders auch Verbindungen mit dem Lebensraum Wald herzustellen.

Im Falle Fürstenzell bot sich das im Ausbau befindliche Biotop Siglmühle an, das die Ortsgruppe des BUND (Bund für Umwelt und Naturschutz in Deutschland) betreut. Die Großflächigkeit dieses Geländes erlaubte auch die Anlage einer genügend groß dimensionierten Hecke mit entsprechender Länge. Das halbe Dutzend Helfer, zusammen mit beiden Ortsvorsitzenden Klaus Karbaumer und Roland Menzel, jedenfalls war sich sicher, die geopferten freien Stunden für eine sehr gute Sache in jeder Beziehung aufgewandt zu haben.

... heute

Sondermüll aus Hightech

Roland Bischoff

Es herrscht gute Sicht, als Nora den Motor ihres Sportflugzeugs auf 1 800 Umdrehungen in der Minute drosselt und zur Landung auf dem Flughafen von Chicago ansetzt. Der Kompasskurs stimmt haargenau – zwei Minuten spä-
5 ter setzt die junge Pilotin sicher auf Landebahn M 36 auf. Wenn sie an ihre ersten Flugversuche zurückdenkt, muss Nora lachen. Damals war sie gleich in der ersten Unterrichtsstunde von der Rollbahn abgekommen und frontal gegen einen Hangar geprallt.
Doch der Schaden hielt sich in Grenzen. Genau genommen war gar keiner ent-
10 standen – Noras erste Flugstunde fand auf dem Bildschirm ihres Computers statt, genauso wie heute die perfekte Landung. Die 14-Jährige verbringt viel Zeit vor dem Computer. Doch inzwischen ist sie mit ihrem Rechner unzufrieden. Die neuesten Computerspiele kann sie nicht mehr spielen, weil der Rechner zu klein ist. Für Nora ist klar: Ein neuer Computer muss her. Die Eltern ha-
15 ben nichts dagegen, stellen sich aber die Frage: Wohin mit dem alten Rechner? Genau das Gleiche fragen sich immer häufiger auch andere Menschen und Firmen: Wohin mit dem alten Computer, dem defekten Monitor, dem ausrangierten Fernseher, der veralteten Telefonanlage oder dem kaputten CD-Player? In all diesen Hightech-Geräten steckt eine Menge an Elektronikschrott, dessen
20 Verwertung bisher mit mehr Fragen als Antworten verbunden ist.
Jedes Jahr, so schätzt man, fallen in Deutschland rund 150 000 Tonnen Elekronikschrott an. Dabei handelt es sich um Platinen, Mikrochips und andere elektronische Bauteile. Die Menge an Elektronikschrott aus Computern schätzen Experten auf 9 000 bis 10 000 Tonnen jährlich. Elektronikschrott wird
25 aus zwei Gründen zu einem immer größeren Problem: Zum einen nimmt die Anzahl elektronischer Geräte ständig zu, zum anderen ist das umweltgerechte Recycling dieser Geräte aufwändig und deshalb auch teuer. Sorgen beim Computerrecycling machen vor allem die Kunststoffe. Diese lassen sich bislang nur schlecht wieder ver-
30 werten. Die bisher übliche thermische Verwertung, sprich das Verheizen in der Müllverbrennungsanlage, ist unter Abfallexperten wegen der Dioxingefahr umstritten.
Die für Tastaturen, Rechner- und Bildschirmgehäuse
35 verwendeten Kunststoffe können beim Verbrennen giftige Stoffe entwickeln.

2 Manchmal ist ein Text schwer zu verstehen, weil er viele Fachbegriffe und Fremdwörter enthält, die wir nicht kennen. Auch in diesem Text kommen gehäuft unbekannte Begriffe vor. Notiere dir alle Begriffe, die du nicht verstehst. Die folgenden Tipps helfen dir, die Wörter verstehen zu lernen.

(1) Das Wort „verrät" sich selbst.
Beispiel: <mark>Kompasskurs</mark>
Das Wort setzt sich aus zwei Wörtern *(Kompass und Kurs)* zusammen,
die erklären, was damit gemeint ist: Der Kurs des Flugzeuges richtet sich
nach dem Kompass.

Suche weitere schwierige oder dir unbekannte Wörter im Text, deren Bedeutung
du aus der Wortzusammensetzung erschließen kannst. Erkläre sie.

(2) Im Text steht die Erklärung.
Beispiel: <mark>thermische Verwertung</mark>
„thermische Verwertung, sprich das Verheizen in der Müllverbrennungsanlage"

Suche weitere Wörter im Text, deren Bedeutung du aus dem Text erkennen
kannst. Erkläre sie.

(3) Die Bilder zeigen dir die Bedeutung des Wortes.
Beispiel: <mark>Monitor</mark>
Anhand des Fotos weißt du jetzt sicher, was gemeint ist.

Welchen anderen Begriff für *Monitor* kennst du? Du findest ihn auch im Text.

(4) Im Lexikon kannst du die genaue Erklärung nachschlagen.
Wenn das Wort selbst keine Erklärung gibt und Text und Bilder
auch nicht weiterhelfen oder wenn du wissen willst, welche genaue Bedeutung
ein Wort hat, dann musst du Nachschlagewerke verwenden.
Sicher findest du zu Hause oder in Büchereien verschiedene Lexika,
die dir weiterhelfen können: Fremdwörterbuch, Sachlexikon, Jugendlexikon …

Beispiel: <mark>Platine</mark> (fr.):
1) in der Metallverarbeitung ein geschmiedetes, vorgewalztes
   oder zugeschnittenes Formteil
2) in der Elektrotechnik eine Montageplatte für elektronische Bauteile

Finde heraus, welche der beiden Bedeutungen im Text gemeint ist.
Suche weitere Wörter im Text, deren Bedeutung du aus dem Lexikon
entnehmen musst. Erkläre sie.
Vielleicht hast du auch die Möglichkeit, eine CD-ROM zu benutzen.
Dann schlage auch dort nach.

Lichtverschmutzung

„Druckfehler!", haben Leser einer Tageszeitung gedacht, als sie die Schlagzeile sahen: „Augsburg bekämpft Lichtverschmutzung!" Aber sie stimmte. Auch mit Licht kann unsere Umwelt „verschmutzt" werden.
In den Städten leuchten die ganze Nacht hindurch Straßenlaternen und Leuchtreklamen. Seit einiger Zeit beleuchten viele Diskotheken den Himmel auch noch mit Laser-Strahlern. Am Abgasdunst über der Stadt wird alles Licht, das nach oben strahlt, dann „zerstreut", das heißt in alle Richtungen abgelenkt. So bildet sich über einer Stadt eine Art „Lichthaube".
Biologen beklagen sich schon lange über die taghell erleuchteten Städte, weil das viele Licht Nachtfalter und andere Insekten anlockt und in die Irre führt. Aber auch die Astronomen beschweren sich: „Das Licht über der Stadt blendet so sehr, dass sogar in klaren Nächten das weiße Band der Milchstraße nicht mehr zu erkennen ist!" Durch das Licht wird also die Sicht „verschmutzt".
Vielleicht wird damit aber bald Schluss sein! Als eine der ersten Städte in Deutschland hat Augsburg nun damit begonnen, die zunehmende „Lichtverschmutzung" zu stoppen. Einem Diskothekenbesitzer wurde schon verboten, den Himmel mit Lasern anzustrahlen. Und Leuchtreklamen und Straßenlaternen sollen mit umweltfreundlicheren Lampen ausgerüstet werden, die schwächer leuchten und Insekten nicht mehr wie magisch anziehen. Das würde nicht nur den Nachtfaltern und den Sternguckern nützen. Denn wo Licht brennt, da wird Strom verbraucht. Und bei der Stromerzeugung wird die Umwelt meist mit Abgasen belastet. Wenn die Städte in Zukunft auf „Sparflamme" leuchten würden, dann wäre nicht nur die „Lichtverschmutzung" geringer – sondern auch die Luftverschmutzung!

Berlin bei Nacht

Du hast erarbeitet, wie man einen Text schrittweise lesen und so den Inhalt genau kennen lernen kann.

3 Probiere dies noch einmal an einem anderen Text aus.
Du kannst dich dabei an der folgenden Übersicht orientieren.

So kannst du vorgehen:

Wovon handelt der Text?
(Hilfen: Überschriften, Bilder ...)
Was weißt du schon?

Warum verschmutzt das Licht die Umwelt?

Hast du alle Wörter verstanden?
Begriffe klären.

Lichthaube
Abgasdunst
Milchstraße

Verschaffe dir einen Überblick.
Den Text in Abschnitte einteilen.

1. Abschnitt:
   bis „Lichthaube"
2. Abschnitt: ...
3. Abschnitt: ...

Ein Problem stinkt zum Himmel

Rolf-Andreas Zell

Die Archäologen, die im Süden Zyperns mit Ausgrabungen beschäftigt waren, trauten ihren Augen nicht: Unterhalb eines Felsvorsprungs stießen sie in einer meterdicken Erdschicht auf Tausende von
5 Tierknochen, zwischen denen Werkzeuge und Abfälle aus Feuerstein lagen. Die verblüfften Forscher hatten eine vorgeschichtliche Müllhalde entdeckt.

Was die Archäologen fanden, brachte auch Biologen aus dem Häuschen. Als sie den Knochenfund genauer betrachteten, war die Sensation perfekt: Auf Zypern
10 lebten einst Zwergelefanten, die gerade mal einen Meter hoch wuchsen. Diese Mini-Dickhäuter kannte man bisher nur von Kreta. Dass sie auch auf Zypern durch das Gestrüpp getrottet waren, hatte zuvor niemand gedacht. Die ausgegrabene Müllhalde zeigte, dass die Steinzeitmenschen auf Zypern die kleinen Dickhäuter offenbar systematisch ausgerottet hatten.

15 In der untersten und daher ältesten Schicht befanden sich zahlreiche Elefanten- und Flusspferdknochen. Nach oben hin verringerte sich jedoch der Anteil dieser Säugetierknochen.

Dafür lagen nun immer mehr Vogelknochen herum. Mit anderen Worten: Je seltener der begehrte Elefantenbraten wurde, desto häufiger stand Geflügel auf
20 der Speisekarte der ersten Siedler.

Für Archäologen sind die Müllhalden unserer Vorfahren wie ein offenes Buch. So verraten der Scherbenhaufen einer Töpferwerkstatt oder die Abfälle einer eisenzeitlichen Schmiede eine Menge über das Leben der damaligen Menschen. Diese waren schon vor zweieinhalbtausend Jahren in der Lage, aus Eisenerzen
25 das Metall herauszuschmelzen und daraus Werkzeuge herzustellen.

Auch unsere heutigen Müllberge sind, wenn man sie mit den Augen eines Archäologen betrachtet, ziemlich „gesprächig". Wer einmal aufmerksam über eine Mülldeponie wandert, wird sich wundern. Hier liegt zwischen Plastikflaschen eine Puppe, dort kommt unter einem zersplitterten Holzbrett ein Kofferradio zum Vorschein und weiter drüben ruht zwischen Gemüseresten und Getränkedosen ein elektrischer Toaster. Viele Gegenstände auf dem Müllberg sind eigentlich kein Abfall, sondern noch voll zu gebrauchen. Warum sie weggeworfen wurden, wird sich für die Archäologen des Jahres 3000 nur schwer nachvollziehen lassen.

Das Wegwerfen ist in unserer Gesellschaft so normal geworden, dass wir sogar von einer Wegwerfgesellschaft sprechen. Doch eine Erfindung unserer Zeit ist der Abfall nicht. Im Gegenteil: Unrat aller Art dürfte schon immer ein treuer Begleiter der Menschen gewesen sein.

Menschlicher Schmutz, Küchenabfälle und tote Tiere belasteten die Siedlungen und Städte unserer Vorfahren. Bis zum 19. Jahrhundert versank Europa buchstäblich im eigenen Dreck. Die Bürger kippten jeglichen Unrat schlichtweg auf die Straße.

Ein Reisebericht von 1800 beschreibt: „Man freut sich, wenn man endlich die Turmspitzen von Berlin erblickt. Jetzt kommt aber nahe der Zollschranke dem Reisenden ein bestialischer Gestank entgegen, denn die Berliner laden all ihren Unrat vor den Toren ab. In diese Rinnsteine entleert man die Nachtstühle und alle Abfälle aus der Küche und wirft tote Haustiere hinein." Kein Wunder, dass bei solch unhygienischen Verhältnissen immer wieder Krankheiten wie Pest und Cholera ausbrachen.

4 Du hast den Text aufmerksam gelesen und dir dabei einen ersten Überblick über den Inhalt verschafft.
a) Was ist auf den ersten Blick besonders interessant, merkwürdig, auffällig …?
b) Der Text ist schon in Absätze eingeteilt.
Du kannst die Absätze in zwei größere Abschnitte zusammenfassen.
Im ersten Abschnitt geht es darum, warum die Müllhalden für Geschichtsforscher so wichtig sind. Im zweiten geht es um das Problem Abfall an sich.
Bei welcher Zeile würdest du den Text teilen?

5 Was ist die wichtigste Information?

Das Wichtigste eines Textes kannst du aus den **Schlüsselstellen** entnehmen.
Als Schlüsselstellen bezeichnet man solche, die wesentliche Aussagen beinhalten.
Schlüsselstellen können aus einem oder mehreren Wörtern bestehen.

	Schlüsselstellen:
1. Abschnitt Die Archäologen, die im Süden Zyperns mit Ausgrabungen beschäftigt waren, trauten ihren Augen nicht: Unterhalb eines Felsvorsprungs stießen sie in einer meterdicken Erdschicht auf Tausende von Tierknochen, zwischen denen Werkzeuge und Abfälle aus Feuerstein lagen. Die verblüfften Forscher hatten eine <u>vorgeschichtliche Müllhalde</u> entdeckt.	vorgeschichtliche Müllhalde
Was die Archäologen fanden, brachte auch Biologen aus dem Häuschen. Als sie den Knochenfund genauer betrachteten, war die Sensation perfekt: Auf Zypern lebten einst <u>Zwergelefanten</u>, die gerade mal einen Meter hoch wuchsen. Diese Mini-Dickhäuter kannte man bisher nur von Kreta. Dass sie auch auf Zypern durch das Gestrüpp getrottet waren, hatte zuvor niemand gedacht ...	Zwergelefanten
2. Abschnitt Auch unsere <u>heutigen Müllberge</u> sind, wenn man sie mit den Augen eines Archäologen betrachtet, ziemlich „gesprächig". Wer einmal aufmerksam über eine Mülldeponie wandert, wird sich wundern. Hier liegt zwischen Plastikflaschen eine Puppe, dort kommt unter einem zersplitterten Holzbrett ein Kofferradio zum Vorschein und weiter drüben ruht zwischen Gemüseresten und Getränkedosen ein elektrischer Toaster. Viele Gegenstände auf dem Müllberg sind eigentlich kein Abfall, sondern noch voll zu gebrauchen. Warum sie weggeworfen wurden, wird sich für die Archäologen des Jahres 3000 nur schwer nachvollziehen lassen ...	heutige Müllberge

Schlüsselstellen sind ein Schlüssel für die wichtigsten Informationen.

6 Suche im Text weitere Schlüsselstellen. Manchmal ist es nicht ganz eindeutig zu entscheiden, was die Schlüsselstellen eines Abschnittes sind.
Deshalb könnt ihr auch zu unterschiedlichen Ergebnissen kommen.
Das hängt davon ab, was euch am Text interessiert.

7 Welche Einzelheiten sind wichtig?
Mit **Stichpunkten** kannst du wichtige Einzelheiten in kurzer Form festhalten und damit zu den Schlüsselstellen zusätzliche Informationen aufschreiben.

Beispiele:

	Schlüsselstellen und dazugehörige Stichpunkte:
Die Archäologen, die im Süden Zyperns mit Ausgrabungen beschäftigt waren, trauten ihren Augen nicht: Unterhalb eines Felsvorsprungs stießen sie in einer meterdicken Erdschicht auf Tausende von Tierknochen, zwischen denen Werkzeuge und Abfälle aus Feuerstein lagen. Die verblüfften Forscher hatten eine <u>vorgeschichtliche Müllhalde</u> entdeckt.	*vorgeschichtliche Müllhalde:* - *Zypern* - *meterdicke Erdschicht* - *Tausende von Tierknochen* - *Werkzeuge und Abfälle aus Feuerstein*
Was die Archäologen fanden, brachte auch Biologen aus dem Häuschen. Als sie den Knochenfund genauer betrachteten, war die Sensation perfekt: Auf Zypern lebten einst <u>Zwergelefanten</u>, die gerade mal einen Meter hoch wuchsen. Diese Mini-Dickhäuter kannte man bisher nur von Kreta. Dass sie auch auf Zypern durch das Gestrüpp getrottet waren, hatte zuvor niemand gedacht.	*Zwergelefanten:* - *...*

Stichpunkte halten Wichtiges in kurzer Form fest.

8 Trage die Stichpunkte zusammen zum Schlüsselwort *Zwergelefanten*.
Versuche, auch zu den anderen Schlüsselstellen des Textes wichtige Einzelheiten mit Stichpunkten festzuhalten.

Was du zum Umweltschutz beitragen kannst

Bad Brückenau, den 15.10....

Liebe Carina!
Gestern waren Biggi und ich mit vielen anderen im Wald unterwegs und haben Müll gesammelt, denn vor einigen Wochen hatte unsere Lehrerin, Frau Wiesner, einen Brief vom Bürgermeister bekommen. Darin hat gestanden, dass am 14. Oktober die Aktion „Ramadama" durchgeführt wird. Wir waren neugierig und wollten von ihr wissen, was das ist. Sie erklärte uns, dass diese Aktion von „Radio-Antenne Bayern" gegründet worden ist. Alle Leute in Bayern werden da aufgefordert, Müll zu sammeln, den Spaziergänger bei ihren Wanderungen achtlos weggeworfen haben. Frau Wiesner nannte diese Leute „Umweltferkel". Das gab ein Gelächter – das kannst du dir ja vorstellen!
Meine Gruppe traf sich um acht Uhr am Bahnhof. Außer Biggi und mir waren noch Sonja und Boris aus unserer Klasse dabei; Dann waren da noch einige Erwachsene und sogar zwei Stadträte. Einer von ihnen, Herr König, begrüßte uns ganz freundlich. Er verteilte verschiedenfarbige Plastiksäcke, in die wir die Abfälle sortieren sollten. Du weißt schon, „Gelber Sack" und so. Dann gab er uns Handschuhe. „Damit du dir nicht weh tust, außerdem bleiben die Hände sauber", erklärte er mir. Er hatte recht, manchen „Mist" hätte ich nicht angefasst.
Endlich ging es los! Wir Kinder gingen an der Spitze. Schon nach ein paar Schritten lagen Papierschnipsel, Zigarettenschachteln und leere Coladosen am Weg. Als wir an den Waldrand kamen, rief Biggi: „Schau mal! Da liegen ja Autoreifen!" „Hier ist eine alte Batterie und sogar ein Lenkrad!", schrie Boris aufgeregt. „Wenn ich noch einen Motor finde und eine alte Karosserie, dann brauche ich nur noch einen Führerschein!", meinte Sonja. Da haben wir alle laut gelacht. Carina, du kannst dir gar nicht vorstellen, was wir alles im Wald gefunden haben: jede Menge Cola- und Bierbüchsen, alte Zeitungen, Plastiktüten, Weinflaschen, eine kaputte Schaufensterpuppe, Glasscherben, Chipstüten, einen aufgerissenen Ball ... Ich kann gar nicht alles aufzählen. Sogar zwei alte Sessel und einen Fernseher fanden wir im Gebüsch. Glaubst du nicht? Stimmt aber wirklich. Als wir nach gut zwei Stunden fertig waren, hatten wir eine ganze Menge gesammelt. Später kam dann ein Lastwagen, auf den alles geworfen wurde. An der Sammelstelle konnten wir uns die Hände waschen. Dann bekamen alle Getränke und belegte Brötchen. Und für uns Kinder gab es als besondere Überraschung ein Eis! Danach gingen wir nach Hause. Die Aktion hat mir zwar Spaß gemacht, aber es war echt anstrengend. Ich finde, Frau Wiesner hat recht gehabt: Leute, die ihren Abfall in den Wald schmeißen, sind wirklich „Umweltferkel". Gibt es „Ramadama" in deiner Stadt auch? Hast du schon einmal bei so etwas mitgemacht? Bitte schreib mir bald!

Deine Valerie

1 Warum wohl haben Valerie und ihre Freunde an der Aktion „Ramadama" teilgenommen?

2 Der Lkw wird den gesammelten Müll zu einem Wertstoffhof fahren. Welche Möglichkeiten der Mülltrennung gibt es dort?

3 „Umweltferkel" gibt es überall – auch in der Schule. Wie entsorgt ihr in der Schule euren Müll?

Sollte man hier etwas ändern?

Worte und Bilder

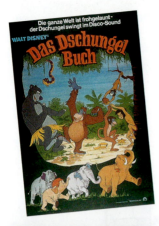

Wort und Bilder
Bild und Worte
Locken Euch von
Ort zu Orte
Und die liebe Phantasei
Fühlt sich hundertfältig frei.

*Johann Wolfgang
v. Goethe*

1 Was will Johann Wolfgang von Goethe mit seinem „Gedicht" ausdrücken?

2 Betrachte die Bilder. Welche Medien locken dort die Kinder von „Ort zu Ort"?

3 Welche Medien könnten euch verlocken? Erstellt eine „Medien-Hitparade" und wertet sie aus, z.B. nach Beliebtheit, Zeitverbrauch, Zugang, Vorhandensein...

Zapping am Nachmittag
Karlhans Frank

Zu schnell daran gewöhnt
Dein Haar hätte es dringend
Gesiegt, tapferer Krieger
Beim Thema Guten Appetit
Zum Kennenlernpreis
Mit deinem lausigen
Freuen sich über
Dem Ufer des ungarischen Sees
Er ist wieder voll da
For the second shot
Ihr Geld nicht
Haben die Bank ausgeraubt
Nacken und Wirbelsäule werden
Was Sie kriegen können
Sie war in ihren Anfängen
Ein scheußliches Gefühl
Rufen Sie die Polizei
Bis zum Mittelpunkt der Erde
The world is
Für Wissensdurst und Fragelust
Auf der falschen Straßenseite
Vollständig verdorben
Die Weite von ihm dreiundvierzig
Vom Allerfeinsten
For a young man
Frieden in unserer Gesellschaft
Hatte vorher mit Ihrer Frau

4 Versuche, einzelne Zeilen bestimmten Fernsehsendungen zuzuordnen.

5 Verfasse mit deiner Nachbarin oder deinem Nachbarn ein „Zapping-Gedicht".

6 Was – wann – wo – warum – wie – schaust du gerne fern?

7 Bringt ein Fernsehprogramm mit und einigt euch auf einen beliebigen Tag. Welche Sendung würdest du auswählen, wenn du zwei Stunden Fernsehzeit zur Verfügung hättest? Begründe deine Auswahl.

Einstellung

Wolfgang Wagerer

Irgendwie
ist es beruhigend
dass du jederzeit
rund um die Uhr
den Fernseher einschalten kannst –
und er spricht mit dir,
wenn du dich allein
oder elend fühlst
fast wie ein Freund.

Nur leider musst du dich
immer auf sein Programm
einstellen –
umgekehrt klappt's nicht.

8 Worin besteht der große Nachteil beim Fernsehen?

9 Warum hat das Gedicht wohl diesen Titel?

10 Die äußere Form dieses Gedichtes unterscheidet sich von vielen anderen, die du bereits kennst. Worin liegen die Unterschiede?

Keine Zeit

Rolf Krenzer

„Warum trifft man dich kaum noch?" Ingo blickt Uwe fragend an. „Beim Sport hast du dich auch abgemeldet!"
„Keine Zeit!" Uwe zuckt bedauernd mit den Schultern. „Einfach keine Zeit!"
„Schade!", meint Ingo. Als er gehen will, packt Uwe ihn plötzlich am Arm.
5 „Kannst ja mal zu mir kommen!", sagt er. „Ich habe mir im Keller ein Studio eingerichtet."
„Und was machst du da?"
„Video! Ich habe jetzt zwei Videorekorder!"
„Wofür brauchst du zwei?", fragt Ingo.
10 „Überspielen!" Uwe sagt es so, als wäre es die selbstverständlichste Sache der Welt. Sie verabreden sich für Mittwochnachmittag. Und als Ingo in Uwes Studio steht, wundert er sich über die Unmassen von Videobändern, die hier auf

engstem Raum untergebracht sind. Regale bis zur Decke vollgepackt, und auf einem Abstelltisch liegt auch noch eine Menge, anscheinend ungeordnet.

15 Auf der Mattscheibe flimmert ein Uralt-Western in Schwarzweiß, den Ingo schon immer einmal sehen wollte. Seine Eltern schwärmen ihm bis heute davon vor: „High Noon" mit Gary Cooper und dieser ehemaligen Fürstin von Monaco.

„Nimmst du den auf?" Uwe schüttelt den Kopf.

20 „Geht nicht! Bei RTL wiederholen sie ‚Die unendliche Geschichte'. Die will mein kleiner Bruder unbedingt haben. Und im Zweiten geht es um den Regenwald in Brasilien. Die bringen da Zahlen, die ich für die Schule brauche. Ich muss heute Abend unbedingt noch eine Weile hineinsehen!"

Uwe greift nach zwei Videobändern, die auf dem einen Rekorder liegen, und
25 reicht sie Ingo herüber. Ingo pfeift anerkennend durch die Zähne.

„Woher hast du die? Die sind doch ganz neu!"

Uwe nickt. „Schorchi hat sie mir geliehen. Aber er will sie heute Abend schon wieder zurückhaben. Ich muss sie ihm nachher noch bringen!"

„Hast du sie überspielt?" Ingo hätte große Lust, sich wenigstens den einen an-
30 zusehen. „Mach ich, wenn ich das hier aufgezeichnet habe!"

„Aber dann hast du ja den ganzen Nachmittag damit zu tun?"

Uwe lacht. „Das geht gleich mit doppelter Geschwindigkeit von einem Rekorder zum anderen."

„Aber dann kannst du ja nicht zusehen!"

35 „Hauptsache, ich habe beide erst einmal auf Video!", sagt Uwe und blickt auf den Bildschirm. Gary Cooper steht allein in der sengenden Mittagshitze vor dem einsamen Bahnhof. „Do not forsake me, oh my darling!" Ingo erinnert sich an die Melodie. Sein Vater hat sie kürzlich auf einer CD zusammen mit vielen anderen Oldies gekauft. Seitdem nudelt sie immer zu Hause.

40 „Schade, dass ich den Anfang nicht mitbekommen habe!", meint er.

„Entschuldige mal!", sagt Uwe nach einer Weile. „Ich habe zwar den Timer eingestellt. Aber ich muss kurz reinsehen, ob diese Regenwaldgeschichte immer noch läuft. Sie sollte doch um 17 Uhr 40 fertig sein.

45 „Deine Uhr geht vor!" Ingo ärgert sich, dass jetzt an dieser spannenden Stelle unterbrochen wird.

„Warte, gleich ist es so weit." Uwe beobachtet gleichzeitig den Bildschirm und den einen Rekorder.
50 „Da!" Triumphierend deutet er auf den Rekorder. „Er hat zum richtigen Zeitpunkt abgeschaltet!" Er nickt Ingo zu. „Richtig program-
55 mieren und timen ist alles!"

„Holst du jetzt wieder den Western?"

„Moment noch!" Uwe starrt gebannt auf den Rekorder. „Ich habe ihn noch für 17 Uhr 45 auf PRO 7 programmiert. Das ist nur eine kurze Sache!"

Als er bemerkt, dass Ingo irgendwie verärgert ist, fügt er hinzu: „Kann sein, dass ich den Western schon auf Video habe. Du kannst ihn dir gern mitnehmen!"

Ingo greift nach den Videos auf dem Regal.

„Das ist ja eine riesige Kapitalanlage!", sagt er dann anerkennend.

Uwe nickt. „Naja, ich bekomme immer wieder ein paar Leerkassetten geschenkt. Und dann kaufe ich auch selbst noch welche dazu. Aber es sind immer noch zu wenige. Was denkst du, was ich alles löschen muss, um neue Sachen aufzunehmen!" Er steht jetzt neben Ingo und hilft ihm suchen.

„Ich müsste das alles mal ordnen und katalogisieren!", sagt er. „Aber man kommt ja zu nichts!"

„Ist nicht so wichtig!" Ingo hat die Suche bereits aufgegeben. Da geht Uwe wieder zum TV und schaltet um. Na, wenigstens den Schluss des Westerns kriegt Ingo noch mit.

„Wie spät ist es jetzt?", fragt Uwe dann und stellt seine Uhr.

„Noch zwanzig Minuten! Dann kann ich Schorchis Videos überspielen."

„Wie wäre es mit einer Partie Schach?", fragt Ingo.

Es ist lange her, seit sie zum letzten Mal zusammen gespielt haben.

Uwe schüttelt bedauernd den Kopf. „Weißt du, ich habe noch nichts für die Schule getan! Und diese Hausarbeit über den Regenwald muss bis morgen fertig sein!" Er schlägt Ingo auf die Schulter. „Ein andermal!", sagt er. „Aber ich brauche jetzt die Zeit für die Arbeit, während ich die beiden Videos kopiere!"

„Und wann siehst du sie dir an?", fragt Ingo.

„Irgendwann einmal, wenn ich es schaffe!" Uwe schnauft leise, als er damit beginnt, die Videos auf dem Tisch zur Seite zu räumen. „Ich habe so viele von denen, die ich aufgezeichnet habe, überhaupt noch nicht gesehen."

Er wartet Ingos Antwort gar nicht ab.

„Keine Zeit!" Uwe zuckt bedauernd mit den Schultern. „Einfach keine Zeit!"

11 Es gibt einen bestimmten Grund, warum sich die beiden Freunde kaum noch treffen.

12 „Ich habe so viele von denen, die ich aufgezeichnet habe, überhaupt noch nicht gesehen." Worum geht es Uwe eigentlich?

13 „Keine Zeit! Einfach keine Zeit!" Welche Ratschläge würdest du Uwe geben?

14 Zwischen Uwe und Ingo kommt nicht zur Sprache, dass es bei Videoaufnahmen gesetzliche Bestimmungen gibt. Erkundigt euch bei einer Lehrerin oder einem Lehrer für das Fach Wirtschaft und Recht, ob und wie Uwe gegen geltendes Recht verstößt.

Computeritis
Nina Schindler

Das Telefon klingelt. Natürlich geht niemand ran. Seufzend wirft Ricki den Lappen in die Spüle und flitzt hin. Ein Freund von Johannes ist dran. Ob er den mal sprechen könnte?
Ricki brüllt hoch in den zweiten Stock.
Nichts.
Sie pfeift auf zwei Fingern.
Nichts.
Sie pfeift auf vier Fingern.
Immer noch nichts.
Sie vertröstet den Anrufer und erklimmt fuchsteufelswild den zweiten Stock, reißt keuchend die Tür zu Klaas' Zimmer auf und sieht einen Vierertrupp dicht gedrängt dasitzen: Alle haben den Blick starr auf die Mattscheibe gerichtet. Johannes und sein Freund Basti halten einen Joystick in der Hand, umklammern ihn mit der andern und vollführen ruckartige, winzige Bewegungen damit, während Klaas und Marvin stumm gaffen.
Das Bild auf dem Monitor flimmert, wechselt rasend schnell, Zahlenkolonnen verraten den jeweiligen Spielstand und ab und zu entweicht ein leises Stöhnen den Mündern der Spieler und der Zuschauer, wenn das zappelnde bunte Männchen in den tiefen Schacht stürzt oder von einer bunten Seifenblase zum Platzen gebracht wird.
„Telefon, Johannes. Vielleicht kannst du mal diese wichtige Tätigkeit kurz unterbrechen?"
Rickis Hohn verpufft. Johannes starrt unentwegt auf die Mattscheibe und sagt nur: „Nee, geht jetzt schlecht. Wer ist es denn und was will er? Kannst du das nicht klären?"
Ricki schnappt nach Luft.
Diese Zombies!
Diese Computeridioten!
Sie ist kurz davor, einen der Joysticks an sich zu reißen und aus dem Fenster zu schmeißen. „Du bist wohl nicht ganz dicht! Du gehst jetzt sofort selber hin und kümmerst dich um deinen Anruf!"

„Ricki!" Ein empörter Aufschrei aus tiefstem Herzensgrund. „Das geht jetzt echt nicht! Ich brech grad meinen eigenen Rekord!"

„Du hast wohl einen Schatten, du bist ja nicht mehr ganz von dieser Welt, du!" Aber Ricki merkt, dass ihr keiner mehr zuhört, und sie hat keine Lust, vor den Kumpanen ihrer großen Brüder als Furie herumzutanzen. Als letzten Racheakt reißt sie noch das Fenster auf, damit den Düften, die den dicht zusammenhockenden Körpern entströmen, ein bisschen Frischluft beigemischt wird. Dann erledigt sie ihren Auftrag am Telefon und schwört sich, in Zukunft Butler-Zulage von Johannes und Klaas einzufordern.

Beim Abendbrot erhofft sie sich von den Eltern Verstärkung und wütet los. „Sag mal, was fällt dir eigentlich ein, dass du einfach nicht ans Telefon gehst, wenn dich der Computerfimmel in den Klauen hat? Seid ihr eigentlich total bekloppt? Ihr solltet euch mal sehen als Computerzombies, wenn ihr dasitzt und glotzt und glotzt und euch überhaupt nicht von der Stelle bewegt. Ein grässlicher Anblick!"

„Und was willste, was wir machen sollen?" Klaas schnappt sich die letzte Salamischeibe und grinst.

„Vielleicht hin und wieder mal ein Buch lesen, statt immer nur vor dem Bildschirm zu hängen und Knöpfchen zu drücken!"

Die Eltern sehen gespannt zu und murmeln etwas Beifälliges. Das ist aber nichts Besonderes, denn beide sind lesesüchtig.

Klaas grinst. „Ach, und beim Lesen schaust du nicht zufällig immer in eine bestimmte Richtung! Und dabei joggen tust du doch auch nicht, oder?"

Ricki beißt sich auf die Zunge. Das weiß sie auch, dass man beim Bücherlesen keine Purzelbäume schlägt, haha. Vorsichtshalber gibt sie Klaas unter dem Tisch einen Tritt, damit er nicht denkt, sie würde klein beigeben.

„Bloß weil du von Computern keine Ahnung hast, brauchst du dich noch lange nicht so aufzuspielen." Johannes spricht mit vollem Mund, aber statt dass er dafür den üblichen Rüffel einheimst, knurrt der Vater eher etwas Zustimmendes.

Ricki schaut die Mutter an und die schaut den Vater strafend an. „Also, ich finde, Ricki hat recht. Den Dienstboten spielen ist schon ziemlich ätzend, aber dann auch noch wegen solch dämlicher Spiele – also nein! Das ist wirklich eine Zumutung!"

„Komm, Mama, du hast doch selbst gesagt, man soll nicht schlecht über Dinge reden, die man gar nicht kennt. Ricki soll nachher mal mit raufkommen und sich das selbst ansehen, okay?" Johannes grinst seine Schwester frech an. „Wir zeigen dir mal ein richtig tolles Computerspiel, ja? Es gibt nämlich nicht nur Schrott oder Plattmacherspiele, ehrlich."

Ricki weiß, wenn sie geschlagen ist. „Na gut."

Vielleicht kriegt sie so mehr Munition für Argumente gegen stundenlanges Computerisieren.

Nach dem Abendbrot klettert sie mit den Brüdern wieder die Treppen hoch bis in den zweiten Stock.

„Bitte, nimm Platz!" Johannes zeigt auf den Hocker vor dem Computertisch. „Das Spiel des heutigen Abends heißt Sim City und – ob du's glaubst oder nicht – gleich wirst du eine ganze Stadt konstruieren."

Schon flimmert der Bildschirm, das Spiel ist installiert und man sieht die Landschaft, in der die neue Stadt gebaut werden soll. Das Terrain ist sowohl als Reliefkarte als auch als Karokästchen am Reißbrett zu sehen und Ricki wird als Erstes in die Planung der Energieversorgung eingeweiht. Weil sie eine Umweltfreundin ist, entscheidet sie sich für Windräder.

Mittlerweile ist sie von der Stadtplanung völlig fasziniert und macht Vorschläge, die jedoch meistens zurückgewiesen werden, weil sie keine Ahnung von den Kosten hat oder davon, wie zum Beispiel die Polizei und die Feuerwehr eingeplant werden müssen. Zu guter Letzt bauen sie noch eine Brücke vom Hafen hinüber zu dem Industriegebiet und dann wird die Stadt von Klaas und Johannes für fertig erklärt. Außerdem ist auch der Stadtsäckel leer, besonders, weil sie einmal statt einer Wasserleitung lauter Pumpen gebaut haben und das Abreißen ebenfalls Geld kostet.

Ricki seufzt leise. Dann räuspert sie sich. „Hört doch mal eben auf. Ich will das auch können. Richtig, wer bringt mir das bei?"

Klaas und Johannes sehen sich an.

„Äh", sagt Johannes. „Wie meinst du das?"

„Och", sagt Ricki kühl. „Ihr müsst mir das jetzt zeigen. Ich werde jetzt Oberbürgermeisterin von Sim City und dann muss das alles richtig klappen. Schuldenfrei und so."

Klaas grinst. „Da haben wir uns was eingebrockt, Jo. Na gut, morgen zeig ich dir das noch mal alles ganz langsam und später kannst du's selbst austüfteln."

„Ja", sagt Ricki zufrieden. „Und wenn ich's dann kann, bring ich's Mama bei."

15 Neben dem Fernsehen gehört der Computer heute zu den wichtigsten Medien.
Ricki ist am Schluss von dem Computerspiel begeistert.
Wie kam es zu dem Sinneswandel?

16 Die Autorin Nina Schindler lässt zwei Jungen am Computer spielen,
während das Mädchen anfangs kein Interesse daran hat.
Woran könnte dies liegen?

17 Mit dem Computer kann man nicht nur spielen.
Wie kannst du ihn anderweitig sinnvoll nutzen?

18 Neben der sinnvollen Nutzung solltet ihr aber auch negative Seiten
des Computers oder des Internets betrachten.
a) Welche kennt ihr?
b) Informiert euch z.B. unter der Internetadresse *www.Jugendschutz.net*
zu diesem Thema.

So spannend kann ein Buch sein

1 Macht aus der Bildergeschichte *Das interessante Weihnachtsbuch* von e. o. plauen eine Erzählung.

2 Spielt die Geschichte in der Klasse nach.

Was ein Buch verrät, bevor man es liest

1. a) Was bedeutet die Redensart „Da kräht kein Hahn nach dir"?
   b) Warum hat der Autor wohl diesen Titel gewählt?

2. Lies den Klappentext. Welche Aufgabe hat er?

3. a) Welche Angaben findest du auf dem Buchrücken?
   b) Warum sind gerade dort so viele Informationen abgedruckt?

4. ISBN ist die Abkürzung für „International Standard Book Number".
   Weißt du, wofür man sie braucht?

5. Nach welchen Gesichtspunkten wählst du ein Buch aus?

6. a) Du möchtest ein Jugendbuch, das dir ein Freund oder eine Freundin empfohlen hat, in der Buchhandlung kaufen.
   Welche Informationen musst du haben, damit du das richtige Buch bekommst?
   b) Zeigt in einem Rollenspiel, wie ein Kunde in der Buchhandlung ein bestimmtes Buch kaufen will.

Was im Buch steht

Die Miker, die neue Lederjacke, eine Mutprobe, die Gabi und der ungleiche Kampf

Bernd zieht mit seinen Eltern und seiner kleinen Schwester Renate, die noch ein Baby ist, in die Stadt. Nach einem schweren Autounfall, bei dem Bernds Vater ein Bein verloren hat, muss die Familie den Bauernhof auf dem Land aufgeben. Für Bernd ist es in der neuen Umgebung gar nicht so einfach: Er muss sich erst einmal zwischen den vielen Hochhäusern zurechtfinden und Futter für seine Hasen Zwick und Zwack gibt es auch nicht überall. Ungewohnt wirken auch die neuen Mitschüler und Mitschülerinnen in der Schule. Freunde hat er noch keine. Da macht ihm Rudi, ein Klassenkamerad, den Vorschlag, Mitglied in der Miker-Bande zu werden, einer Gruppe, die als Erkennungszeichen Lederjacken trägt.

Vier Tage nach Ferienbeginn ist der Bernd im Besitz einer tollen braunen Lederjacke. Die schaut fast so aus wie die vom Mike.

Der Sommerschlussverkauf ist ihm zu Hilfe gekommen. Das war ein Sonderangebot. Die Mama konnte nicht nein sagen. Und dem Papa war es egal.

Das Wetter passt noch nicht so recht. Zu viel Sonne, zu wenige Wolken. Das ist kein richtiges Lederjacken-Wetter!

Seit dem Gespräch mit dem Rudi hat er keinen mehr von der Bande gesehen. Zuerst probiert er die Lederjacke vormittags zu Hause vor dem Spiegel an. Die Mama ist einkaufen gegangen. Die Renate schläft auf dem Balkon. Der Papa ist in der Schule; der hat keine Ferien.

Der Bernd dreht sich vor dem Spiegel, geht vor und zurück, setzt einen gefährlichen Gesichtsausdruck auf und macht eine lässige Handbewegung wie der Mike, wenn er den Rudi oder die Gabi herwinkt. Er gefällt sich nicht schlecht. Er kann sich gut vorstellen, dass er in die Bande passt.

Am Nachmittag geht er mit einer Plastiktüte auf die Suche nach Hasenfutter. An der Glasscheibe bei der Haustür kann er nicht vorbeigehen, ohne sein Spiegelbild noch einmal ausgiebig zu bewundern. Gleich darauf stolziert er über die Wiese wie ein Gockel über den Misthaufen.

Der Bernd fühlt sich sauwohl. Die ganze Umgebung gefällt ihm mit einem Mal viel besser. Irgendwie gehört er jetzt hierher.

Fast fühlt er sich nun hier zu Hause.

Doch wo sind jetzt die Miker?

Keine Spur von denen. Die sind wie vom Erdboden verschluckt. Drei Tage lang schlendert der Bernd, sooft es geht, im Hochhausviertel herum: immer auf der Friedrich-Ebert-Straße rundherum um die Hochhaus-Insel. Über die Parkplätze geht er, über den Kinderspielplatz. Dann nimmt er sein Fahrrad und vergrößert seine Kreise.

Endlich trifft er den Rudi unten vor den Schaufenstern beim Fahrrad- und Motorradgeschäft … Er kaut Kaugummi und starrt durch die Scheiben ins Geschäft.

Der Bernd haut ihm auf die Schulter und sagt: „He – du, Rudi, ich hab mir's überlegt!"

Der Rudi tut, als ob er nicht kapiert. „Was denn, he!"

„Ich mach mit bei eurer Bande, alles klar, ja?"

„Ach so, ja, gut –"

„Wo ist der Mike? Ich habe euch schon überall gesucht."

Der Bernd merkt, dass der Rudi nicht mehr so richtig zieht.

„Du hast doch gesagt, dass ich mitmachen soll, oder nicht?", fragt er ihn wild entschlossen.

„Ja, stimmt schon."

„Also, los, dann bring mich hin!"

„Besser morgen."

Der Rudi weicht aus. Aber der Bernd gibt nicht nach.

„Warum nicht heut?", will er wissen.

„Also, von mir aus, fahr hinter mir her!", sagt plötzlich der Rudi, packt sein Fahrrad und rast los.

Der Bernd jagt hinter ihm her in Richtung Hochhausviertel. Beim Supermarkt biegen sie ab und fahren in den Hinterhof von der Ladenkette. Schachteln liegen dort aufgetürmt, Obstkisten stehen herum und große Stapel aus Bier- und Limoträgern. Hinter der Laderampe wird der Hof schmäler und ein Betonplattenweg führt in den Nachbarhof. Nichts als Garagen, Lieferautos, eine Zapfsäule für Benzin …

Der Rudi lehnt sein Fahrrad an die Wand.

„Komm mit!", sagt er bloß und geht voran, ohne sich umzudrehen.

Der Bernd stellt sein Rad neben das vom Rudi und folgt ihm durch eine Tür neben den Garagen. Über eine Treppe gelangen sie nach unten. Es riecht nach Benzin und Autoabgasen. Sie befinden sich in einer Tiefgarage. An abgestellten Fahrzeugen vorbei hasten sie in die hinterste, düsterste Ecke. Dort reißt der Rudi eine verrostete Eisentür auf, steigt einen Treppenabsatz hoch und bleibt vor einer weiteren Tür stehen. Sie ist von oben bis unten mit Sprüchen und Bildern beschmiert.

Der Rudi klopft zweimal kurz, zweimal lang.

Die Tür öffnet sich langsam …

Da stehen sie in einem dämmrigen Raum. Durch zwei Kellerschächte fällt Licht herein. Die Luft ist zum Schneiden dick. Irgendwo in einer finsteren Nische winselt ein Radio oder ein Kassettenrekorder. Leere Bierträger stehen herum.

Auf alten Matratzen hocken die Leute von der Bande:

der Dieter, der Günter, der Florian, der Manuel, der Markus, diese Bohnenstange, und natürlich die Gabi und der Mike.

Sie haben ein Brett als Tisch über zwei Bierträger gelegt. Anscheinend sind sie gerade beim Kartenspielen. Überrascht blicken sie auf die Neuankömmlinge.

Der Mike steht auf und schnauzt den Rudi an:
„Was soll das, hä? So haben wir nicht gewettet, Rudilein!"

85 Der Rudi wird ganz kleinlaut, weicht ein paar Schritte zurück und beginnt zu stottern: „I ... ich wollt, ich hab –"
Der Mike geht auf ihn zu und schubst ihn vor sich her, bis er mit dem Rücken an der Betonwand steht.
„Du hast doch was anderes mitbringen sollen, oder? Was war denn abgemacht,
90 hä? Ich glaub, du tickst nicht richtig! Was sollen wir denn mit dem da, hä?"
Der Rudi steht vor dem Mike wie ein Schüler vor dem Lehrer.
„Das geht nicht, wie du dir das vorstellst. Da waren ja kaum Leute im Geschäft. Die hätten das doch gemerkt, wenn ich – du, Mike, der Bernie will bei uns mitmachen!"
95 Er spult seine Sätze mit einer Affengeschwindigkeit ab. Man merkt, der hat Muffensausen.
Der Mike stutzt und wirft einen geringschätzigen Blick auf den Bernd.
Dann steckt er die Daumen hinter den breiten Gürtel von seiner Jeans und lacht. Er meckert wie eine Ziege. Der kriegt sich gar nicht mehr ein. Die ande-
100 ren stehen auch auf und kommen näher. Der Bernd weicht zurück bis zur Tür. Er bekommt ganz feuchte Hände. Am liebsten würde er sich verdünnisieren.
„Bernie" hat ihn der Rudi genannt. Das hat sich eigentlich gut angehört. Das könnte sein Name in der Bande sein.
Aber der Mike macht sich darüber lustig.
105 „Der Bernie, der Bernie will mitmachen bei uns, habt ihr das gehört?"
Der Mike spricht den Namen Bernie gedehnt aus und wie einen Spottnamen. Das lässt nichts Gutes erwarten. Aber der Bernd will sich nicht anmerken lassen, dass er Angst hat.
„Ja – ich möcht gern mitmachen bei eurer Bande, Mike!"
110 Der Manuel flüstert dem Mike etwas ins Ohr.
„O. k.", sagt der Mike, „mal sehen, ob du cool genug bist für unsere Mannschaft. Wenn du die Probe bestehst, gehörst du zu uns, Bernielein! Manuel, Dieter, Mark, Florian, Günter, Gabi, kommt mal alle her, wir lassen uns was einfallen, los, du auch, Rudi!"
115 Sie verziehen sich nach hinten und flüstern.
Was meint der bloß mit cool? Der Bernd weiß nicht, was er von der Sache halten soll. Er wartet einfach mal ab. Nach kurzer Zeit lachen die anderen plötzlich; sie schauen zu ihm herüber, nicken, kichern und grinsen. Die scheinen sich einig zu sein. Der Bernd kommt sich vor wie ein Hahn auf Besuch im
120 Fuchsbau. Alle sind gegen ihn. Er fühlt sich winzig klein und hässlich.
Er wünscht, er könnte jetzt ein anderer sein. Einer, der mehr Kraft hat und mehr Mut und, ja, und ...
Da kommen sie auf ihn zu.
Der Manuel und der Mike voran. Die Hände in den Hosentaschen, bleiben sie
125 vor ihm stehen und schauen ihn herausfordernd an.
„Und – bist bereit?", fragt der Manuel.

„Ja", antwortet der Bernd zögernd, „was muss ich machen?"
Er ist entschlossen, die Probe zu bestehen. Und er steckt die Hände auch in die Hosentaschen, versucht, lässig auszusehen. Es gelingt ihm nicht so ganz. Er weicht dem Blick der beiden aus, linst nach oben zur kahlen Betondecke, dann schaut er unsicher auf seine staubigen Turnschuhe.

„Verbind ihm die Augen, Gabi!", befiehlt der Mike.

Ohne ein Wort zu sagen, tritt die Gabi seitlich an den Bernd heran. Sie hat einen schmutzigen blauen Schal in der Hand, legt ihn um seine Augen und verknotet ihn hinter seinem Kopf. Stockdunkel ist es jetzt für den Bernd.

Mehrere Hände packen ihn an den Schultern, drehen ihn, immer schneller drehen sie ihn, bis ihm fast schwindlig wird. Er taumelt. Sie halten ihn fest.

„Die Jacke brauchst du jetzt nicht", krächzt die Stimme vom Markus.

Und zwei Hände zerren ihm die Jacke vom Leib.

„Die Hose auch nicht", sagt die Stimme vom Florian und zwei Hände öffnen ihm den Gürtel.

Das wird dem Bernd zu viel.

„He, was soll das!"

Er wehrt sich, hält die Hose fest, schlägt blind um sich.

„Willst du bei uns mitmachen oder nicht!", redet ihn die Stimme vom Mike scharf an.

„Ja, aber ich ... was habt ihr vor mit mir ... ich möcht das vorher wissen!", sagt er und seine Stimme zittert und stockt.

„Mutprobe ist Mutprobe. Willst dich verkrümeln, dann sag's gleich und hau ab, Waschlappen brauchen wir hier nicht", erwidert der Mike.

„Nein, nein, ist schon gut, ich mach ja alles!"

Der Bernd hat einen Mordsbammel. Er beißt die Zähne zusammen.

Er will jetzt keine Angst haben.

„Also, dann zieh deine Schuhe aus!", sagt die Stimme vom Mike drohend.

Der Bernd bückt sich, tastet nach den Schuhbändern, zieht die Turnschuhe aus.

„Und jetzt die Hose!"

Der Bernd will etwas einwenden.

„Ich –"

„Halt die Klappe!", unterbricht ihn Mike sofort.

Der Bernd zieht die Hose aus. Eine Hand greift danach und zieht sie weg.

Will ich wirklich zur Bande gehören?, überlegt er.

Seine Gedanken schlagen Purzelbäume. Ja, er will.

„Und das Hemd!", kommandiert der Mike weiter.

Der Bernd knöpft langsam sein Hemd auf, lässt es zu Boden fallen. Jetzt hat er nur noch seine Unterhose an. Er fühlt ein Kribbeln im Bauch. Am liebsten wäre er jetzt zu Hause.

Er würde den Hasenkarton sauber machen, auf die Renate aufpassen, alles. Stattdessen steht er hilflos und blind hier bei diesen Idioten, die er sowieso nicht leiden kann. Seine Füße werden kalt. Die Zehen krallen sich in den rauen Betonboden. Er hört, wie sich die Tür öffnet. Hände schieben ihn vorwärts.

Er tastet sich an der Wand entlang eine Treppe hinauf, riecht wieder Benzin, Auspuffgestank. Die Tiefgarage …

Wie ein Kalb beim Metzger, denkt er.

Da geht wieder eine Tür auf. Durch den Schal vor seinen Augen dringt etwas Licht. Er hört das Motorengeräusch von Autos. Das ist der Parkplatz. Drüben muss irgendwo der Supermarkt sein und die Straße. Sie schieben ihn weiter voran. Geruch von Mülltonnen. Wenn ihn jetzt jemand sieht. Bis in den Hals hinein spürt er sein Herzklopfen. Der Bodenbelag wechselt. Betonplatten.

„Die Schnur, Gabi!", befiehlt die Stimme vom Mike herrisch.

„Wir spielen jetzt ein bisschen Indianer. Du darfst unser Gefangener sein, Bernielein!"

Mehrere Hände schieben den Bernd an ein kaltes Metallgitter, pressen ihn an die Stäbe, biegen ihm seine Hände nach hinten, umschlingen sie mit einer Schnur und zurren sie fest zusammen. Willenlos lässt der Bernd alles mit sich geschehen. Er kann seine Hände nicht mehr bewegen. Sie sind fest am Gitter hinter seinem Rücken zusammengebunden. Genauso binden sie die Füße an den Gitterstäben fest.

Der Bernd kann sich kaum noch rühren, höchstens den Kopf drehen, sonst nichts.

„So, Bernielein. Mach's gut!", sagt die Stimme vom Florian.

1 Welche Rolle spielt Rudi in der Miker-Bande?

2 Mit welchen Mitteln versucht Mike, der Bande zu imponieren?

3 Weshalb macht Bernd die Mutprobe?

4 Was hat diese Mutprobe mit Mut zu tun?

5 Hast du auch schon mal eine Mutprobe ablegen müssen?

6 Beschreibe das Gefühl, das Bernd mit seiner neuen Lederjacke hat!

7 a) Wie wichtig sind für dich „Klamotten"?
b) Worauf achtest du beim Kauf?

Der Bernd, die Gabi und der Schatz

Nachdem Bernd an das Metallgitter gefesselt war, wurde ihm auch noch der Walkman von Dieter aufgesetzt und auf volle Lautstärke gedreht. Es dauerte Stunden, bis er endlich befreit wurde, und das ausgerechnet von Gabi. Am nächsten Morgen will er eigentlich nicht auf die Straße, aber er muss Futter für seine Hasen holen.

Sein Rückweg führt ihn am Supermarkt vorbei. Da hat er einen Einfall. Er betritt das Geschäft und kauft seine Lieblingsgummibärchen. Soll eine Überraschung werden für die Gabi. Er wird sie zu Hause besuchen. Was bleibt ihm anderes übrig. Er muss sie sehen. Er muss mit ihr reden.
Im Fahrstuhl zögert er einen Augenblick, dann drückt er kurz entschlossen auf Knopf zwölf.
Zögernd betritt er den Gang. Der sieht genauso aus wie der im achten Stockwerk.
Der Bernd geht von Tür zu Tür und liest die Namensschilder: SCHUBERT, WITTMANN, JIRIKOVSKY, WUTTKE … Bei jedem Namen versucht er, sich ein Gesicht vorzustellen. Nach jeder Tür wächst seine Unruhe. Er hat ganz schön Herzklopfen. Was soll er sagen, wenn ihm die Mutter von der Gabi öffnet? Und was soll er der Gabi sagen?
Da steht er vor ihrer Wohnungstür. WALLNER …
Er wartet. Soll er nicht doch lieber umkehren?
Er zählt bis drei, bis neun, dreimal drei, bis siebenundzwanzig, dreimal dreimal drei und noch einmal bis sieben, das ist eine heilige Zahl, vielleicht eine Glückszahl.
Er kämmt sich die Haare mit den Fingern.
Dann läutet er einfach.
Nach einer Weile öffnet sich die Tür zuerst einen Spaltweit, die Gabi späht kurz heraus, erkennt ihn, schließt die Tür wieder, bevor er etwas sagen kann.
Der Bernd hört, wie sie innen eine Vorhängekette ausklinkt. Dann geht die Tür ganz auf. Vor ihm steht die Gabi.
Dem Bernd schießt das Blut in den Kopf.
„Ich bin's bloß." Mehr bringt er nicht heraus.
Sie ist wohl überrascht über den unerwarteten Besuch. Ein wenig verlegen steht sie da in ihrem roten Trainingsanzug. Nach der ersten Schrecksekunde fragt sie nur: „Was is denn?"
„Nix weiter, ich hab gedacht, hab ich …"
„Magst reinkommen?"
„Ja, ist gut, ich wollt, ich hab, ich bin …", stottert er. Dann tritt er ein.
Jede Wohnung hat einen anderen Mief. Hier riecht es irgendwie nach Sauerkraut und Möbelpolitur.
Die Gabi schließt die Tür wieder hinter ihm.
Vorbei an der Garderobe geht sie ihm voraus in ihr Zimmer.

Dort sieht sich der Bernd erst einmal um. Die Wände sind vollgepflastert mit Postern von Sängern und Bands. Einige davon kennt er. Die meisten nicht. Das Zimmer ist genauso groß wie seines. Eine Liege, ein Schrank und ein Schreibtisch stehen drin. Wie bei ihm. Alles ist schrecklich ordentlich aufgeräumt – ganz anders als bei ihm …

Endlich findet der Bernd die Sprache wieder.

„Ich wollt mich bedanken wegen gestern!"

„Bild dir bloß nichts ein – ich hab mich nur rächen wollen am Mike, schau her, sein Messer hab ich ihm auch geklaut!"

Sie kramt ein großes Klappmesser aus ihrer Schreibtischschublade und wiegt es in der Hand.

„Der glaubt, er kann mich rumkommandieren wie er will; der behandelt mich wie den letzten Dreck! Ich bin doch nicht blöd! Das Messer sieht der nicht mehr, das garantier ich dir!"

„Ich hab auch noch den Walkman vom Dieter, den kriegt der auch nicht mehr, aber ehrlich!"

Der Bernd zieht die Packung mit den Gummibärchen aus der Hosentasche.

„Schau – hab ich dir mitgebracht!" Er kommt sich ziemlich komisch vor dabei.

„Danke", sagt die Gabi. Ihre Stimme hört sich nicht mehr so abweisend an wie vorhin. „Setz dich halt hin!"

Sie reißt die Packung auf und verstreut den Inhalt auf ihrer Liege. Dann schiebt sie gleich eine ganze Ladung in den Mund.

„Schmecken saugut!", sagt sie und mampft weiter.

„Was ist eigentlich in der Tüte da?"

Der Bernd hat Mühe, sie zu verstehen, weil ihr Mund so voll ist.

„Neugierig bist überhaupt nicht, was? Hasenfutter ist drin!"

„Sag bloß, du hast Hasen in deinem Zimmer?"

„Auf'm Balkon. Zwick und Zwack heißen die. Hab ich vom Dorf mitgebracht", sagt der Bernd. Die Gabi ist der erste Mensch hier, mit dem er über seine Hasen reden kann. Auf einmal macht er sich wieder Gedanken um seine Hasen.

„Iss doch auch mit, sonst ess ich noch alle allein", sagt sie.

Der Bernd isst auch mit. Die Gabi steckt eine Kassette in ihren Radiorekorder. Sie hat die Hitparade im Radio aufgenommen. Die Musik plätschert dahin. Richtig gemütlich. Sie erzählt ihm, dass ihre Eltern den ganzen Tag bei der Arbeit sind. Ihre Mutter ist Verkäuferin und ihr Vater arbeitet bei einer Versicherung. Der Bernd erzählt von seinen Eltern, vom Bauernhof, vom Unfall, den sein Vater gehabt hat, vom Umzug …

Schon sind die Gummibärchen alle weggemampft. Die Zeit vergeht wie im Flug. Immer wieder dreht die Gabi die Kassette im Rekorder um.

Gegen Mittag nimmt der Bernd die Tüte mit dem Hasenfutter, verabschiedet sich und lädt die Gabi ein, ihn am Nachmittag zu besuchen.

Beim Mittagessen hat der Bernd heute überhaupt keinen Hunger. Entweder sind die Gummibärchen schuld oder die Gabi. Jedenfalls lässt der Bernd den halben Teller Nudeln mitsamt der Tomatensoße stehen.

Er sagt der Mama noch ganz nebenbei, dass die Gabi Wallner aus dem zwölften Stock gleich runterkommen wird.
Und schon ist er in seinem Zimmer und räumt auf.
90 Die Mama wundert sich. Der Bernd ist wie ausgewechselt.
„Willst Eindruck schinden?", fragt sie scherzhaft.
„Schmarrn!", sagt der Bernd bloß. Und weil er fühlt, wie er schon wieder rot wird, wendet er sich schnell dem Buchregal zu und stellt seine Bücher ordentlich in eine Reihe. Dann sammelt er die Spielzeugautos auf, die überall auf dem
95 Boden verstreut sind, und packt sie in seine Kruschtkiste. Seinen alten Kassettenrekorder stellt er auf den Schreibtisch. So einen schönen Radiorekorder wie die Gabi hat er nicht. Aber ein paar ganz fetzige Kassetten, da sind Lieder drauf, die er wie Kraut und Rüben durcheinander quer durchs Radioprogramm aufgenommen hat.
100 Als Nächstes füttert er den Zwick und den Zwack.
Die haben vielleicht Hunger. Ganz verrückt vor Freude sind sie, weil's endlich was gibt. „Mahlzeit", sagt der Bernd. Dann holt er eine Schere und schneidet ein paar kleine Fenster in den Hasenkarton. Die Gabi flippt sonst aus. Der tun die Hasen gleich wieder leid, wenn sie sieht, dass die im Dunklen hocken müs-
105 sen.
Und dem Bernd tun sie mit einem Mal auch leid …
Es läutet. Sofort ist der Bernd an der Wohnungstür. Es ist die Gabi, wer sonst. Die Mama kommt, will auch aufmachen. Zu spät. Sie kann sie nur begrüßen, mehr nicht, denn der Bernd lotst die Gabi gleich in sein Zimmer. Sofort setzt er
110 den Kassettenrekorder in Gang. Die Gabi schaut sich um. Sie entdeckt den großen Stoffaffen auf der Liege, findet ihn „echt geil", nimmt ihn in die Arme und streichelt ihn, als wäre er ein kleines Kind. Der Bernd überlegt kurz, dann fragt er sie:
„Sag mal, gehst du wieder hin zum Mike seiner Bande?"
115 „Nein. Nie mehr!", antwortet die Gabi knapp.
„Und hast du sonst keine Freunde oder Freundinnen hier?"
„Nein. Ich habe eine Freundin gehabt, die Astrid Michaelis; die ist aber weggezogen vor einem Jahr, nach Nürnberg. Die hat unten im ersten Stock gewohnt."
„Du Gabi – sag mal, was meinst du, könnten wir Freunde werden?", fragt der
120 Bernd verlegen.
„Na ja – warum eigentlich nicht", meint die Gabi und streichelt den Affen, als wolle sie ihn zum Leben erwecken.
„Also, abgemacht!"
Der Bernd könnte springen vor Freude. Die mag ihn und er mag sie.
125 Er streckt ihr seine Hand hin. „Abgemacht", sagt sie, legt den Affen weg und drückt fest die Hand vom Bernd. Ihre ist feucht und heiß. Seine ist nur heiß.
Die Gabi geht hinüber zum Buchregal, nimmt ein Buch nach dem anderen heraus, blättert und schaut sich die Bilder an.
„Mein Lieblingsbuch ist *Die Schatzinsel*", sagt der Bernd.
130 „Kenn ich nicht!", meint die Gabi.

Der Bernd zeigt ihr das Buch. Sie nimmt es, betrachtet das Titelbild. Nun erzählt ihr der Bernd in groben Zügen die Geschichte vom Schiffsjungen Jim, von Kapitän Smollett, von den Seeräubern, vom einbeinigen, listigen John Silver. Begeistert schildert er die Schatzinsel, so genau, als wäre er selbst dort gewesen.
135 Von der Suche nach dem Schatz, von den erbitterten Kämpfen auf der Insel erzählt er, als wäre er der Schiffsjunge Jim.
Die Gabi hört gespannt zu. Der Bernd zeigt ihr im Buch den Plan von der Insel und die Stelle, wo der Schatz vergraben war.
„Du, Bernd, ich habe eine Idee!", sagt die Gabi plötzlich.
140 „Wir vergraben einen Schatz. Hier irgendwo im Hochhausviertel vergraben wir einen Schatz!"
„Ou ja, super!" Da ist der Bernd sofort dabei. „Aber was vergraben wir? Wo sollen wir einen Schatz hernehmen?"
„Das Messer vom Mike und den Walkman vom Dieter, was meinst?"

1 Wie fühlt sich Bernd, als er sich auf den Weg zu Gabi macht?

2 Stell dir vor, am Abend dieses Tages schreiben beide in ihr Tagebuch.
Was könnte bei Gabi, was bei Bernd drinstehen?

3 Gabi hat Mikes Messer geklaut, Bernd will Dieter den Walkman nicht zurückgeben.
a) Finde diese Stelle im Text.
b) Wie beurteilst du das Verhalten von Gabi und Bernd? Ist so etwas Diebstahl?

4 Gabi hat die Idee, die „geklauten Sachen" zu vergraben.
a) Was hältst du davon?
b) Wo würdest du einen Schatz verstecken?

Bernd erzählt Gabi ganz begeistert von der Schatzinsel, aber sie kennt das Buch nicht. Vielleicht geht es euch wie Gabi. Dann lest die Inhaltsangabe auf Seite 237.

5 In der Geschichte tauchen viele Personen auf, die eine große Rolle spielen.
Bernd, Gabi, Mike, Bernds Eltern ... Wie stellst du sie dir vor? Erstelle mit Bildern aus Zeitschriften und Illustrierten Collagen von diesen Personen.

Mit ungewöhnlichen Worten beendet Harald Grill sein Buch:

Geschichten hören nicht einfach auf, auch nicht, wenn das Buch zu Ende ist, in dem sie stehen.
Nicht einmal Märchen hören einfach auf; dort heißt es: „Wenn sie nicht gestorben sind, dann leben sie heute noch." Na und? Was tun sie denn, wenn sie heute noch leben? Und wenn sie gestorben sind, dann ist das doch auch irgendwie geschehen. Und wie ist es danach weitergegangen …
Fragen über Fragen, weil eben eine Geschichte nie wirklich zu Ende ist. Jeder Mensch hat eine Geschichte, manchmal mehr, manchmal weniger interessant. Und jedes Leben besteht aus vielen kleineren und größeren Geschichten. In jeder Geschichte stecken viele andere Geschichten.
Viele Geschichten können nun noch folgen. Was wird aus dem Bernd, aus der Gabi, aus dem Mike? Wie wird der Papa vom Bernd zurechtkommen und die Mama? Und was wird aus der Renate? Keine Ahnung.

6 Ihr kennt jetzt zwei Auszüge aus Harald Grills *Da kräht kein Hahn nach dir*.
Habt ihr Ideen, wie es mit Gabi und Bernd weitergehen könnte?
Was passiert mit dem Schatz?
Was ereignete sich, bevor Bernd die Sache mit der Miker-Bande passierte?
Fragen über Fragen, die ihr beantworten könnt, wenn ihr auch die anderen Kapitel des Buches lest.

Der Autor Harald Grill

Harald Grill wurde 1951 in einem kleinen Dorf in Niederbayern als Sohn eines Landwirts geboren. Aufgewachsen ist er in Regensburg. Heute lebt Harald Grill mit seiner Frau und seinen zwei Söhnen im Landkreis Cham im Bayerischen Wald.
Von Beruf ist er heute Schriftsteller, zuvor jedoch arbeitete er einige Jahre als Förderlehrer an einer Hauptschule. Bekannteste Veröffentlichungen sind *Gute Luft, auch wenn's stinkt* und *Da kräht kein Hahn nach dir*. Außerdem schrieb Harald Grill auch mehrere Gedichtbände, Theaterstücke, Mundartliteratur und Drehbücher für das Fernsehen.

Die folgenden Fragen haben sich die Schüler und Schülerinnen einer fünften Klasse überlegt. Sie haben Harald Grill einen Brief geschrieben und ihn gebeten, ihre Fragen zu beantworten. Das hat er auch getan.

 Wollten Sie schon immer Schriftsteller werden?

Meine ersten Gedichte schrieb ich mit 16 Jahren. Als mein erstes Buch erschien, war ich 27 Jahre alt. Im Alter von 37 Jahren gab ich meinen Lehrberuf auf und wurde „freiberuflicher Schriftsteller". Schriftsteller war mein Traumberuf schon seit meiner Kindheit.
Meine Eltern hatten nur wenige Bücher. So waren Bücher für mich etwas ganz Tolles und ich wollte schon im Alter von zehn Jahren Autor werden und ähnliche Bücher schreiben, wie sie in der Bücherei zu finden waren. Als ich 12 Jahre alt war, machte ich im Fasching einen Schriftsteller: karierte Jacke, Brille (ohne Gläser), Stifte in der Brusttasche, eine karierte Mütze und ein ganz ernstes Gesicht (Schriftsteller müssen immer ganz ernst aussehen, dachte ich damals). Das Ergebnis: Meine Freunde dachten, ich hätte mich in einen Privatdetektiv verkleidet. Das war mein erster „Misserfolg" als Schriftsteller.

Sind Gabi, Bernd und Mike Personen, die Sie kennen?
Gibt es sie wirklich?

Also, alles was in dem Buch *Da kräht kein Hahn nach dir steht*, ist wirklich so passiert. Der Sandler-Bauer lebte hier in der Nähe unseres Dorfes. Von seinem Unfall las ich in der Zeitung. Beim Bäcker und beim Friseur erfuhr ich Näheres. Danach sprach ich mit dem Bernd. Er erzählte mir, dass die Sandler-Familie in die Stadt ziehen würde.

Auch die Gabi kenne ich persönlich. Das Hochhausviertel ist in der Stadt Regensburg zu finden. Dorthin fuhr ich mehrere Monate lang und sprach mit vielen Kindern aus der Miker-Bande. Die wirklichen Namen aller, die im Buch vorkommen, veränderte ich natürlich, weil ich die Menschen, über die ich schreibe, nicht bloßstellen oder anprangern will.

Übrigens: Mein Vater hatte auch nur ein Bein. Vieles, was im Buch in der Sandler-Familie geschieht, konnte ich gut verstehen und nachvollziehen. Alles, was innerhalb von Bernds Familie geschieht, habe ich ergänzt durch meine Kindheitserinnerungen (schließlich konnte ich beim Bernd zu Haus nicht unterm Tisch sitzen und lauschen!).

Woher kommen die Ideen für Ihre Bücher?

Ich bin Geschichtenfinder – nicht Geschichtenerfinder! Alle meine Geschichten sind wirklich passiert. Nur Kleinigkeiten erfinde ich dazu. Ganz zu Beginn der Arbeit eines Buches steht (bei mir) ein Ereignis, ein Erlebnis ... Irgendetwas passiert und ich mache mir Notizen. Eine ziemlich schwierige Arbeit ist das Ordnen meiner Merkzettel.

In meinem Arbeitszimmer stehen meist einige Schuhkartons herum – voll mit solchen Zetteln. Beim Ordnen der Notizen, die zu einem Buch gehören, spanne ich mir stets eine Wäscheleine quer durch mein Arbeitszimmer. Daran hänge ich mit Wäscheklammern die vielen Zettel. So bekomme ich gut Übersicht und kann auch die Reihenfolge immer wieder verändern. Danach tippe ich die Geschichten in meinen Computer.

Nur die Fassung, die meinen Söhnen gefallen hat, schicke ich letztendlich zum Buchverlag. Dann ist meine Arbeit am Buch beendet.

Wie lange brauchen Sie für ein Buch?

Für die Arbeit an einem Buch brauche ich durchschnittlich zwei Jahre. Oft komme ich nur langsam voran. Manchmal gibt es Tage, da ist das richtig nervig! Von manchen Geschichten gibt es bis zu dreißig Fassungen. An einem meiner Erwachsenenbücher *(Hochzeit im Dunkel)* habe ich fast acht Jahre lang gearbeitet.

Wie sieht Ihr Tagesablauf aus?

Wenn ich nicht gerade auf Lesereise oder bei einer Schriftstellertagung bin oder zu Nachforschungen für eine Geschichte herumreise, dann sitze ich ab 7.30 Uhr am Schreibtisch und arbeite bis gegen 13.30 Uhr. Da kommen meine Kinder mit dem Schulbus heim und es gibt Mittagessen. Am Nachmittag gehe ich gern spazieren und denke über das nach, was ich gerade schreibe, oder ich unterhalte mich mit meiner Frau und meinen Kindern darüber oder ich mache einfach Blödsinn.

Erst am Abend gegen 20.00 Uhr setze ich mich noch einmal an den Schreibtisch und überprüfe die Arbeit vom Vormittag. Danach beantworte ich meine Post. Das dauert manchmal bis Mitternacht. Es gibt aber auch viele Tage, da läuft das ganz anders ab. Oft hilft mir meine Frau, wenn es um Korrekturen der geschriebenen Seiten geht. Dafür gibt es auch Tage, da übernehme ich das Kochen. Die Gartenarbeit erledigen wir meist zusammen.

   Schreiben Sie mehr für Kinder oder mehr für Erwachsene?

Bisher habe ich mehr für Erwachsene geschrieben.
Aber am liebsten schreibe ich Bücher, die Erwachsene und Kinder gern lesen. Das Buch *Da kräht kein Hahn nach dir* war in der Mittelbayerischen Zeitung (unsere Tageszeitung) als Fortsetzungsgeschichte für Erwachsene abgedruckt. Später habe ich auch eine bayerische Dialektfassung geschrieben – die wird auch mehr von Erwachsenen gelesen.

   Welches ist Ihr Lieblingsbuch von den Büchern,
die Sie geschrieben haben?

Unter meinen Büchern kann ich kein Lieblingsbuch nennen. Das ist wie bei meinen Kindern. Ich will doch nicht eines dem anderen vorziehen. Die wären ja dann eifersüchtig aufeinander.

1 Welche Antworten des Schriftstellers haben dich am meisten überrascht?

2 Gibt es noch weitere Fragen, die du gerne an den Autor gestellt hättest?

Auch andere Bücher sind spannend

Robert Louis Stevenson (1850–1894) ist ein großer Erzähler des 19. Jahrhunderts, der in Edinburgh/Schottland geboren wurde und auf der Südseeinsel Samoa gestorben ist.
Diese zwei gegensätzlichen Lebensstationen versprechen Aufregendes, was er in seinen Abenteuergeschichten und Südsee-Erzählungen auch liefert.
Ein bekanntes Buch ist die gruselige Geschichte von *Dr. Jekyll und Mr. Hyde*, die besonders als Verfilmung berühmt wurde. Mit dem Roman *Die Schatzinsel* (1883) hatte er seinen größten Erfolg.

Held und Ich-Erzähler des in der Mitte des 18. Jahrhunderts spielenden Romans ist der siebzehnjährige Jim Hawkins. In dem einsam an der englischen Westküste gelegenen Gasthof seiner Eltern lernt er eines Tages den Seemann Bill Bones kennen, der von seinen einstigen Kumpanen aus der Mannschaft des berüchtigten Piratenkapitäns Flint verfolgt wird. Nachdem Bones aus Schrecken über die empfangene Todesdrohung der Seeräuber einem Schlaganfall erlegen ist, entdecken Jim und seine väterlichen Freunde Dr. Livesey und Squire Trelawney in der Hinterlassenschaft des Toten eine Landkarte mit genauen Hinweisen auf das Versteck des von Flint angesammelten Schatzes. Daraufhin erwirbt der abenteuerlustige Squire den Schoner Hispaniola, den die Freunde in Bristol für die Fahrt zur Schatzinsel ausrüsten. Durch die Schwatzhaftigkeit Trelawneys aufmerksam gemacht, lassen sich Bones' übelste Komplizen mit ihrem Anführer, dem einbeinigen Schiffskoch Long John Silver, anheuern. Auf See erfährt Jim aus einem zufällig belauschten Gespräch, dass Silver und seine Leute planen, Trelawney, Kapitän Smollett und die anderen loyalen Seeleute zu töten, sobald die Insel erreicht ist, um sich das Schiff und den Schatz anzueignen. Die Meuterei kann zwar nicht verhindert werden, doch gelingt es den zahlenmäßig unterlegenen Gegnern der Piraten, sich auf der Insel zu verbarrikadieren und Waffen, Vorräte sowie Flints Landkarte in für beide Seiten verlustreichen Kämpfen zu verteidigen. Schließlich erobert Jim in einem gefährlichen Handstreich das Schiff zurück und navigiert es in eine verborgene Bucht. An Land fällt er in die Hände der Meuterer, die kurzen Prozess mit ihm machen wollen, aber von Silver überredet werden, ihn zu verschonen. Als Gegenleistung bedingt sich der Schiffskoch aus, dass ihn Jim nach der Heimkehr durch eine günstige Aussage vor dem Galgen bewahrt. Mit Hilfe des alten Ben Gunn, eines vor drei Jahren von den Piraten auf der Insel ausgesetzten Matrosen, besiegen Jims Freunde schließlich die Meuterer und finden den von Gunn an einer anderen Stelle versteckten Schatz. Als sie auf der Rückfahrt die Westindischen Inseln anlaufen, um eine neue Mannschaft anzuheuern, flieht Silver mit einem Sack Goldmünzen. Den Rest des Schatzes teilen die Freunde nach der glücklichen Heimkehr untereinander auf.

Erich Kästner wurde 1899 in Dresden geboren und starb 1974 in München. Nach der Schule wollte er erst Lehrer werden, zog dann aber nach Berlin und wurde Journalist und Schriftsteller. Er veröffentliche Gedichtbände, Hörspiele, Romane und viele Kinder- und Jugendbücher. Der Autor der berühmten Klassiker *Das doppelte Lottchen*, *Pünktchen und Anton*, *Das fliegende Klassenzimmer* und *Die Konferenz der Tiere* wurde mit zahlreichen Preisen bedacht. Weiteres kannst du auch auf S. 192 nachlesen.

Emil und die Detektive

Erich Kästner

In dem folgenden Buchauszug darf Emil zum ersten Mal allein nach Berlin fahren, um seine Großmutter zu besuchen. Doch im Zug übermannt ihn vor lauter Aufregung der Schlaf und als er aufwacht, muss er feststellen, dass ihm sein ganzes Geld gestohlen worden ist! Nur einer kann der Dieb sein: der „feine" Herr mit dem steifen Hut! Doch wie soll Emil den allein zur Strecke bringen? Glücklicherweise begegnet er Gustav mit der Hupe und seinen Jungs, die ihm unbedingt helfen wollen. „Parole Emil!" ist ihr Motto und der Beginn einer spannenden Verfolgungsjagd …

In der Trautenaustraße, Ecke Kaiserallee, verließ der Mann im steifen Hut die Straßenbahn. Emil sah's, nahm Koffer und Blumenstrauß, sagte zu dem Herrn, der die Zeitung las: „Haben Sie nochmals verbindlichen Dank, mein Herr!", und kletterte vom Wagen.

Der Dieb ging am Vorderwagen vorbei, überquerte die Gleise und steuerte nach der anderen Seite der Straße. Dann fuhr die Bahn weiter, gab den Blick frei, und Emil bemerkte, dass der Mann unschlüssig stehen blieb und dann die Stufen zu einer Café-Terrasse hinaufschritt.

Jetzt hieß es wieder einmal vorsichtig sein. Wie ein Detektiv, der Flöhe fängt. Emil orientierte sich flink, entdeckte an der Ecke einen Zeitungskiosk und lief, so rasch er konnte, dahinter. Das Versteck war ausgezeichnet. Es lag zwischen dem Kiosk und einer Litfaßsäule. Der Junge stellte sein Gepäck hin, nahm die Mütze ab und witterte.

Der Mann hatte sich auf die Terrasse gesetzt, dicht ans Geländer, rauchte eine Zigarette und schien seelenvergnügt. Emil fand es abscheulich, dass ein Dieb überhaupt vergnügt sein kann, und dass der Bestohlene betrübt sein muss, und wusste sich keinen Rat.

30 Was hatte es dann im Grunde für einen Sinn, dass er sich hinter einem Zeitungskiosk verbarg, als wäre er selber der Dieb und nicht der andere? Was hatte es für einen Zweck, dass er wusste, der Mann säße im Café Josty an der Kaiserallee, tränke helles Bier und rauchte Zigaretten? Wenn der Kerl jetzt aufstand, konnte die Rennerei weitergehen. Blieb er aber, dann konnte Emil hinter
35 dem Kiosk stehen, bis er einen langen grauen Bart kriegte. Es fehlte wirklich nur noch, dass ein Schupomann angerückt kam und sagte: „Mein Sohn, du machst dich verdächtig. Los, folge mir mal unauffällig. Sonst muss ich dir leider Handschellen anlegen."

Plötzlich hupte es dicht hinter Emil! Er sprang erschrocken zur Seite, fuhr
40 herum und sah einen Jungen stehen, der ihn auslachte. „Na Mensch, fall nur nicht gleich vom Stühlchen", sagte der Junge.

„Wer hat denn eben hinter mir gehupt?", fragte Emil.

„Na, Mensch, ich natürlich. Du bist wohl nicht aus Wilmersdorf, wie? Sonst wüsstest du längst, dass ich 'ne Hupe in der Hosentasche habe. Ich bin hier
45 nämlich bekannt wie 'ne Missgeburt."

„Ich bin aus Neustadt. Und komme grade vom Bahnhof."

„So, aus Neustadt? Deswegen hast du so 'nen doofen Anzug an."

„Nimm das zurück! Sonst kleb ich dir eine, dass du scheintot hinfällst."

„Na Mensch", sagte der andere gutmütig, „bist du böse? Das Wetter ist mir zum
50 Boxen zu vornehm. Aber von mir aus, bitte!"

„Verschieben wir's auf später", erklärte Emil, „ich hab jetzt keine Zeit für so was." Und er blickte nach dem Café hinüber, ob Grundeis noch dort säße.

„Ich dachte sogar, du hättest viel Zeit! Stellt sich mit Koffer und Blumenkohl hinter die Zeitungsbude und spielt mit sich selber Verstecken! Da muss man
55 doch glatt zehn bis zwanzig Meter Zeit übrig haben."

„Nein", sagte Emil, „ich beobachte einen Dieb."

„Was? Ich verstehe fortwährend: Dieb", meinte der andre Junge, „wen hat er denn beklaut?"

„Mich!", sagte Emil und war direkt stolz darauf. „In der Eisenbahn. Während
60 ich schlief. Hundertvierzig Mark. Die sollte ich meiner Großmutter hier in Berlin geben. Dann ist er in ein andres Abteil geturnt und am Bahnhof Zoo ausgestiegen. Ich natürlich hinterher, kannst du dir denken. Dann auf die Straßenbahn. Und jetzt sitzt er drüben im Café, mit seinem steifen Hut, und ist guter Laune."

65 „Na Mensch, das ist ja großartig!", rief der Junge. „Das ist ja wie im Kino! Und was willst du nun anstellen?"

„Keine Ahnung. Immer hinterher. Weiter weiß ich vorderhand nichts."

„Sag's doch dem Schupo dort. Der nimmt ihn hopp."

„Ich mag nicht. Ich habe bei uns in Neustadt was ausgefressen. Da sind sie nun
70 vielleicht scharf auf mich. Und wenn ich …"

„Verstehe, Mensch!"

„Und am Bahnhof Friedrichstraße wartet meine Großmutter."

Der Junge mit der Hupe dachte ein Weilchen nach. Dann sagte er: „Also, ich finde die Sache mit dem Dieb knorke. Ganz große Klasse, Ehrenwort! Und, Mensch, wenn du nischt dagegen hast, helfe ich dir."

„Da wär ich dir kolossal dankbar!"

„Quatsch nicht, Krause! Das ist doch klar, dass ich hier mitmache. Ich heiße Gustav."

„Und ich Emil."

Sie gaben sich die Hand und gefielen einander ausgezeichnet.

„Nun aber los", sagte Gustav, „wenn wir hier nichts weiter machen als rumstehen, geht uns der Schuft durch die Lappen. Hast du noch etwas Geld?"

„Keinen Sechser."

Gustav hupte leise, um sein Denken anzuregen. Es half nichts.

„Wie wäre denn das", fragte Emil, „wenn du noch ein paar Freunde herholtest?"

„Mensch, die Idee ist hervorragend!", rief Gustav begeistert. „Das mach ich! Ich brauch bloß mal durch die Höfe zu sausen und zu hupen, gleich ist der Laden voll."

„Tu das mal!", riet Emil. „Aber komme bald wieder. Sonst läuft der Kerl da drüben weg. Und da muss ich selbstverständlich hinterher. Und wenn du wiederkommst, bin ich über alle Berge."

„Klar, Mensch! Ich mache schnell! Verlass dich drauf. Übrigens isst der Mausehaken im Café Josty drüben Eier im Glas und solche Sachen. Der bleibt noch 'ne Weile. Also, Wiedersehen, Emil! Mensch, ich freu mich noch halb dämlich. Das wird eine tolle Kiste!" Und damit fegte er fort. Emil fühlte sich wunderbar erleichtert. Denn Pech bleibt nun zwar auf alle Fälle Pech. Aber ein paar Kameraden zu haben, die freiwillig mit von der Partie sind, das ist kein kleiner Trost.

Er behielt den Dieb scharf im Auge, der sich's – wahrscheinlich noch dazu von Mutters Erspartem – gut schmecken ließ, und hatte nur eine Angst: dass der Lump dort aufstehen und fortlaufen könne. Dann waren Gustav und die Hupe und alles umsonst.

Aber Herr Grundeis tat ihm den Gefallen und blieb. Wenn er freilich von der Verschwörung etwas geahnt hätte, die sich über ihm wie ein Sack zusammenzog, dann hätte er sich mindestens ein Flugzeug bestellt. Denn nun wurde die Sache langsam brenzlich …

Zehn Minuten später hörte Emil die Hupe wieder. Er drehte sich um und sah, wie mindestens zwei Dutzend Jungen, Gustav allen voran, die Trautenaustraße heraufmarschiert kamen.

„Das Ganze halt! Na, was sagst du nun?", fragte Gustav und strahlte übers ganze Gesicht.

„Ich bin gerührt", sagte Emil und stieß Gustav vor Wonne in die Seite. „Also, meine Herrschaften! Das hier ist Emil aus Neustadt. Das andre hab ich euch schon erzählt. Dort drüben sitzt der Schweinehund, der ihm das Geld geklaut hat. Der rechts an der Kante, mit der schwarzen Melone auf dem Dach. Wenn wir den Bruder entwischen lassen, nennen wir uns alle von morgen ab nur noch Moritz. Verstanden?"

„Aber Gustav, den kriegen wir doch!", sagte ein Junge mit einer Hornbrille.

„Das ist der Professor", erläuterte Gustav. Und Emil gab ihm die Hand.

Dann wurde ihm, der Reihe nach, die ganze Bande vorgestellt.

„So", sagte der Professor, „nun wollen wir mal auf den Akzelerator treten. Los! Erstens, Geld her!"

Jeder gab, was er besaß. Die Münzen fielen in Emils Mütze. Sogar ein Markstück war dabei. Es stammte von einem sehr kleinen Jungen, der Dienstag hieß. Er sprang vor Freude von einem Bein aufs andre und durfte das Geld zählen.

„Unser Kapital beträgt", berichtete er den gespannten Zuhörern, „fünf Mark und siebzig Pfennige. Das Beste wird sein, wir verteilen das Geld an drei Leute. Für den Fall, dass wir uns mal trennen müssen."

„Sehr gut", sagte der Professor. Er und Emil kriegten je zwei Mark. Gustav bekam eine Mark und siebzig.

„Habt vielen Dank", sagte Emil, „wenn wir ihn haben, geb ich euch das Geld wieder. Was machen wir nun? Am liebsten würde ich erst mal meinen Koffer und die Blumen irgendwo unterbringen. Denn wenn die Rennerei losgeht, ist mir das Zeug mächtig im Wege."

„Mensch, gib den Kram her", meinte Gustav. „Den bring ich gleich rüber ins Café Josty, geb ihn am Büfett ab und beschnuppre bei der Gelegenheit mal den Herrn Dieb."

„Aber mache es geschickt", riet der Professor. „Der Halunke braucht nicht zu merken, dass ihm Detektive auf der Spur sind. Denn das würde die Verfolgung erschweren."

„Hältst du mich für dusslig?", knurrte Gustav und schob ab ...

„Ein feines Fotografiergesicht hat der Herr", sagte er, als er zurückkam. „Und die Sachen sind gut aufgehoben. Die können wir holen, wenn's uns passt."

„Jetzt wäre es gut", schlug Emil vor, „wenn wir einen Kriegsrat abhielten. Aber nicht hier. Das fällt zu sehr auf."

„Wir gehen nach dem Nikolsburger Platz", riet der Professor. „Zwei von uns bleiben hier am Zeitungskiosk und passen auf, dass der Kerl nicht durchbrennt. Fünf oder sechs stellen wir als Stafetten auf, die sofort die Nachricht durchgeben, wenn's so weit ist. Dann kommen wir im Dauerlauf zurück."

„Lass mich nur machen, Mensch!", rief Gustav und begann, den Nachrichtendienst zu organisieren. „Ich bleibe mit hier bei den Vorposten", sagte er zu Emil, „mach dir keine Sorgen! Wir lassen ihn nicht fort. Und beeilt euch ein bisschen. Es ist schon ein paar Minuten nach sieben. So, und nun haut gefälligst ab!"

Er stellte die Stafetten auf. Und die anderen zogen, mit Emil und dem Professor an der Spitze, zum Nikolsburger Platz.

Nina Rauprich wurde 1938 in Bielefeld geboren. Nach einem Studium der Pflanzenzüchtung wurde sie am Max-Reinhart-Seminar in Berlin zur Schauspielerin ausgebildet und war längere Zeit an verschiedenen Bühnen und beim Fernsehen tätig. Die Autorin, Mutter von drei Kindern, lebt heute als freie Schriftstellerin in der Nähe von Köln.

Die sanften Riesen der Meere
Nina Rauprich

In dem vorliegenden Romanauszug leben die Bewohner der portugiesischen Insel Madeira seit Generationen vom Walfang und auch der zwölfjährige Manuel möchte einmal Walfänger werden. Doch als er eines Tages in Seenot gerät und von Delfinen zur Küste zurückgetragen wird, beginnt er, die Riesen der Meere mit ganz anderen Augen zu sehen. Zusammen mit der Meeresbiologin Petra kämpft er für die Einstellung des Walfangs vor der Insel.

Herrlich ist es hier draußen! Von unten das Meer und von oben die Sonne. Bei solchem Wetter muss es Spaß machen, Fische zu fangen oder Wale zu jagen. Wahrscheinlich wird er auch Walfänger. Was kann man sonst in Caniçal werden?

Als die Geräusche vom Hafen nicht mehr zu hören sind, zieht Manuel das Comicheft hervor und beginnt, darin zu lesen. Er muss die Augen zukneifen, so hell ist es. Dabei scheint die Sonne gar nicht mehr richtig. Man kann nicht lesen. Manuel legt Kopf und Arme auf den wulstigen Rand des Bötchens. Die Wellen glucksen leise und Träumen ist auch schön.

Irgendwann schwappt ihm Wasser ins Gesicht. Pfui Teufel, ist das kalt! Und warum hüpft das Schlauchboot so? Manuel blinzelt zum Himmel. Wolken sind aufgezogen. Der Wind bläst stärker und die See ist unruhig geworden. Diese Schaukelei ist zwar ganz lustig, aber ein bisschen unheimlich ist sie auch.

Manuel versucht, das Schlauchboot in die entgegengesetzte Richtung zu steuern, zurück zum Hafen. Er strengt sich mächtig an. Das Bötchen schlingert und dreht sich immer wieder zurück. Die Wellen sind kurz und kabbelig. Sie haben Schaumkronen und spritzen. Manuel ist schon ganz nass. Und kalt ist es mit einem Mal. Er zwingt sich, nicht zur Küste zu schauen, sondern nur starr auf die Wellen vor sich, denn er weiß auch so, dass der Wind ihn weit hinausgetragen hat.

Der Himmel sieht nach Regen aus, nach Sturm. Großvaters Wetterbein! Manuel paddelt schneller. Er hat das Bötchen noch immer nicht im Griff. Die Wellen lassen es nicht zu. Manuel hat alle Mühe, nicht zu kentern. Klar, er ist ein guter Schwimmer und tauchen kann er länger als die meisten Jungen in Caniçal. Aber was nützt das schon? Wenn er jetzt ins Wasser fällt, reißt der Wind das Schlauchboot weg und er muss wie ein Weltmeister hinterherkraulen, bis er es wieder zu fassen kriegt. Und nun blickt er doch zur Insel zurück – und erschrickt. So weit?

Manuel spreizt die Beine. Er versucht, auch mit den Füßen zu steuern. Endlich! Die Richtung stimmt. Jetzt aber los! Doch da knallt ihm eine Welle ins Gesicht, so ein richtiger Brecher. Das Bötchen dreht ab und treibt weiter von der Küste weg.

Manuel kämpft. Er gibt nicht so leicht auf. Neulich erst hat der dicke Chico aus seiner Klasse ihn in den Schwitzkasten genommen. Da hat Manuel so lange gestrampelt und geboxt, bis der loslassen musste. Und jetzt strampelt er gegen den Wind und die aufgewühlte See. Doch immer, wenn er das Boot ein paar Meter näher zur Insel gesteuert hat, schiebt ihn die nächste Welle wieder zurück.

Dabei ist das noch gar kein Sturm. Wenn der erst loslegt – Manuel würgt die Angst hinunter. Vielleicht bricht gleich die Sonne noch einmal durch die Wolken. Das gibt es doch, dass Flaute einsetzt. Die Ruhe vor dem Sturm nennen die Fischer das. Und die kennen sich nun wirklich auf dem Meer aus.

Es gibt keine Ruhe, keine Flaute. Der Wind jault Manuel um die Ohren. Das Schlauchboot hüpft wie ein Ball. Das kann man nicht mehr lenken. Manuel muss sich etwas anderes einfallen lasen. Auch wenn Großvater ihn einen Winzling nennt, unterkriegen lässt er sich nicht.

Großvater mit seinem Wetterbein und Mutter mit ihren Ahnungen! Manuel spuckt Salzwasser aus. Er reckt den Kopf so hoch, wie das nur möglich ist. Wo sind bloß die Tunfischkutter? Die Männer lassen sich bestimmt nicht vertreiben, nur weil der Wind aufdreht. Doch so weit Manuel schauen kann, kein Schiff, und immer ferner die Küste.

Verzweifelt lässt er den Kopf sinken. Soll er versuchen zu schwimmen? Aber gegen die Wellen ankraulen ist noch anstrengender als paddeln und man schluckt viel Wasser dabei. In dem Bötchen kann er sich ausruhen, ein bisschen wenigstens. Außerdem – Manuel kommt ein entsetzlicher Gedanke – bei Sturm nähern sich Haie der Küste. Es gibt Hammerhaie vor Madeira. Manchmal reißen sie Stücke aus einem erbeuteten Wal. Manuel hat öfter klaffende Wunden im Speck der toten Riesen gesehen.

Die See brodelt jetzt. Regen klatscht in die Gischt. Manuel klammert sich an den Rand des Schlauchbootes. Eine Wasserwand türmt sich vor ihm auf, rollt heran und schlägt schäumend über ihm zusammen. Als er wieder Luft holen kann, ist das Boot verschwunden.

Manuel schwimmt. Er denkt nicht mehr an die Haie, nicht an die Tunfischkutter, nicht einmal mehr an die Entfernung bis zur Küste. Er schwimmt, reißt den Kopf hoch, schnappt nach Luft, schwimmt weiter, spuckt Salzwasser aus. Die Angst lähmt seine Gedanken. Beine und Arme werden schwer, die Bewegungen
75 langsamer. Manuel merkt es nicht einmal. Schwimmen, Luftholen, Schwimmen – ganz mechanisch führt sein Körper diese Befehle aus.
Er sieht nicht, wie eine kleine dreieckige Rückenflosse neben ihm auftaucht und gleich wieder verschwindet. Auch den grauen Kopf bemerkt er nicht, den geöffneten Rachen, die spitzen Zähne. Da
80 streift etwas an seinem Bauch entlang, seine Füße stoßen auf Festes. Sein müder Arm streckt sich vor – und bleibt liegen. Manuel sieht seine eigene Hand vor sich auf dem Wasser, ohne dass sie untergeht.
85 Nun langt er mit dem andern Arm nach vorne. Dasselbe. Er schwimmt nicht mehr. Das Meer tobt und schäumt und trotzdem geht er nicht unter.
Werde ich verrückt? Oder vielleicht ist
90 das Schlauchboot ... Unmöglich, das ist grellorange. Das müsste ich sehen. Um ihn herum ist alles grau, das Meer, der Regen, der Himmel. Neben ihm springt ein Fisch. Der ist auch grau. Ein dicker grauer
95 Fisch, größer als er selbst. Und da ist gleich noch einer. Haie?
Nein, denkt Manuel trotz seiner Verwirrung nun doch ganz klar, Haie springen nicht. Das sind überhaupt keine Fische.
100 Das sind Delfine!
Direkt vor seinem Gesicht ist so ein grauer dicker Kopf. Manuel spürt es jetzt deutlich. Er wird getragen. Er liegt auf dem Rücken eines Delfins. Wie ein Gummistie-
105 fel fühlt der sich an, wie ein riesiger nasser Gummistiefel. Und jetzt erst nimmt Manuel wahr, dass um ihn herum noch mehr
Delfine schwimmen. Vielleicht sind es fünf oder acht, zehn, elf? Er kann sie nicht zählen. Sie springen, tauchen, recken den Kopf hoch. Manchmal sieht er
110 nur die Rückenfinne. Wie die steil aufgerichtete Flosse der Haie, denkt er.
Der Delfin, der Manuel trägt, springt nicht. Ruhig gleitet er durch das Wasser, dicht unter der Oberfläche. Manuel hält sich an der Finne fest. In dem aufgewühlten Wasser kann er keinen Blas erkennen, aber jedes Mal, wenn der Delfin die Luft ausstößt, hört sich das an wie das Pusten einer Fahrradpumpe.

115 Jetzt, da Manuel nicht mehr um sein Leben kämpft, sondern sich nur noch festhält, packt ihn die Angst noch mehr als zuvor. Ich drehe durch, denkt er, das bilde ich mir nur ein. Delfine, die einen Ertrinkenden retten, gibt es nur in Märchenbüchern. Die können doch gar nicht wissen, dass ich in Seenot geraten bin. Wo sind die überhaupt so schnell hergekommen?

120 Aber es ist wirklich ein Delfin unter ihm. Der will bloß mit mir spielen, denkt Manuel. Gleich schlägt er mit seiner Fluke, um mich wieder loszuwerden. Großvater hat oft erzählt, dass Wale mit ihren starken Schwanzflossen Schiffe zertrümmern können. Und Delfine sind schließlich auch Wale.

Trotz seiner Angst klammert er sich an die Finne wie an einen Haltegriff. Seine
125 Finger sind steif vor Kälte. Seine Zähne klappern. Neben ihm schiebt ein anderer Delfin seinen Kopf aus den Wellen. Er kommt so dicht heran, dass Manuel aufschreit. Wenn der bloß nicht zuschnappt. Die spitzen Zähne sehen sehr gefährlich aus. Der Delfin hält den Kopf etwas schräg, um Manuel besser ansehen zu können. Er quietscht, taucht kurz unter, kommt wieder hoch, keckert,
130 schnarrt, pfeift und nickt mit dem Kopf, als wollte er Manuel etwas erklären. Bedrohlich klingt das eigentlich nicht.

Wenigstens sind es keine Haie, versucht Manuel sich selbst Mut zu machen. Fast kommt es ihm so vor, als umkreisen ihn die Delfine wie Wächter. Ob das nun stimmt oder nicht, diese Vorstellung hat etwas Beruhigendes.

135 Und noch etwas tröstet ihn. Der Delfin unter seinem Bauch weicht geschickt den Brechern aus, als wüsste er, wie schwierig es für Manuel ist, nicht von seinem Rücken abzurutschen. Trotz des harten Gegenwindes schwimmt er schnell und geradewegs auf die Küste zu. Durch das Spritzen der Brandung kann Manuel manchmal schon Häuser erkennen.

140 Mit einem Mal drängen sich die Delfine dicht um Manuel zusammen. Sie springen nicht mehr, stoßen kurze Rufe aus und tauchen unter. Sie geben sich gegenseitig Signale. Es hört sich wie eine Warnung an.

Irgendetwas erschreckt sie. Manuels Delfin schwimmt nicht weiter. Er scheint im Wasser zu stehen. Die Fluke zuckt unruhig. Manuel versucht zu erkennen,
145 was los ist. Bis zum Hafen sind es vielleicht noch vierhundert Meter. Vor ihm im Wasser ist ein Gegenstand. Eine Boje? Nein, etwas Größeres. Im Jaulen und Tosen des Windes hört Manuel ein gleichmäßiges Tuckern. Ein Boot!

Sie haben ihn vom Land aus gesehen, sie kommen, um ihn zu retten! Die Fischer, der Comandante von der Walfangstation, Großvater, Mutter – irgendwer
150 hat ihn im Meer entdeckt. Das Boot ist schon dicht heran. Manuel lässt den Delfin los, zappelt, rudert mit den Armen, wird gepackt und aus dem Wasser gezogen. Er will etwas sagen, aber er kann nicht. Kein Ton kommt aus seiner wunden Kehle.

Die Delfine sind zurückgewichen. Einer steigt hoch aus dem Wasser. Er scheint
155 auf der Fluke zu tanzen. Er nickt eifrig und stößt dabei ein helles Keckern hervor. Es sieht aus, als ob der Delfin lacht, und es hört sich auch so an. Manuel hebt die Hand. Er will winken, aber daraus wird nichts. Vor Erschöpfung sackt er zusammen.

Joanne K. Rowling ist eine junge Erzählerin der Gegenwart, die in Edinburgh/Schottland lebt. Mit der Lebensgeschichte von Harry Potter, dem Waisenkind mit Zauberkenntnissen, wurde sie 1999 in London zur „Autorin des Jahres" gewählt. Dieser Jugendroman, von dem es mehrere Bände gibt und die alle erfolgreich sind, kann es an Spannung mit jedem Krimi aufnehmen.

Harry Potter und der Stein der Weisen
Joanne K. Rowling

Eigentlich hatte Harry geglaubt, er sei ein ganz normaler Junge. Zumindest bis zu seinem elften Geburtstag. Da erfährt er, dass er sich an der Schule für Hexerei und Zauberei einfinden soll. Und warum? Weil Harry ein Zaube-
5 *rer ist!*
Und so wird für Harry das erste Jahr in der Schule das spannendste, aufregendste und lustigste in seinem Leben. Er stürzt von einem Abenteuer in die nächste ungeheuerliche Geschichte, muss gegen Bestien, Mitschüler und
10 *Fabelwesen kämpfen. Da ist es gut, dass er schon Freunde gefunden hat, die ihm im Kampf gegen die dunklen Mächte zur Seite stehen ...*

(...) Es war schwer zu glauben, dass es hier überhaupt eine Decke geben sollte
15 und dass die Große Halle sich nicht einfach zum Himmel hin öffnete.
Harry wandte den Blick rasch wieder nach unten, als Professor McGonagall schweigend einen vierbeinigen Stuhl vor die Erstklässler stellte. Auf den Stuhl legte sie einen Spitzhut, wie ihn Zauberer benutzen. Es war ein verschlissener, hie und da geflickter und ziemlich schmutziger Hut. Tante Petunia wäre er
20 nicht ins Haus gekommen.
Vielleicht mussten sie versuchen, einen Hasen daraus hervorzuzaubern, schoss es Harry durch den Kopf, darauf schien es hinauszulaufen. Er bemerkte, dass inzwischen aller Augen auf den Hut gerichtet waren, und so folgte er dem Blick der andern. Ein paar Herzschläge lang herrschte vollkommenes Schweigen.
25 Dann begann der Spitzhut zu wackeln. Ein Riss nahe der Krempe tat sich auf, so weit wie ein Mund, und der Spitzhut begann zu singen:

Ihr denkt, ich bin ein alter Hut,
mein Aussehen ist auch gar nicht gut.
Dafür bin ich der schlauste aller Hüte,
und ist's nicht wahr, so fress ich mich, du meine Güte!
Alle Zylinder und schicken Kappen
sind gegen mich doch nur Jammerlappen!
Ich weiß in Hogwarts am besten Bescheid
und bin für jeden Schädel bereit.
Setzt mich nur auf, ich sag euch genau,
wohin ihr gehört, denn ich bin schlau.
Vielleicht seid ihr Gryffindors, sagt euer alter Hut,
denn dort regieren, wie man weiß, Tapferkeit und Mut.
In Hufflepuff dagegen ist man gerecht und treu,
man hilft dem andern, wo man kann, und hat vor Arbeit keine Scheu.
Bist du geschwind im Denken, gelehrsam auch und weise,
dann machst du dich nach Ravenclaw, so wett ich, auf die Reise.
In Slytherin weiß man noch List und Tücke zu verbinden,
doch dafür wirst du hier noch echte Freunde finden.
Nun los, so setzt mich auf, nur Mut,
habt nur Vertrauen zum Sprechenden Hut!

Als der Hut sein Lied beendet hatte, brach in der Halle ein Beifallssturm los. Er verneigte sich vor jedem der vier Tische und verstummte dann.

„Wir müssen also nur den Hut aufsetzen!", flüsterte Ron Harry zu. „Ich bring Fred um, er hat große Töne gespuckt – von wegen Ringkampf mit einem Troll." Harry lächelte müde. Ja, den Hut anprobieren war viel besser, als einen Zauberspruch aufsagen zu müssen, doch es wäre ihm lieber gewesen, wenn nicht alle zugeschaut hätten. Der Hut stellte offenbar eine ganze Menge Fragen; Harry fühlte sich im Augenblick weder mutig noch schlagfertig noch überhaupt zu irgendetwas aufgelegt. Wenn der Hut nur ein Haus für solche Schüler erwähnt hätte, die sich ein wenig angematscht fühlten, das wäre das Richtige für ihn. Professor McGonagall trat vor, in den Händen eine lange Pergamentrolle.

„Wenn ich euch aufrufe, setzt ihr den Hut auf und nehmt auf dem Stuhl Platz, damit euer Haus bestimmt werden kann", sagte sie. „Abbott, Hannah!"

Ein Mädchen mit rosa Gesicht und blonden Zöpfen stolperte aus der Reihe der Neuen hervor, setzte den Hut auf, der ihr sogleich über die Augen rutschte, und ließ sich auf dem Stuhl nieder. Einen Moment lang geschah nichts –

„HUFFLEPUFF!", rief der Hut.

Der Tisch zur Rechten johlte und klatschte, als Hannah aufstand und sich bei den Hufflepuffs niederließ. Harry sah, wie der Geist des fetten Mönchs ihr fröhlich zuwinkte.

„Bones, Susan!"

„HUFFLEPUFF!", rief der Hut abermals, und Susan schlurfte los, um sich neben Hannah zu setzen.

„Boot, Terry!"

„RAVENCLAW!"

Diesmal klatschte der zweite Tisch von links; mehrere Ravenclaws standen auf, um Terry, dem Neuen, die Hand zu schütteln.

„Brocklehurst, Mandy" kam ebenfalls nach Ravenclaw, doch „Brown, Lavender" wurde der erste neue Gryffindor und der Tisch ganz links brach in Jubelrufe aus. Harry konnte sehen, wie Rons Zwillingsbrüder pfiffen.

„Bulstrode, Millicent" schließlich wurde eine Slytherin. Vielleicht bildete Harry es sich nur ein, nach all dem, was er über Slytherin gehört hatte, aber sie sahen doch alle recht unangenehm aus.

Ihm war allmählich entschieden übel. Er erinnerte sich, wie in seiner alten Schule die Mannschaften zusammengestellt wurden. Immer war er der Letzte gewesen, den man aufrief, nicht weil er schlecht in Sport gewesen wäre, sondern weil keiner Dudley auf den Gedanken bringen wollte, dass man ihn vielleicht mochte.

„Finch-Fletchley, Justin!"

„HUFFLEPUFF!"

Bei den einen, bemerkte Harry, verkündete der Hut auf der Stelle das Haus, bei anderen wiederum brauchte er eine Weile, um sich zu entscheiden. „Finnigan, Seamus", der rotblonde Junge vor Harry in der Schlange, saß fast eine Minute lang auf dem Stuhl, bevor der Hut verkündete, er sei ein Gryffindor.

„Granger, Hermine!"

Hermine ging eilig auf den Stuhl zu und packte sich den Hut begierig auf den Kopf.

„GRYFFINDOR!", rief der Hut. Ron stöhnte.

Plötzlich überfiel Harry ein schrecklicher Gedanke, so plötzlich, wie es Gedanken an sich haben, wenn man aufgeregt ist. Was, wenn er gar nicht gewählt würde? Was, wenn er, den Hut auf dem Kopf, eine Ewigkeit lang nur dasäße, bis Professor McGonagall ihm den Hut vom Kopf reißen und erklären würde, offenbar sei ein Irrtum geschehen und er solle doch besser wieder in den Zug steigen?

Neville Longbottom wurde aufgerufen, der Junge, der ständig seine Kröte verlor. Auf dem Weg zum Stuhl stolperte er und wäre fast gestürzt. Bei Neville brauchte der Hut lange, um sich zu entscheiden. Als er schließlich GRYFFINDOR rief, rannte Neville mit dem Hut auf dem Kopf los, und er musste unter tosendem Gelächter zurücklaufen und ihn „McDougal, Morag" übergeben.

Malfoy stolzierte nach vorn, als sein Name aufgerufen wurde, und bekam seinen Wunsch sofort erfüllt: Kaum hatte der Hut seinen Kopf berührt, als er schon „SLYTHERIN!" rief.

Malfoy ging hinüber zu seinen Freunden Crabbe und Goyle, offensichtlich zufrieden mit sich selbst.

Nun waren nicht mehr viel Neue übrig.

„Moon" …, „Nott" …, „Parkinson" …, dann die Zwillingsmädchen, „Patil" und „Patil" …, dann „Perks, Sally-Anne" … und dann, endlich –

„Potter, Harry!"

Als Harry vortrat, entflammten plötzlich überall in der Halle Feuer, kleine, zischelnde Geflüsterfeuer.

„*Potter*, hat sie gesagt?"

„*Der* Harry Potter?"

Das Letzte, was Harry sah, bevor der Hut über seine Augen herabsank, war die Halle voller Menschen, die die Hälse reckten, um ihn gut im Blick zu haben. Im nächsten Moment sah er nur noch das schwarze Innere des Huts. Er wartete.

„Hmm", sagte eine piepsige Stimme in seinem Ohr. „Schwierig. Sehr schwierig. Viel Mut, wie ich sehe. Kein schlechter Kopf außerdem. Da ist Begabung, du meine Güte, ja – und ein kräftiger Durst, sich zu beweisen, nun, das ist interessant … Nun, wo soll ich dich hinstecken?"

Harry umklammerte die Stuhllehnen und dachte: „Nicht Slytherin, bloß nicht Slytherin."

„Nicht Slytherin, nein?", sagte die piepsige Stimme. Bist du dir sicher? Du könntest groß sein, weißt du, es ist alles da in deinem Kopf, und Slytherin wird dir auf dem Weg zur Größe helfen. Kein Zweifel – nein? Nun, wenn du dir sicher bist – dann besser nach GRYFFINDOR!"

Harry hörte, wie der Hut das letzte Wort laut in die Halle rief. Er nahm den Hut ab und ging mit zittrigen Knien hinüber zum Tisch der Gryffindors. Er war so erleichtert, überhaupt aufgerufen worden und nicht nach Slytherin gekommen zu sein, dass er kaum bemerkte, dass er den lautesten Beifall überhaupt bekam. Percy, der Vertrauensschüler, stand auf und schüttelte ihm begeistert die Hand, während die Weasley-Zwillinge riefen: „Wir haben Potter! Wir haben Potter!" Harry setzte sich an einen Platz gegenüber dem Geist mit der Halskrause, den er schon vorhin gesehen hatte. Der Geist tätschelte ihm den Arm, und Harry hatte plötzlich das schreckliche Gefühl, den Arm gerade in einen Eimer voll eiskalten Wassers zu tauchen.

Er hatte jetzt eine gute Aussicht auf den Hohen Tisch der Lehrer. Am einen Ende, ihm am nächsten, saß Hagrid, der seinen Blick erwiderte und mit dem Daumen nach oben zeigte. Harry grinste zurück. Und dort, in der Mitte des Hohen Tischs, auf einem großen goldenen Stuhl, saß Albus Dumbledore. Harry erkannte ihn von der Karte wieder, die er im Zug aus dem Schokofrosch geholt hatte. Dumbledores silbernes Haar war das Einzige in der ganzen Halle, was so hell leuchtete wie die Geister. Harry erkannte auch Professor Quirell, den nervösen jungen Mann aus dem Tropfenden Kessel. Mit seinem großen purpurroten Turban sah er sehr eigenartig aus.

Jetzt waren nur noch drei Schüler übrig, deren Haus bestimmt werden musste. „Turpin, Lisa" wurde eine Ravenclaw. Dann war Ron an der Reihe. Mittlerweile war er blassgrün im Gesicht. Harry kreuzte die Finger unter dem Tisch und eine Sekunde später …

„Klassiker"-Quiz

Neben den modernen Kinder- und Jugendbüchern (Auszüge z. B. Seite 242–249) gibt es zahlreiche alte und neue „Klassiker", d. h. Bücher, die schon von euren Eltern oder gar Großeltern mit roten Ohren gelesen wurden und die auch heute noch nichts von ihrer Faszination verloren haben.
Im Folgenden findet ihr einige Kurzbeschreibungen von berühmten Romanen bzw. deren Jugendbearbeitungen.

A Ein Schiffbrüchiger lebt viele Jahre allein auf einer einsamen Insel, dort baut er Getreide an, zähmt Tiere und rettet einem Eingeborenen das Leben, der dann sein Freund wird. Zuletzt befreit er einen Kapitän aus den Händen seiner meuternden Mannschaft und kehrt in seine Heimat nach England zurück.

B Ein Arzt strandet nach einem Schiffbruch in einem fremden Land, in dem nur winzig kleine Menschen wohnen; seine Stecknadel dient den Liliputanern als Schwert. Danach zieht er weiter in das Land der Riesen. Nach zahlreichen Abenteuern kehrt er nach Hause zurück und schreibt seine Erlebnisse als „Riese" und „Zwerg" nieder.

C Ein ungefähr 11-jähriges Mädchen fällt in einen Traum, in dem sie mit absonderlichen Wesen wie z. B. dem weißen Kaninchen, dem ständig Tee trinkenden Hutmacher, der Wasserpfeife rauchenden Raupe, den Spielkartenleuten mit der tyrannischen Herzkönigin oder der Grinse-Katze sprachspielerische Reden führt. Dabei verändert sie häufig ihre Körpergröße.

D Ein kleines Mädchen, das bei seinem Großvater lebt, muss in die Großstadt umziehen. Dort lernt sie Klara kennen, die im Rollstuhl sitzt. Sie werden Freundinnen. Als Klara stehen und laufen lernt, darf sie mit in die Bergheimat des kleinen Mädchens und Ziegen hüten.

E In Indien wird ein Waisenkind von Wölfen großgezogen. Nur der Tiger Sir Khan und die Schlange Kaa sind seine Feinde, mit den anderen Tieren lebt er in Freundschaft. Bekannt sind Balu, der tapsige Bär, King Louis, der Affenkönig, und Baghira, der schwarze Panther, mit denen er im Dschungel viele Abenteuer besteht.

F Ein kleiner garstiger Junge wird in einen Däumling verwandelt und reist mit Wildgänsen von Südschweden bis ins nördliche Lappland. Dabei erfährt er die Landschaft einmal aus der Vogelperspektive, einmal aus der Sicht des Winzlings, den das gute und schlechte Handeln der Menschen und Tiere so berühren, dass er am Ende ein netter Junge wird.

G Zwillinge, die voneinander nichts wissen, stehen sich plötzlich in einem Ferienheim gegenüber und stellen fest, dass sie sich wie ein Ei dem anderen gleichen. Beide, Luise aus Wien und Lotte aus München, setzen nun alles Mögliche in Bewegung, um ihre Vergangenheit und die ihrer Eltern aufzuhellen, was zu manch turbulenten Situationen führt. Letztlich gelingt es ihnen aber, für eine gemeinsame Zukunft zu sorgen.

H Das vorlaute Mädchen lebt in einem großen Haus mit verschiedenen Tieren; in der Nähe wohnen Annika und Tommy. Das sommersprossige Mädchen trägt ihr rotes Haar in zwei abstehenden Zöpfen und ist den Erwachsenen meistens überlegen.

I Mit seinen Streichen ärgert er seine Familie und die Nachbarn und wird gleichzeitig für seine Schlauheit bewundert. Wenn er etwas angestellt hat, flüchtet er in eine kleine Hütte. Seine „Heldentaten" sind nicht nur in Schweden bekannt.

J Lustige Streiche und Abenteuer einer kleinen Hexe mit ihrem Raben, die mit Bösewichtern ihren Schabernack treibt und allen Rechtschaffenen aus der Not hilft. Leider bekommt sie Ärger mit dem Hexenrat, denn ihre Art, die Welt zu sehen, ist nicht immer hexengemäß.

1 Wie heißen die Hauptfiguren und wie heißen die entsprechenden Bücher? Kennt ihr vielleicht auch die dazugehörigen Autorinnen oder Autoren?

2 Welche „Klassiker" habt ihr schon gelesen, welche könnt ihr weiterempfehlen?

Lösungen: A: Robinson Crusoe von Daniel Defoe – B: Gullivers Reisen von Jonathan Swift – C: Alice im Wunderland von Lewis Carroll – D: Heidi von Johanna Spyri – E: (Mowgli) Das Dschungelbuch von Rudyard Kipling – F: Nils Holgersson von Selma Lagerlöf – G: Das doppelte Lottchen von Erich Kästner – H: Pippi Langstrumpf von Astrid Lindgren – I: Michel aus Lönneberga von Astrid Lindgren – J: Die kleine Hexe von Otfried Preußler

Die Nacht der Leseratten

Bücher für 1001 Nacht

Ein ganzes Buch – ein ganzes Leben. (Marie von Ebner-Eschenbach)
Das Buch ist der bequemste Freund. Man kann sich mit ihm unterhalten, solange und sooft man will. (Angelus Silesius)
Mit meinen Büchern führe ich die meisten Gespräche. (Seneca)
Bücher sind Erfahrungen, die man kaufen kann. (Unbekannter Verfasser)
Ein Buch ist wie Fernsehen im Kopf. (Unbekannter Verfasser)
Lieber barfuß als ohne Buch. (Isländisches Sprichwort)

Nimm ein Buch
Wolf Harranth

Nimm ein Buch, mach es auf:
Du kommst auf was drauf.

Lass es sein, mach es zu:
Es gibt keine Ruh.

So ist das eben:
Die Bücher leben.

Vor Beginn der Lesenacht solltet ihr einige Bücher auf einem Büchertisch ausbreiten. Hier habt ihr eine kleine Auswahl.

1. Welche Bücher würden euch auch interessieren, und welche würdet ihr selbst außerdem noch empfehlen?

2. Findet selbst einen Spruch wie: Ein Buch ist …

Wie kann eure Lesenacht aussehen?

Damit eine Lesenacht ein Erfolg wird, müsst ihr sie gut vorbereiten.
Die folgenden Fragen/Anregungen können euch dabei helfen.

CHECKLISTE LESENACHT

1. Wo soll die Lesenacht stattfinden (Bücherei, Klassenzimmer …)?

2. Und wie lange wird sie dauern (bis Mitternacht, bis zum anderen Morgen …)?

3. Wie soll die Lesenacht verlaufen? Gibt es einen gemeinsamen Anfang und Schluss?

4. Wie wird gelesen? (Jeder schmökert für sich. Alle lesen in Kleingruppen. Der Lehrer oder die Lehrerin liest vor …)

5. Mit wem müssen wir vorab reden?
   – Schulleiter/in, Bibliothekar/in um Erlaubnis bitten.
   – Mit dem Hausmeister technische Fragen
     (Beleuchtung, Toiletten, Waschgelegenheiten …) klären.
   – Die Eltern informieren: zunächst mündlich, warum wir die Lesenacht durchführen wollen, dann schriftlich in einem Elternbrief, der alles Wesentliche enthält (Ort, Zeitpunkt, Dauer …) und zu dem eine Einverständniserklärung gehört.
   (Eure mündlichen Bitten und Anliegen könnt ihr vorweg in kurzen Rollenspielen einüben.)

6. Wie müssen wir uns verhalten, damit die Lesenacht ein Erfolg wird?
   (Verhaltensregeln aufstellen, die auf ein Plakat geschrieben
   und im Raum aufgehängt werden)

7. Wie sorgen wir für Essen und Trinken?
   Gibt es am Morgen ein gemeinsames Frühstück?

8. Eine persönliche Checkliste erstellen, z. B.:
   – Isomatte
   – Schlafsack/Decke/Kissen
   – Handtuch und Waschbeutel
   – …
   Am besten ist es, ihr vergleicht, um nichts zu vergessen.
   Übrigens: Computerspiele, Walkman usw. haben hier nichts zu suchen.

Der Morgen danach ...

Am Morgen danach solltet ihr eure zahlreichen Erfahrungen austauschen.

1 Berichtet den anderen, wie es euch ergangen ist.

2 Stellt einander die Bücher vor; die wichtigsten und spannendsten Stellen solltet ihr euch dabei gegenseitig vorlesen.

3 Damit ihr das Wesentliche nicht vergesst, ist es wichtig, dass ihr euch einiges aufschreibt, z. B. in Form eines Tagebucheintrages.

4 Lasst andere an eurem Leseerlebnis teilhaben und stellt das Buch in der Schulzeitung vor.

5 Ihr könnt eure Gedanken und Erlebnisse auch so ausdrücken: Schreibt das Wort Lesenacht in Großbuchstaben untereinander und notiert dann, was euch dazu einfällt. Beginnt jeweils mit den Anfangsbuchstaben.

L

E rst gegen drei Uhr eingeschlafen

S

E

N

A

C

H

T

Lesestoff finden?!

Als Fundorte sind euch sicher die Buchhandlungen und Bibliotheken der Stadt, eure Schülerbücherei sowie das Internet bekannt.

1. Wie geht das Ausleihen eines Buches vor sich? Berichtet!

2. Welche Möglichkeiten bietet dir heute das Internet?

Ob du nun ein Buch kaufst oder dir in einer Buchhandlung, der Stadtbücherei oder der Schülerbücherei eines ausleihst – lasse dir genügend Zeit bei der Auswahl „deines" Buchs.

3 a) Schaue nach bei deiner Lieblingsautorin oder deinem Lieblingsautor und bei deinen Interessensgebieten.
b) Nach Empfehlungen kannst du nicht nur die Bibliothekarin fragen, sondern auch deine Mitschülerinnen und Mitschüler, deine Freundinnen und Freunde.
c) Auf dem Buchrücken steht häufig eine Altersangabe und auf der Rückseite kannst du den so genannten Klappentext lesen, der dir Hinweise auf den Inhalt des Buchs gibt (siehe auch Seite 223).

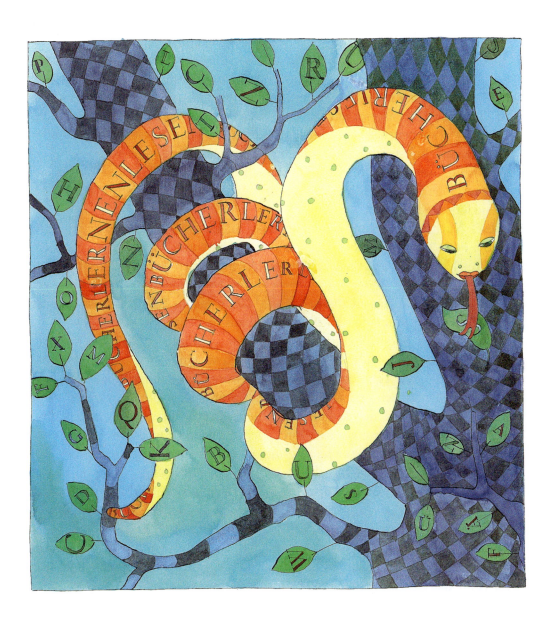

Von nächtlichen Leseabenteuern

Der überaus starke Willibald
Willi Fährmann

Willibald nutzte die Angst vor der Katze, um sich zum Boss eines Mäuserudels zu machen. Nur die kleine Lillimaus wagte Kritik und wurde zur Strafe in die Bibliothek verbannt. So kommt es, dass Lillimaus viele Nächte allein in der großen Bibliothek verbrachte. Aus Langeweile rutschte sie heimlich über Bücher, hüpfte Büchertreppen hinauf und hinunter und begann vor lauter Langeweile, das Zählen zu üben.

illimaus schlich bedrückt wieder in die Bibliothek zurück. Sie hatte die ganze Nacht noch nichts gefressen und suchte nach ein paar Krumen. Unter dem Schreibtisch fand sich nichts und auch nichts im Papierkorb. Selbst auf dem Teppich neben dem Ohrensessel am Fenster, in dem tagsüber gelegentlich ein Menschenriese saß und beim Lesen ein paar Nüsse knabberte oder knusprige Kekse verzehrte, war kein Bissen aufzuspüren. So erging es Lillimaus oft und oft, und wenn nicht Mäusefriederike oder Karlemaus und neuerdings auch der Mausephilipp ihr heimlich etwas zugesteckt hätten, so wäre sie längst verhungert.

In dieser Nacht nun begann Lillimaus, aus Langeweile in einem Buch zu blättern. Sie hatte schon manches Buch durchgestöbert und auch Bilder gefunden. Dieses Buch aber war anders als all die vielen, die in den Regalen standen.

Es hatte sechs bunte Bilder auf jeder Seite. In jedes Bild war ein Zeichen gedruckt, das für Lillimaus nichts bedeutete. Unter jedem Bild stand eine Reihe ähnlicher Zeichen. Auch damit konnte Lillimaus nichts anfangen.

Was aber auf den Bildern dargestellt war, davon erkannte sie dies und das. Auf der ersten Seite sah sie eine Ameise, eine Aprikose, eine Amsel, einen Akrobaten und einen Apfel. Auf einer anderen Seite waren ein Umhang, ein Uhu, eine Urkunde, ein Unterrock und eine Uhr gemalt. Auf einer weiteren waren ihr nur der Igel, der Iltis und der Indianer mit den Federn auf dem Kopf bekannt. Schließlich sprach sie leise vor sich hin: „Ochse, Osterei, Opa, Ohr, Ofen, Oberhemd." Sie rätselte an den Zeichen herum, murmelte die Wörter, kam aber lange zu keinem Ergebnis. Sie sprach die Wörter laut und leise, schnell und langsam. Aufgeben wollte sie nicht und versuchte viele Nächte hindurch, hinter das Geheimnis zu kommen. Endlich, dreizehn Nächte später, fiel ihr etwas auf. Sie sprach ganz langsam und deutlich: O-fen, O-sterei, O-chse, O-pa."

Es fiel ihr wie Schuppen von den Augen. „Die Wörter fangen ja allesamt gleich an", rief sie. „Überall geht es los mit einem O. Das muss das Zeichen sein, was in das Bild gedruckt ist."

Sie versuchte es auch mit den anderen Seiten, es gelang überraschend gut.

„A-meise, A-rena, A-prikose, A-krobat." Bei „A-msel" hatte sie Schwierigkeiten, weil das A nicht so rein klang. Lillimaus arbeitete wie besessen. Buchstaben für Buchstaben entschlüsselte sie. Sie kannte bald von A bis Z alle 26 und lernte allmählich, sie miteinander zu verbinden.

Mit „Opa" hatte sie zuerst Erfolg. „O-p-a", stotterte sie, schüttelte den Kopf, sah auf das Bild und sprach: „Opa, nicht O-p-a." Sie eroberte sich Wort für Wort, probierte aus, dachte angestrengt nach und schrie ab und zu begeistert auf, wenn sie ein neues Wort herausbekommen hatte. Sie vergaß ihre Einsamkeit. Ihre Traurigkeit verflog. Manchmal spürte sie sogar ihren Hunger und ihr ganzes Elend nicht mehr. Eines Nachts war es so weit: Sie konnte lesen, Wörter konnte sie lesen, Sätze, kleine Abschnitte, ganze Seiten schließlich und endlich hatte sie in einer Nacht ein Buch von der ersten bis zur letzten Seite gelesen. Zugegeben, es war ein dünnes Buch. Aber ein Buch ist schließlich ein Buch.

Sie war so voller Stolz und voller Freude, dass sie die gute Nachricht nicht für sich allein behalten wollte. Sie flüsterte ihrer besten Freundin, der Mäusefriederike, ins Ohr:

„Ich will dir ein großes Geheimnis anvertrauen. Denk dir, ich kann lesen."

1 Wie verbringt Lillimaus ihre Nächte?

2 Welche entscheidende Entdeckung macht sie?

3 Stellt euch vor, Lillimaus hätte sich während eurer Lesenacht bei euch eingeschlichen. – Was würde Lillimaus wohl am nächsten Tag aufgeregt ihrer Freundin Mäusefriederike erzählen?

4 Sicher lässt sich diese Begegnung auch szenisch darstellen. Am besten, ihr probiert es aus.

Wort- und Sacherklärungen

Almanach: Kalender

Alraune: menschähnlicher Wurzelstock der Mandragora, eines Nachtschattengewächses aus dem Mittelmeergebiet, dessen Genuss betäubend wirkt (Althochdeutsch bedeutet „runa" Geheimnis.)

Aurora: die römische Göttin der Morgenröte

Baldachin: Tragehimmel aus Stoff

Blas: die beim Ausatmen entstehende Fontäne bei Walen und Delfinen

Chitenge: Tragetuch, mit dem Babys auf den Rücken der Mutter gebunden werden

cholerisch: jähzornig, aufbrausend

Collage: Kunstwerk, ein aus Papier oder anderem Material geklebtes Bild

distanziert: zurückhaltend, auf Abstand bedacht

Djellabah: nordafrikanisches Übergewand aus grobem Wollstoff mit Kapuze

Ekstase: höchste Begeisterung

Eisenwurz: eine Flockenblume

Europa: phönizische Königstochter, von Zeus über das Meer entführt; nach ihr wurde unser Erdteil benannt

existieren: vorhanden sein, da sein, leben

Finca: Landgut

Flaute: sehr geringe Bewegung der Luft, Windstille

Fluke: quer stehende Schwanzflosse von Walen und Delfinen

Glyzerin: chemische Substanz, die zur Herstellung von Kunstharzen, als feuchthaltender Zusatz zu Tinten, Druckfarben, Tabak u. a., in der Kosmetik zur Hautpflege und für viele andere Zwecke verwendet wird

Hieroglyphen: altägyptische Bilderschriftzeichen

Hummer: bis zu 50 cm lange Art der Krebstiere, ein beliebter Speisekrebs, dessen Häufigkeit in der Nordsee gesunken ist

Inserat: Anzeige in einer Zeitung oder Zeitschrift

irritiert: verwirrt, unsicher

Jackpot: besonders hoher (angesammelter) Gewinn bei einem Glücksspiel

Jasmin: Ölbaumgewächs mit weißen oder gelben, duftreichen Blüten

Kabarett: Mischform der darstellenden Kunst, die Elemente und Mittel des Theaters, der Literatur und der Musik vereint

Kilimandscharo: höchster Berg Afrikas, 5895 m

Komponist: „Tonsetzer", jemand, der ein musikalisches Kunstwerk schreibt/schafft

Korallen: auch Blumentiere; formenreiche, meeresbewohnende Hohltiere, meist mit dem Untergrund verhaftet, bilden mit ihren kalkigen Skeletten Korallenriffe und -inseln

Krösus: letzter König von Lydien (heute Türkei); wurde 546 v.Chr. vom Perserkönig Kyros II. besiegt. Sein Reichtum wurde sprichwörtlich

loyal: redlich, ehrlich, gesetzestreu

Mamelucken: nachträglich freigelassene Sklaven, die in Ägypten und Syrien Kriegsdienst leisteten, von 1250 bis 1517 von Kairo aus diese Gebiete beherrschten und bis ins 19. Jh. hinein in Politik und Verwaltung eine wichtige Rolle spielten

markant: stark ausgeprägt

Maya: indianisches Volk im Norden Mittelamerikas, hatte in vorkolumbianischer Zeit eine großartige Hochkultur entwickelt; in Folge der spanischen Eroberung im 16. Jh. durch Verfolgungen, Seuchen und Hungersnöte fast ausgerottet

navigieren: steuern, lenken

Original: Urbild, Urtext

Patron: (hier) Grundherr einer Plantage

Pedell: (früher) Hausmeister in Schulen, Hochschulen und Gerichten

Pionier: Wegbereiter, Vorkämpfer

Plantage: landwirtschaftlicher Großbetrieb (vor allem in den Tropen)

Riff: schmale Auftragung des Meeresuntergrunds, die nicht oder nur wenig über die Wasseroberfläche reicht, vgl. Koralle

Rückenfinne: Rückenflosse von Haien und Walen

Salbei: Gewürz- und Arzneipflanze

Schultheiß: (früher) Beamter, der die Mitglieder einer Gemeinde zur Einhaltung ihrer Pflichten gegenüber dem Landesherrn anhielt, später oft als Vorsteher einer städtischen oder dörflichen Gemeinde mit der niederen Gerichtbarkeit betraut

Schupo (mann): veralteter Ausdruck für *Schutzpolizist*

Tournee: mehrere Auftritte eines Künstlers oder einer Künstlergruppe mit einem Programm in verschiedenen Städten und Ländern

Vietnam: Land in Südostasien

willt: veraltete Form von „willst"

Zapping: Zapping oder zappen nennt man das häufige Umschalten zwischen verschiedenen Fernsehprogrammen mittels der Fernbedienung

Zensur: (hier) staatliche Überwachung und Unterdrückung von Veröffentlichungen in Druck, Bild und Funk

Zeus: oberster Gott im antiken Griechenland

Literarische Fachbegriffe

Bericht
In einem Bericht bekommt ihr sachliche Informationen über Tatsachen, Ereignisse, Handlungen. Er wird in sachlicher Sprache und ohne Bewertungen durch den Autor geschrieben. Ein Bericht sollte übersichtlich und klar gegliedert sein.

Beschreibung
Sie stellt einen Vorgang, einen Ort, einen Weg, eine Landschaft, eine Person usw. dar. Hier könnt ihr sowohl eine sachliche Sprache (z. B. in Gebrauchsanweisungen) als auch eine poetische Sprache (z. B. in Romanen) antreffen.

Bildergeschichte
Sie „erzählt" eine Geschichte mit Hilfe von Bildern und braucht meist keinen Text. Ihr könnt euch diesen anhand der Abfolge der Bilder selbst erschließen und dabei eurer Fantasie „freien Lauf" lassen.

Cartoon
Meist ist es eine lustige, witzige Zeichnung, die eine Alltagssituation oder ein bestimmtes Ereignis aufgreift und humorvoll übertrieben darstellt.

Comic
Comics sind moderne Bildergeschichten in Verbindung mit einem Text, der meist in Form von Sprechblasen eingebaut ist.

Dialog
Es handelt sich hierbei um ein Gespräch zwischen zwei oder mehreren Personen. (Gegensatz: Monolog)

Erzählung
Sie hat eine wirkliche, mögliche oder unwahrscheinliche Geschichte zum Inhalt und ist in einzelne Erzählschritte gegliedert. Um den Leser für die Erzählung zu begeistern, ist es wichtig, in welcher Reihenfolge erzählt wird, wie die Geschichte eingeleitet wird, wie langsam zum Höhepunkt hingeführt wird, wie dieser gestaltet wird und wie die Geschichte schließlich endet. Ihr kennt Erzählungen von euren Aufsätzen her.
In der Literatur versteht man unter Erzählung im Prinzip alle kurzen erzählenden Texte, die nicht eindeutig anderen Kurzformen (z. B. Sage, Märchen) zugeordnet werden können.

Gedicht
Gedichte sind kurze literarische Texte, die in Versen geschrieben sind und meist auch einen Reim aufweisen. Ein Gedicht kann des Weiteren aus mehreren Strophen bestehen.
Vers = Zeile in einem Gedicht, die in der Regel durch ein bestimmtes Versmaß gekennzeichnet ist.
Versmaß = bestimmte Folge von betonten und unbetonten Silben
Strophe = Verbindung mehrerer Verszeilen zu einem Absatz
Rhythmus = Gliederung eines Gedichts durch Betonung und Pausen sowie seine Gestaltung durch die Sprachmelodie beim Vortragen
Moderne Gedichte sind häufig ohne Reim und weisen kein strenges Versmaß mehr auf. Auch auf eine bestimmte Strophenform wird verzichtet.

Interview
Das ist ein zur Veröffentlichung bestimmtes Gespräch zwischen einer meist bekannten Person und einem Reporter. Es liefert dem Leser Informationen über Personen und Ereignisse aus erster Hand.

Jugendbuch
Es ist ein Buch, das für Kinder- und Jugendliche bis zu 18 Jahren zur Unterhaltung, aber auch in erzieherischer Absicht

geschrieben wurde. In Jugendbüchern werden Themen behandelt, die diese Altersgruppe besonders ansprechen.

Kurzgeschichte

Die Kurzgeschichte ist eine moderne literarische Form, die meist von einem schicksalhaften Ereignis im Alltagsleben eines Menschen erzählt. Diese erzählte Begebenheit wird wie ein Mosaikstein aus einem Bild herausgenommen, während das Leben vor und nach dem Ereignis im Dunkeln bleibt. Daher hat die Kurzgeschichte auch keine Einleitung und einen offenen Schluss.
Die Sprache dieser Erzählform wirkt häufig unpersönlich, die Gefühle bleiben in den Personen verborgen. Oft werden symbolhafte Anspielungen verwendet, um das Geschehen zu verdeutlichen.

Rollenspiel

Das literarische Rollenspiel knüpft an literarische Texte (z.B. Erzählungen, Kurzgeschichten, Jugendbücher) an, indem eine oder mehrere Szenen aus dem Text herausgegriffen und von den Spielerinnen und Spielern dargestellt werden. Die Szenen können auch verändert werden: Ihr könnt der Geschichte einen anderen Schluss geben und darstellen, die Figuren können in einem Monolog ihre Gedanken und Stimmungen zum Ausdruck bringen.

Märchen

Ein Märchen ist eine kleine Geschichte, die von fantastischen Begebenheiten, Zuständen und Vorgängen erzählt. In einer zeitlich und räumlich nicht festgelegten Welt greifen übernatürliche Kräfte (Hexen, Zauberer, Feen, Drachen) in die Alltagswelt ein. Tiere oder Pflanzen nehmen menschenähnliche Gestalt an und können reden. Menschen werden in Tiere oder Pflanzen verwandelt. Es ist immer ein Kampf des Guten gegen das Böse, wobei letztlich jedoch stets das Gute gewinnt. Man findet Märchen bei allen Völkern und Kulturen der Erde, die ursprünglich mündlich überliefert wurden. Wir unterscheiden *Volksmärchen* (Verfasser unbekannt) und *Kunstmärchen* (meist Geschichten von bekannten Dichtern nach dem Vorbild der Volksmärchen).

Mundart

Dies bedeutet eine Sprechart, die an bestimmten Orten oder in bestimmten Gegenden vorkommt, z. B. Bairisch, Plattdeutsch, Westfälisch, Schwäbisch...

Pantomime

Dies meint eine Szene, die stumm, ohne Worte gespielt wird. In ihr werden alle Vorgänge nur durch Gesichtsausdruck (Mimik) und Bewegungen des Körpers (Gestik) dargestellt.

Sachtext

Ein Sachtext ist keine erfundene oder erzählte Geschichte, sondern er informiert über und beschäftigt sich mit Tatsachen. Es kann in dem Text zum Beispiel über Natur und Umwelt gehen, er kann über die Tierwelt informieren oder sich mit geschichtlichen Ereignissen beschäftigen. Auch bei den Texten in eurem Erdkunde- oder Biologiebuch handelt es sich um Sachtexte.
Stehen mehrere Sachtexte in einem Buch, so bezeichnen wir es als Sachbuch.

Schüttelreim

Dies meint einen Paarreim am Zeilenende, bei dem in der zweiten Zeile die Anfangsbuchstaben der Reimwörter vertauscht werden: *sagen wollte – wagen sollte*.

Schwank

Der Schwank ist eine witzige, kurze Erzählung über Streiche oder lustige Begebenheiten. Er weist immer einen etwas überraschenden Schluss auf, wobei der Betrüger als der Betrogene dasteht oder der Schwächere durch List und Klugheit siegt. Ein Schwank greift Alltagssituationen auf und bringt durch die Art der Darstellung die Menschen zum Lachen.

Textsortenverzeichnis

Brief
212 *Ein Brief aus Bad Brückenau*

Cartoon
107 *Friedensstifter* e. o. plauen
121 *Auf den Hund gekommen* Loriot
132 *ohne Titel* Jean Maurice Bosc
200 *ohne Titel* Horst Haitzinger
213 *Sollte man hier etwas ändern?*
222 *Das interessante Weihnachtsbuch* e. o. plauen

Erzählungen und Kurzgeschichten
10 *Uli und ich* Irmela Wendt
11 *Maslief schreibt einen Brief* Guus Kuijer
13 *Sag ich's? Oder sag ich's nicht?* Achim Bröger
48 *Diebstahl im Hotel* Originalbeitrag
54 *Faule Eier!* Originalbeitrag
57 *Die Sache mit Britta* Annette Weber
60 *Anna aus Russland* Manfred Mai
63 *Der gelbe Junge* Peter Härtling
77 *Der Fremde* Toril Brekke
84 *Krämerwinnetou* Raffael Ganz
91 *Die Geschichte von der Ente und der Eule* Hanna Muschg
97 *Isabel spricht nicht mehr mit mir* Christa Zeuch
100 *Eins zu null für Bert* Hiltraud Olbrich
103 *Dem werde ich's zeigen!* Achim Bröger
109 *Gunnar spinnt* Irina Korschunow
117 *Knöpfchen* Willi Fährmann
128 *Ich will, dass er durchkommt* Hanna Hanisch
138 *Falschmünzer am Werk?* Hans Lehr
215 *Zapping am Nachmittag* Karlhans Frank
216 *Keine Zeit* Rolf Krenzer
219 *Computeritis* Nina Schindler

Gedichte
9 *Rezept für einen naturverbundenen Schulerfolg* Christine Nöstlinger
13 *Kein Trost* Manfred Mai
27/35 *Das freche Schwein* Monika Seck-Agthe
28/34 *Gewitter* Erwin Moser
29/35 *Leute* Günter Kunert
30/34 *Spiegel* Alfred Könner
31/34 *Gefunden* Johann Wolfgang von Goethe
32/35 *Sonntagsbild* Josef Guggenmos
33/35 *Inserat* Theodor Storm
41 *O unberachenbere Schreibmischane* Josef Guggenmos
41 *Speibekarte* Unbekannter Verfasser
44 *Wenn die Möpse Schnäpse trinken* James Krüss
45 *Der Bummelzug* Eugen Roth
56 *Du und ich* Karlhans Frank
99 *Die Wand/Die Brücke* Renate Welsh
110 *Friede* Josef Reding
180 *Zu Neujahr* Wilhelm Busch
181 *Der Januar* Erich Kästner
182 *Frische Fahrt* Joseph von Eichendorff
182 *Früahling* Hermann Wächter
183 *Frühlingslied* Ludwig Heinrich Christoph Hölty
183 *Lenz* Mascha Kaléko
184 *Löwenzahn* Peter Huchel
185 *Heidebilder* Detlev von Liliencron
185 *Sommerabend auf der Gartenbank* Leopold Kammerer
186 *Herbstbild* Friedrich Hebbel
186 *Drachen* Georg Britting
187 *Der Herbst steht auf der Leiter* Peter Hacks
187 *Herbstwind* Günter Ullmann
188 *Wenn es Winter wird* Christian Morgenstern
188 *Winter* Wolfgang Borchert
189 *Die Vögel warten im Winter vor dem Fenster* Bertolt Brecht
190 *Gesänge aus „Heilige Nacht"* Ludwig Thoma
191 *Weihnachten* Joseph von Eichendorff
191 *Schenken* Joachim Ringelnatz
191 *Gebet* Eduard Mörike
214 *Wort und Bilder* Johann Wolfgang von Goethe
216 *Einstellung* Wolfgang Wagerer
253 *Nimm ein Buch* Wolf Harranth

Inhaltsangaben
237 *Die Schatzinsel* Robert Louis Stevenson
250/251 *„Klassiker"-Quiz* Originalbeitrag

Interviews
83 *Oskar, 10 Jahre, Kaffeepflücker* Andreas Boueke
122 *...in Afrika ist alles ganz anders* Simone Kosog/Flavien Ndonko
234 *Der Autor Harald Grill*

Jugendbuchauszüge

- 16 *Inga und ich machen Menschen glücklich (Mehr von uns Kindern aus Bullerbü)* Astrid Lindgren
- 47 *Als ich ein kleiner Junge war* Erich Kästner
- 69 *Sombo verlässt ihr Dorf (Wie der Fluss in meinem Dorf)* Nasrin Siege
- 73 *Ein Leben zwischen Gräbern (Erzähl mir von Melong)* Ilse Kleberger
- 94 *Tom und der Neue (Tom Sawyers Abenteuer)* Mark Twain
- 126 *Rennschwein Rudi Rüssel* Uwe Timm
- 159 *Die Geschichte vom bösen Hänsel, der bösen Gretel und der guten Hexe (Der tätowierte Hund)* Paul Maar
- 223 *Da kräht kein Hahn nach dir* Harald Grill
- 238 *Emil und die Detektive* Erich Kästner
- 242 *Die sanften Riesen der Meere* Nina Rauprich
- 246 *Harry Potter und der Stein der Weisen* Joanne K. Rowling
- 258 *Der überaus starke Willibald* Willi Fährmann

Liedtext

- 108 *Anderssein* Klaus W. Hoffmann

Märchen

- 147 *Rumpelstilzchen* Jacob und Wilhelm Grimm
- 149 *Rumpelstilzchen* Rosemarie Künzler-Behncke
- 150 *Des Kaisers neue Kleider* Hans Christian Andersen
- 154 *Von einem klugen Alten* Märchen aus Litauen
- 156 *Federfrau und Morgenstern* Indianermärchen
- 159 *Die Geschichte vom bösen Hänsel, der bösen Gretel und der guten Hexe* Paul Maar
- 162 *Hexenkummer* Axel Hacke
- 164 *Die Geschichte vom kleinen* **und** Franz Fühmann

Mundarttexte

- 11 *Schulzeit* Fitzgerald Kusz
- 21 *Eine Schulgeschichte* Karl Valentin
- 182 *Frühäling* Hermann Wächter
- 185 *Sommerabend auf der Gartenbank* Leopold Kammerer
- 190 *Gesänge aus „Heilige Nacht"* Ludwig Thoma

Sach- und Gebrauchstexte

- 120 *Warum will mein Tier nicht spielen?* Angelika Schultes
- 124 *Tipps für den Tierfreund* Barbara Mühlich
- 137 *Vom Laufrad zum Fahrrad*
- 141 *„Herrlich, so schnell zu laufen...!"* Kathrin Mayer
- 142 *Stoppen – fallen – gleiten!*
- 204 *Sondermüll aus Hightech* Roland Bischoff
- 206 *Lichtverschmutzung*
- 208 *Ein Problem stinkt zum Himmel* Rolf-Andreas Zell
- 254 *Checkliste „Lesenacht"*

Schülertexte

- 9 *Seit sechs Wochen in der Realschule*
- 96 *Das traurige Erlebnis in der Schule*
- 131 *Der gerettete Vogel*
- 201 *Wie ich die Zukunft sehe* David Schrapp

Schwänke

- 50 *Wie ein armer Mann seine Zeche zahlte* Unbekannter Verfasser
- 53 *Die beiden Fuhrleute* Johann Peter Hebel
- 171 *Wie Till Eulenspiegel in Bamberg um Geld aß* Hermann Bote
- 172 *Der Hodscha Nasreddin* Volksgut aus der Türkei
- 173 *Die Schildbürger bauen sich ein Rathaus* Volksgut
- 175 *Seltsamer Spazierritt* Johann Peter Hebel
- 176 *Die Reise ins Paradies* Unbekannter Verfasser

Sprachspiele

- 26 *ABC-Gedichte*
- 27 *Schüttelreime*
- 30 *Konkrete Poesie*
- 41 *O unberachenbere Schreibmischane* Josef Guggenmos
- 41 *Speibekarte* Unbekannter Verfasser
- 43 *Traumpyramide* Originalbeitrag

Zeitungstexte

- 122 *...in Afrika ist alles ganz anders* Simone Kosog/Flavien Ndonko
- 141 *„Herrlich, so schnell zu laufen...!"* Kathrin Mayer
- 142 *Stoppen – fallen – gleiten!*
- 202 *Die Benjes-Hecke schafft viele Lebensräume*
- 206 *Lichtverschmutzung*

Zitat

- 55 *Goethe zu Eckermann*

Quellenverzeichnis

Texte

Andersen, Hans Christian
150 *Des Kaisers neue Kleider*
aus: Hans Christian Andersen, Sämtliche Märchen in zwei Bänden. Band 1, Wissenschaftliche Buchgesellschaft, Darmstadt 1974

Bischoff, Roland
204 *Sondermüll aus Hightech*
aus: Thema Müll. Sparkassen-Wettbewerb 1993, Deutscher Sparkassenverlag, Stuttgart 1993

Borchert, Wolfgang
188 *Winter*
aus: Wolfgang Borchert, Laterne, Nacht und Sterne, Rowohlt Verlag, Reinbek 1946

Bote, Hermann
171 *Wie Till Eulenspiegel in Bamberg um Geld aß*
aus: Hermann Bote, Ein kurzweiliges Buch von Till Eulenspiegel aus dem Lande Braunschweig, hrsg., in die Sprache unserer Zeit übertragen und mit Anmerkungen versehen von Siegfried H. Sichtermann, Insel Verlag, Frankfurt am Main 1982

Boueke, Andreas
83 *Oskar, 10 Jahre, Kaffeepflücker*
aus: Uwe Pollmann, Zum Beispiel Kinderarbeit, Lamuv Verlag, Göttingen 1995

Brecht, Bertolt
189 *Die Vögel warten im Winter vor dem Fenster*
aus: Berthold Brecht, Gesammelte Werke in 20 Bänden. Band 7, hrsg. von Elisabeth Hauptmann, Suhrkamp Verlag, Frankfurt/Main 1967

Brekke, Toril
77 *Der Fremde*
aus: Toril Brekke, Vogeljunge und Goldberg, Übersetzung: Gabriele Haefs, © 1996 by Verlag Sauerländer, Aarau, Frankfurt/Main und Salzburg

Britting, Georg
186 *Drachen*
aus: Ingeborg Schuldt-Britting (Hrsg.), Georg Britting, Gesamtausgabe in Einzelbänden, List Verlag, München 1957–1967

Bröger, Achim
13 *Sag ich's? Oder sag ich's nicht?*
aus: Achim Bröger, Geschwister – nein danke!?, Arena Verlag, Würzburg 1987
103 *Dem werde ich's zeigen!*
aus: Achim Bröger, Mensch, wär das schön!, K. Thienemanns Verlag, Stuttgart 1977

Busch, Wilhelm
180 *Zu Neujahr*
aus: Wilhelm Busch. Historisch-kritische Gesamtausgabe, hrsg. von Friedrich Bohne, Vollmer Verlag, Wiesbaden und Berlin 1959

Eichendorff, Joseph von
182 *Frische Fahrt*
191 *Weihnachten*
aus: G. Baumann (Hrsg.), Joseph von Eichendorff, Werke, Cotta'sche Buchhandlung, Stuttgart 1953

Fährmann, Willi
117 *Knöpfchen*
aus: Tiergeschichten, hrsg. von Jutta Pastor, © 1994 by Arena Verlag, Würzburg
258 *Der überaus starke Willibald*
aus: Willi Fährmann, Der überaus starke Willibald, © 1983 by Arena Verlag, Würzburg

Frank, Karlhans
56 *Du und ich*
aus: Karlhans Frank, Vom Dach die Schornsteinfeger grüßen, Franz Schneider Verlag, München o. J.
215 *Zapping am Nachmittag*
aus: Reiner Engelmann, Alles so schön bunt hier, © 1996 by Arena Verlag, Würzburg

Fühmann, Franz
164 *Die Geschichte vom kleinen **und***
aus: Franz Fühmann, Die dampfenden Hälse der Pferde im Turm von Babel, Kinderbuchverlag, Berlin/DDR 1978

Ganz, Raffael
84 *Krämerwinnetou*
aus: Der Elefant im Butterfass. Dichter erzählen für Kinder, hrsg. von Beat Brechbühl, Benziger Verlag, Zürich/Köln 1977

Goethe, Johann Wolfgang von
31/34 *Gefunden*
55 *Goethe zu Eckermann*
214 *Wort und Bilder*
aus: Goethes Werke. Hamburger Ausgabe in 14 Bänden, hrsg. von Erich Trunz, Christian Wegner Verlag, Hamburg 1948

Grill, Harald
224 *Die Miker, die neue Lederjacke, ...*
229 *Der Bernd, die Gabi und der Schatz*
233 *Geschichten hören nicht einfach auf*
aus: Harald Grill, Da kräht kein Hahn nach dir, Rowohlt Taschenbuch Verlag, Reinbek bei Hamburg 1990

Grimm, Jacob und Wilhelm
147 *Rumpelstilzchen*
aus: Brüder Grimm, Kinder- und Hausmärchen, hrsg. von Heinz Rölleke, Verlag Philipp Reclam jun., Stuttgart 1980

Guggenmos, Josef
32/35 *Sonntagsbild*
aus: Josef Guggenmos, Ich will dir was verraten, Beltz Verlag, Weinheim und Basel 1992
41 *O unberachenbere Schreibmischane*
aus: Hans A. Halbey, Schmirgelstein, so herzbetrunken, Carl Hanser Verlag, München 1988

Hacke, Axel
162 *Hexenkummer*
aus: Axel Hacke, Der kleine Erziehungsberater, Kunstmannverlag, München 1982

Hacks, Peter
187 *Der Herbst steht auf der Leiter*
aus: Peter Hacks, Der Flohmarkt, Benzinger Verlag, Zürich und Köln 1973

Hanisch, Hanna
128 *Ich will, dass er durchkommt*
aus: Tiergeschichten, hrsg. von Jutta Pastor, © 1994 by Arena Verlag, Würzburg

Harranth, Wolf
253 *Nimm ein Buch*
aus: Überall und neben dir, hrsg. von Hans-Joachim Gelberg, Beltz Verlag, Weinheim und Basel 1986

Härtling, Peter
63 *Der gelbe Junge*
aus: Peter Härtling, Zum laut und leise lesen. Gedichte und Geschichten für Kinder, Hermann Luchterhand Verlag, Neuwied 1975

Hebbel, Friedrich
186 *Herbstbild*
aus: Friedrich Hebbel, Werke. Band 3, hrsg. von Gerhard Fricke, Wissenschaftliche Buchgesellschaft, Darmstadt 1965

Hebel, Johann Peter
53 *Die beiden Fuhrleute*
aus: Johann Peter Hebel, Schatzkästlein des rheinischen Hausfreundes, Winkler Verlag, München 1972
175 *Seltsamer Spazierritt*
aus: Johann Peter Hebel, Werke. Band 2, hrsg. von Wilhelm Altwegg, Atlantis Verlag, Zürich 1958

Hoffmann, Klaus W.
108 *Anderssein*
aus: Klaus Hoffmann, Wie kommt die Maus in die Posaune?, Aktive Musik Verlag, Dortmund 1989

Hölty, Ludwig Heinrich Christoph
183 *Frühlingslied*
aus: Echtermeyer/von Wiese, Deutsche Gedichte, August Bagel Verlag, Düsseldorf 1975

Huchel, Peter
184 *Löwenzahn*
aus: Peter Huchel, Gesammelte Werke in zwei Bänden. Band 1: Die Gedichte, hrsg. von Axel Vieregg, Suhrkamp Verlag, Frankfurt/Main 1984

Kästner, Erich
47 *Als ich ein kleiner Junge war*
aus: Erich Kästner, Als ich ein kleiner Junge war, Cecilie Dressler Verlag, Hamburg, © 1957 by Atrium Verlag, Zürich
181 *Der Januar*
aus: Erich Kästner, Die 13 Monate, Atrium Verlag, Zürich o. J.
238 *Emil und die Detektive*
aus: Erich Kästner, Emil und die Detektive, Atrium Verlag, Zürich o.J.

Kaléko, Mascha
183 *Lenz*
aus: Verse für Zeitgenossen, hrsg. von G. Zoch-Westphal, Eremiten-Presse, Düsseldorf 1978

Kammerer, Leopold
185 *Sommerabend auf der Gartenbank*
aus: Leopold Kammerer, Für a gmüatliche Stund, Verlagsanstalt „Bayerland", Dachau 1989

Kleberger, Ilse
73 *Ein Leben zwischen Gräbern*
aus: Ilse Kleberger, Erzähl mir von Melong, Patmos Verlag, Düsseldorf 1992

Könner, Alfred
30/34 *Spiegel*
aus: Überall und neben dir, hrsg. von Hans-Joachim Gelberg, Beltz Verlag, Weinheim und Basel 1986

Korschunow, Irina
109 *Gunnar spinnt*
aus: Irina Korschunow, Nina hat Mut und andere Trau-dich-Geschichten, © by Arena Verlag, Würzburg 2000

Kosog, Simone/Ndonko, Flavien
122 *...in Afrika ist alles ganz anders*
aus: Simone Kosog/Flavien Ndonko, Doktor Ndonko macht sich Sorgen. In: Süddeutsche Zeitung Magazin No. 6 vom 11. 2. 2000

Krenzer, Rolf
216 *Keine Zeit*
© Rolf Krenzer, Dillenburg

Krüss, James
44 *Wenn die Möpse Schnäpse trinken*
aus: James Krüss, James' Tierleben, Annette Betz Verlag, München 1965

Künzler-Behncke, Rosemarie
149 *Rumpelstilzchen*
aus: Neues vom Rumpelstilzchen, hrsg. von Hans-Joachim Gelberg, Beltz Verlag, Weinheim und Basel 1976

Kuijer, Guus
11 *Maslief schreibt einen Brief*
aus: Schulgeschichten, hrsg. von Anne Braun, © 1995 by Arena Verlag, Würzburg

Kunert, Günter
29/35 *Leute*
aus: Überall und neben dir, hrsg. von Hans-Joachim Gelberg, Beltz Verlag, Weinheim und Basel 1986

Kusz, Fitzgerald
11 *Schulzeit*
aus: Fitzgerald Kusz, mä machd hald siiu weidä. Der gesammelten Gedichte 2. Teil, Verlag Klaus G. Renner, München 1982

Lehr, Hans
138 *Falschmünzer am Werk?*
aus: Hans Lehr, Der Fährmann, 2. Bd., Buchners Verlag, Bamberg 1963

Liliencron, Detlev von
185 *Heidebilder*
aus: Detlev von Liliencron, Gesammelte Werke, Bde. 2 und 3, Gedichte, Verlag Schuster und Loeffler, Berlin 1921

Lindgren, Astrid
16 *Inga und ich machen Menschen glücklich*
aus: Astrid Lindgren, Mehr von uns Kindern aus Bullerbü, Übersetzung: Karl Kurt Peters, Verlag Friedrich Oetinger, Hamburg 1988

Loriot
121 *Auf den Hund gekommen*
aus: Loriot, Auf den Hund gekommen, © 1954 by Diogenes Verlag, Zürich

Maar, Paul
159 *Die Geschichte vom bösen Hänsel, der bösen Gretel und der guten Hexe*
aus: Paul Maar, Der tätowierte Hund, Verlag Friedrich Oetinger, Hamburg 1968

Mai, Manfred
13 *Kein Trost*
60 *Anna aus Russland*
aus: Schulgeschichten, hrsg. von Anne Braun, © 1995 by Arena Verlag, Würzburg

Mayer, Kathrin
141 *„Herrlich, so schnell zu laufen …!"*
aus: Treff 5/1997, Velber Verlag, Seelze

Mörike, Eduard
191 *Gebet*
aus: Mörikes Werke. Kritisch durchgesehene und erläuterte Ausgabe in drei Bänden. Band 1: Gedichte, hrsg. von Harry Mayne, Bibliographisches Institut, Leipzig o. J.

Morgenstern, Christian
188 *Wenn es Winter wird*
aus: Christian Morgenstern, Gesammelte Werke in einem Band, hrsg. von Margarete Morgenstern, R. Piper Verlag, München 1965

Moser, Erwin
28/34 *Gewitter*
aus: Überall und neben dir, hrsg. von Hans-Joachim Gelberg, Beltz Verlag, Weinheim und Basel 1986

Mühlich, Barbara
124 *Tipps für den Tierfreund*
aus: Tierfreund, Heft 3/95, Johann Michael Sailer Verlag, Nürnberg 1995

Muschg, Hanna
91 *Die Geschichte von der Ente und der Eule*
aus: Der fliegende Robert. 4. Jahrbuch der Kinderliteratur, hrsg. von Hans-Joachim Gelberg, Beltz Verlag, Weinheim und Basel 1977

Nöstlinger, Christine
9 *Rezept für naturverbundenen Schulerfolg*
   aus: Christine Nöstlinger, Jutta Bauer, Ein und alles, Beltz Verlag, Weinheim und Basel 1992

Olbrich, Hiltraud
100 *Eins zu null für Bert*
   aus: Mut tut gut. Geschichten, Lieder und Gedichte vom Muthaben und Mutmachen, hrsg. von Rosemarie Portmann, Arena Verlag, Würzburg 1994, © by Hiltraud Olbrich

Rauprich, Nina
242 *Die sanften Riesen der Meere*
   aus: Nina Rauprich, Die sanften Riesen der Meere, Erika Klopp Verlag, München 1987

Reding, Josef
110 *Friede*
   aus: Josef Reding, Gutentagtexte, Edition Echter, Würzburg o. J.

Ringelnatz, Joachim
191 *Schenken*
   aus: Joachim Ringelnatz, Und auf einmal steht es neben dir. Gesammelte Gedichte, Diogenes Verlag, Zürich 1994

Roth, Eugen
45 *Der Bummelzug*
   aus: Eugen Roth, Ernst und heiter, Deutscher Taschenbuchverlag, München 1967

Rowling, Joanne K.
246 *Harry Potter und ...*
   aus: Joanne K. Rowling, Harry Potter und der Stein der Weisen, Carlsen Verlag, Hamburg 1998

Sagmeister, Alfons
202 *Die Benjes-Hecke schafft viele Lebensräume*
   aus: Passauer Neue Presse 3.2.1989

Schindler, Nina
219 *Computeritis*
   aus: Alles so schön bunt hier, hrsg. von Reiner Engelmann, ©1996 by Arena Verlag, Würzburg

Schrapp, David
201 *Wie ich die Zukunft sehe*
   Schülerbeitrag

Seck-Agthe, Monika
27/35 *Das freche Schwein*
   aus: Überall und neben dir, hrsg. von Hans-Joachim Gelberg, Beltz Verlag, Weinheim und Basel 1986

Siege, Nasrin
69 *Sombo verlässt ihr Dorf*
   aus: Nasrin Siege, Wie der Fluss in meinem Dorf, Beltz Verlag, Weinheim und Basel 1996

Stevenson, Robert Louis
237 *Inhaltsangabe zu „Die Schatzinsel"*
   aus: Robert Louis Stevenson, Die Schatzinsel, aus dem Englischen neu übertragen und mit einem Nachwort versehen von Dr. Hans Küfner, © 1968 by Arena Verlag, Würzburg

Storm, Theodor
33/35 *Inserat*
   aus: Theodor Storm, Sämtliche Werke. Band 1, hrsg. von Peter Goldammer, Aufbau Verlag, Berlin und Weimar 1972

Thoma, Ludwig
190 *Gesänge aus „Heilige Nacht"*
   aus: Albert Langen, „Heilige Nacht", München 1916

Timm, Uwe
126 *Rennschwein Rudi Rüssel*
   aus: Uwe Timm, Rennschwein Rudi Rüssel, Deutscher Taschenbuch Verlag, München 1995

Twain, Mark
94 *Tom und der Neue*
   aus: Mark Twain, Tom Sawyers Abenteuer, Übersetzung: Lore Krüger, Arena Verlag, Würzburg, © 1965 by Carl Hanser Verlag, München

Ullmann, Günter
187 *Herbstwind*
   aus: Überall und neben dir. Gedichte für Kinder, hrsg. von Hans-Joachim Gelberg, Beltz Verlag, Weinheim und Basel 1986

Valentin, Karl
21 *Eine Schulgeschichte*
   aus: Karl Valentin, Die Jugendstreiche des Knaben Karl, R. Piper Verlag, München 1968

Wächter, Hermann
182 *Früahling*
   aus: Hermann Wächter, 's schwäbische Herz, Eigenverlag Hermann Wächter, Augsburg o. J.

Wagerer, Josef
216 *Einstellung*
   aus: Wolfgang Wagerer (Hrsg.), Total im Bild, Herder Verlag, Wien 1992

Weber, Annette
57 *Die Sache mit Britta*
aus: Annette Weber, Man müsste miteinander reden, Franz Schneider Verlag, München 1987

Welsh, Renate
99 *Die Wand/Die Brücke*
aus: Hans Domenego (Hrsg.), Das Sprachbastelbuch, Verlag Jugend und Volk, München 1975

Wendt, Irmela
10 *Uli und ich*
aus: Geh und spiel mit dem Riesen.
1. Jahrbuch der Kinderliteratur, hrsg. von Hans-Joachim Gelberg, Beltz Verlag, Weinheim und Basel 1971

Zell, Rolf-Andreas
208 *Ein Problem stinkt zum Himmel*
aus: Thema Müll. Sparkassen-Wettbewerb 1993, Deutscher Sparkassenverlag, Stuttgart 1993

Zeuch, Christa
97 *Isabel spricht nicht mehr mit mir*
aus: Mut tut gut. Geschichten, Lieder und Gedichte vom Muthaben und Mutmachen, hrsg. von Rosemarie Portmann, Arena Verlag, Würzburg 1994,
© by Christa Zeuch

Unbekannte Verfasser

9 *Seit sechs Wochen in der Realschule*
96 *Das traurige Erlebnis in der Schule*
131 *Der gerettete Vogel*
212 *Ein Brief aus Bad Brückenau*
234 *Der Autor Harald Grill*
Schülertexte

172 *Der Hodscha Nasreddin*
Volksgut aus der Türkei
aus: Spaßgeschichten von Schelmen und närrischen Leuten, hrsg. von Max Stebich, Verlagsbuchhandlung J. Breitschopf, Wien, München, Zürich 1982

176 *Die Reise ins Paradies*
aus: Deutsches Anekdotenbuch, hrsg. von Paul Alverdes und Hermann Rinn, Deutscher Taschenbuchverlag, München 1962

173 *Die Schildbürger bauen sich ein Rathaus*
Volksgut
aus: Die Schildbürger, ausgewählt und bearbeitet von O. Hohenstatt, Union Verlag, München 1962

156 *Federfrau und Morgenstern*
Indianermärchen
aus: Margaret Mayo, Federfrau und Morgenstern, Verlag Herder, Freiburg 1996

206 *Lichtverschmutzung*
aus: Tu was, Ausgabe 2, November 1996, Domino Verlag, München

41 *Speibekarte*
aus: Erich Ballinger und Gerda Anger-Schmidt, Noch schlimmer geht's immer, Carl Ueberreuter Verlag, Wien 1994

142 *Stoppen – fallen – gleiten!*
aus: Treff 5/1997, Velber Verlag, Seelze

137 *Vom Laufrad zum Fahrrad*
Originalbeitrag mit Teilen aus: Gunter Haake, Junior Wissen: Erfindungen, Unipart Verlag, München 1993

154 *Von einem klugen Alten*
Märchen aus Litauen
aus: Die schönsten Märchen der Welt, Bd.4, hrsg. von Lisa Tetzner, Büchergilde Gutenberg, Frankfurt/Main 1979,
© Sauerländer, Aarau/Schweiz

50 *Wie ein armer Mann seine Zeche zahlte*
aus: Das große Vorlese- und Erzählbuch, hrsg. von P. Gogon, Moderne Verlags-GmbH, Landsberg o. J.

Alle übrigen Texte: Originalbeiträge

Abbildungen

8	Klaus Günter Kohn, Braunschweig
17/20	aus: Astrid Lindgren, Mehr von uns Kindern aus Bullerbü, Zeichnungen: Ion Wikland, Verlag Friedrich Oetinger, Hamburg 1988
21	Bildarchiv Preußischer Kulturbesitz, Berlin
39	Michael Junga, Braunschweig
56	Westermann Schulbuchverlag GmbH, Eckard Schönke
60/61	© Jürgens Ost und Europa-Photo, Berlin
68	Westermann Schulbuchverlag GmbH, Eckard Schönke
71	Deutsche Welthungerhilfe, Bonn
73	© laif, Agentur für Photos und Reportagen, Köln; Foto: Gernot Huber, Köln
74	Rainer Binder, München
77	aus: Toril Brekke, Vogeljunge und Goldberg; Foto: Terje Sundby, © 1996 by Verlag Sauerländer, Aarau, Frankfurt/Main und Salzburg
80	Photo- und Presseagentur FOCUS, Hamburg; Foto: B. und C. Alexander
83	© laif, Agentur für Photos und Reportagen, Köln; Foto: Axel Krause, Köln
86	Westermann Karthografie/Technisch Grafische Abteilung, Braunschweig
87	Foto: AKG Berlin
90	aus: Aliki, Gefühle sind wie Farben, © 1987 by Beltz Verlag, Weinheim und Basel, Programm Beltz und Gelberg
92/93	aus: Die Ente und die Eule von Hanna Johansen, Illustrationen: Käthi Bhend © 1993 Verlag Nagel & Kimche AG, Zürich
97/100	aus: Mut tut gut. Geschichten, Lieder und Gedichte vom Mutaben und Mutmachen, hrsg. von Rosemarie Portmann, Illustrationen: Dagmar Geisler, Ebersberg, © by Arena Verlag GmbH, Würzburg 1994
107	aus: e.o. plauen, „Vater und Sohn" Gesamtausgabe, © Südverlag GmbH, Konstanz 1982 (ren.), mit Genehmigung der Gesellschaft für Verlagswerte GmbH, Kreuzlingen/Schweiz
110	© Bildagentur Zefa, Hamburg
116	© Bildagentur Zefa, Hamburg; Foto: Carl Valiquet
118/119	© by IFA-Bilderteam, Düsseldorf
120	© Bildagentur Zefa, Hamburg; Foto: Spichtinger
121	aus: Auf den Hund gekommen, © by Diogenes Verlag AG, Zürich 1954
122/123	Ulrike Frömel, Gräfeling
124	© by IFA-Bilderteam, Frankfurt
126	Uwe Timm: Rennschwein Rudi Rüssel © für das Umschlagbild von Gunnar Matysiak 1997, Deutscher Taschenbuchverlag, München
128	Bildarchiv Otto Hahn, Bopfingen
131	Bildagentur Mauritius, Berlin
132	aus: Keep smiling, Diogenes Verlag AG, Zürich 1974, © by Christiane Charillon, Paris
136	Zeichnungen: Jung und Volke, Düsseldorf
140	Foto: DaimlerChrysler Konzernarchiv
146	Gabriele Dünwald, Hamburg
137	Gemeinschaftsdienst der Boden- und Kommunalkreditinstitute, Frankfurt/Main
141	Kathrin Mayer, Bayreuth
156	aus: Margaret Mayo, Federfrau und Morgenstern, Illustrationen: Jane Ray, Verlag Herder, Freiburg 1996
170	Renate Seelig, Frankfurt
172	aus: Ron Fischer, Also sprach Mulla Nasrudin. Geschichten aus der wirklichen Welt, Zeichnungen: Bärbel Jehle, © by Droemer Knaur Verlag, München 1993
180	Gabriele Dünwald, Hamburg
182/183	© Bildagentur Zefa, Hamburg; Foto: Botzek
184/185	© by IFA-Bilderteam, Düsseldorf
186/187	© by IFA-Bilderteam, Düsseldorf
188/189	Bildagentur Mauritius, Berlin; Foto: Thonig
190/191	Bildagentur Bavaria, Düsseldorf; Foto: Paul-Prößler
200	Horst Haitzinger, München
201	rechts: Ullstein Bilderdienst, Berlin Mitte: Bildagentur Mauritius, Berlin; Foto: Filser rechts: Katja Müller, Braunschweig
202/203	Foto: Sagmeister, Fürstenzell (Passauer Neue Presse)
204	© Bildagentur Zefa, Düsseldorf; Foto: Bramaz
206	Bildagentur Mauritius, Berlin
208	Photo- und Presseagentur FOCUS, Hamburg; Foto: Walter Mayr
213	aus: Lehrerinformation Nr.: 695 des ARBEITSKREISES SCHULINFORMATION ENERGIE, Frankfurt/Main, 1996
214	links oben: Kinoarchiv Peter W. Engelmeier, Hamburg Mitte unten: Bildagentur The Image Bank, Hamburg; Foto: Nino Mascardi; alle anderen Fotos: Klaus Günter Kohn, Braunschweig
222	aus: siehe Seite 107
223	Harald Grill, Da kräht kein Hahn nach dir, Umschlagillustration: Hanno Rink & Team 86, © by Rowohlt Taschenbuch Verlag GmbH, Reinbek; Foto: Klaus Günter Kohn, Braunschweig
233	Klaus Günter Kohn, Braunschweig
234	© Rowohlt Taschenbuch Verlag GmbH, Reinbek; Foto: Stefan Hanke
237	Robert Louis Stevenson, Die Schatzinsel, Titelillustration: Otmar Michel, © by Arena Verlag GmbH, Würzburg 1968

238	oben: Keystone Pressedienst, Hamburg Mitte: © by Atrium-Verlag A.G., Zürich
242	oben: Erika Klopp Verlag GmbH, Hamburg unten: Nina Rauprich: Die sanften Riesen der Meere, © für das Umschlagbild von Milada Krautmann: 1987 Deutscher Taschenbuch Verlag, München
244	aus: Nina Rauprich: Die sanften Riesen der Meere, 1987 Deutscher Taschenbuch Verlag, München; © Erika Klopp Verlag, München; Illustration: Irmtraut Teltau
246	oben: Keystone Pressedienst, Hamburg Mitte: Carlsen Verlag, Hamburg
252	Foto: Klaus Günter Kohn, Braunschweig Käthe Recheis: Der weiße Wolf, © für das Umschlagbild von Karen Holländer, 1998 Deutscher Taschenbuchverlag, München. Klaus Dieter Remus: Schwarzer Freitag für Robinson, © für das Umschlagbild von Ute Martens, 1998 Deutscher Taschenbuchverlag, München.
253/255	Peter Janda, Hauzenberg
256	Klaus Günter Kohn, Braunschweig
258/259	aus: Willi Fährmann, Der überaus starke Willibald, Illustrationen: Werner Blaebst, © by Arena Verlag GmbH, Würzburg 1983